【臺灣現當代作家
研究資料彙編】46

郭松棻

國立台灣文學館
出版

部長序

　　文學既是社會縮影也是靈魂核心，累積研究論述及文獻史料，不僅可厚實文學發展根基，觀照當代人文的思想脈絡，更能指引未來的社會發展。臺灣文學歷經數百年的綿延與沉澱，蓄積豐沛的能量，也呈現生氣盎然的多元創作面貌。近一甲子的臺灣現當代文學發展，就是華文世界人文心靈最溫暖的寫照。

　　緣此，國立臺灣文學館自 2010 年啟動《臺灣現當代作家研究資料彙編》，鉅細靡遺進行珍貴的文學史料蒐集研究，意義深遠。這項計畫歷時三年多，由文學館結合學界、出版社、作家一同參與，組成陣容浩大的編輯群與顧問團隊，梳理臺灣文學長河裡的各方涓流，共匯集 50 位臺灣現當代重要作家的生平、年表與作品評論資料，選錄其代表性的評論文章，彙編成冊，完整呈現作家的人文映記、文學成就及相關研究，成果豐碩。

　　由於內容浩瀚、需多所佐證，本套叢書共分三階段陸續出版，先是 2011 年推出以臺灣新文學之父賴和為首的 15 位作家研究資料彙編，接著於 2012 年完成張我軍、潘人木等 12 位作家的研究資料彙編；及至 2013 年 12 月，適逢國立臺灣文學館十周年館慶之際，更纂輯了姜貴、張秀亞、陳秀喜、艾雯、王鼎鈞、洛夫、余光中、羅門、商禽、瘂弦、司馬中原、林文月、鄭愁予、陳冠學、黃春明、白先勇、白萩、陳若曦、郭松棻、七等生、王文興、王禎和、楊牧共 23 位作家的研究資料，皇皇巨著，為臺灣文學之巍巍巨觀留下具里程碑的文字見證。這套選粹體現了臺灣文學研究總體成果中，極為優質的論述著作，有助於臺灣文學發展的擴展化與深刻化，質量兼具。在此，特別對參與編輯、撰寫、諮詢的文學界朋友們表達謝意，也向全世界愛好文學的讀者，推介此一深具人文啟發且實用的臺灣現當代文學工具書，彼此激勵，為更美好的臺灣人文環境共同努力。

文化部部長　龍應台

館長序

　　所有一切有關文學的討論，最終都得回歸到創作主體（作家）及其創作文本（作品）。文本以文字書寫，刊載在媒體上（報紙、雜誌、網站等），或以印刷方式形成紙本圖書；從接受端來看，當然以後者為要，原因是經過編輯過程，作者或其代理人以最佳的方式選編，常會考慮讀者的接受狀況，亦以美術方式集中呈現，其形貌也必然會有可觀者。

　　從研究的角度來看，它正是核心文獻。研究生在寫論文的時候，每在緒論中以一節篇幅作「文獻探討」，一般都只探討研究文獻，仍在周邊，而非核心。所以作家之研究資料，包括他這個人和他所寫的作品，如何鉅細靡遺彙編一處，是研究最基礎的工作；其次才是他作品的活動場域以及別人如何看待他的相關資料。前者指的是發表他作品的報刊及其他再傳播的方式或媒介，後者指的是有關作家及其作品的訪問、報導、著作目錄、年表、文評、書評、專論、綜述、專書、選編等，有系統蒐輯、編目，擇其要者結集，從中發現作家及其作品被接受的狀況，清理其發展，這其實是文學經典化真正的過程；也必須在這種情況下，作家研究才有可能進一步開展。

　　針對個別作家所進行的資料工作隨時都在發生，但那是屬於個人的事，做得好或不好，關鍵在他的資料能力；將一群有資料能力的學者組織起來，通過某種有效的制度性運作，想必能完成有關作家研究資料彙編的人文工程，可以全面展示某個歷史時期有關作家研究的集體成就，這是國立臺灣文學館從 2010 年啟動「臺灣現當代

作家研究資料彙編」（50 冊）的一些基本想法，和另外兩個大計畫：「臺灣文學史長編」（33 冊）、「臺灣古典作家精選集」（38 冊），相互呼應，期能將臺灣文學的豐富性展示出來，將「臺灣文學」這個學科挖深識廣；作為文化部的附屬機構，我們在國家文化建設的整體工程中，在「文學」作為一個公共事務的理念之下，我們紮紮實實做了有利文化發展的事，這是我們所能提供給社會大眾的另類服務，也是我們朝向臺灣文學研究中心理想前進的努力。

　　我們在四年間分三批出版的這 50 本臺灣現當代作家研究資料彙編，從賴和（1894～1943）到楊牧（1940～），從割臺之際出生、活躍於日據下的作家，到日據之末出生、活躍於戰後臺灣文壇的作家；當然也包含 1949 年左右離開大陸，而在臺灣文壇發光發熱的作家。他們只是臺灣作家的一小部分，由承辦單位組成的專業顧問群多次會商議決；這個計畫，我們希望能夠在精細檢討之後，持續推動下去。

　　顧問群基本上是臺灣文學史專業的組合，每位作家重要評論文章選刊及研究綜述的撰寫者，都是對於該作家有長期研究的專家。這是學界人力的大動員，承辦本計畫的臺灣文學發展基金會長期致力臺灣文學史料的蒐輯整理，具有強大的學術及社會力量，本計畫能夠順利推動且如期完成，必須感謝他們組成的編輯團隊，以及眾多參與其事的學界朋友。

國立臺灣文學館館長　李瑞騰

編序

◎封德屏

緣起

1995 年 10 月 25 日，在臺灣師範大學教育大樓的 201 室，一場以「面對臺灣文學」為題的座談會，在座諸位學者分別就臺灣文學的定義、發展、研究，以及文學史的寫法等，提出宏文高論，而時任國家圖書館編纂張錦郎的「臺灣文學需要什麼樣的工具書」，輕鬆幽默的言詞，鞭辟入裡的思維，更贏得在座者的共鳴。

張先生以一個圖書館工作人員自謙，認真專業地為臺灣這幾十年來究竟出版了多少有關臺灣文學的工具書，做地毯式的調查和多方面的訪問。同時條理分明地針對研究者、學生，列出了十項工具書的類型，哪些是現在亟需的，哪些是現在就可以做的，哪些是未來一步一步累積可以達成的，分別做了專業的建議及討論。

當時的文建會二處科長游淑靜，參與了整個座談會，會後她劍及履及的開始了文學工具書的委託工作，從 1996 年的《臺灣文學年鑑》起始，一年一本的編下去，一直到現在，保存延續了臺灣文學發展的基本樣貌。接著是《中華民國作家作品目錄》的新編，《臺灣文壇大事紀要》的續編，補助國家圖書館「當代文學史料影像全文系統」的建置，這些工具書、資料庫的接續完成，至少在當時對臺灣文學的研究，做到一些輔助的功能。

2003 年 10 月，籌備多年的「台灣文學館」正式開幕運轉。同年五月《文訊》改隸「財團法人台灣文學發展基金會」，為了發揮更大的動能，開

始更積極、更有效率地將過去累積至今持續在做的文學史料整理出來，讓豐厚的文藝資源與更多人共享。

於是再次的請教張錦郎先生，張先生認為文學書目、作家作品目錄、文學年鑑、文學辭典皆已完成或正在進行，現在重點應該放在有關「臺灣現當代作家評論資料目錄」的編輯工作上。

很幸運的，這個計畫的發想得到當時臺灣文學館林瑞明館長的支持，於是緊鑼密鼓的展開一切準備工作：籌組編輯團隊、召開顧問會議、擬定工作手冊、撰寫計畫書等等。

張錦郎先生花了許多時間編訂工作手冊，每一位作家的評論資料目錄分為：

（一）生平資料：可分作者自述，旁人論述及訪談，文學獎的紀錄。

（二）作品評論資料：可分作品綜論，單行本作品評論，其他作品（包括單篇作品）評論，與其他作家比較等。

此外，對重要評論加以摘要解說，譬如專書、專輯、學術會議論文集或學位論文等，凡臺灣以外地區之報刊及出版社，於書名或報刊後加註，如中國大陸、香港、新加坡等。此外，資料蒐集範圍除臺灣外，也兼及中國大陸、香港、新加坡、日本、韓國及歐美等地資料，除利用國內蒐集管道外，同時委託當地學者或研究者，擔任資料蒐集工作。

清楚記得，時任顧問的學者專家們，都十分高興這個專案的啟動，但確定收錄哪些作家名單時，也有不同的思考及看法。經過充分的討論後，終於取得基本的共識：除以一般的「文學成就」為觀察及考量作家的標準外，並以研究的迫切性與資料獲得之難易度為綜合考量。譬如說，在第一階段時，作家的選擇除文學成就外，先考量迫切性及研究性，迫切性是指已故又是日治時期臺籍作家為優先，研究性是指作品已出土或已譯成中文為優先。若是作品不少而評論少，或作品評論皆少，可暫時不考慮。此外，還要稍微顧及文類的均衡等等。基本的共識達成後，顧問群共同挑選出 310 位作家，從鄭坤五、賴和、陳虛谷以降，一直到吳錦發、陳黎、蘇

偉貞，共分三個階段進行。

　　張錦郎先生修訂的編輯體例，從事學術研究的顧問們，一方面讚嘆「此目錄必然能成為類似文獻工作的範例」，但又深恐「費力耗時，恐拖延了結案時間」，要如何克服「有限時間，高度理想」的編輯方式，對工作團隊確實是一大挑戰。於是顧問們群策群力，除了每人依研究領域、研究專長認領部分作家外（可交叉認領），每個顧問亦推薦或召集研究生襄助，以期能在教學研究工作外，為此目錄盡一份心力。

　　「臺灣現當代作家評論資料目錄」專案計畫，自 2004 年 4 月開始，至 2009 年 10 月結束，分三個階段歷時五年六個月，共發現、搜尋、記錄了十餘萬筆作家評論資料。共經歷了三位專職研究助理，近三十位兼任研究助理。這些研究助理從開始熟悉體例，到學習如何尋找資料，是一條漫長卻實用的學習過程。

接續

　　「臺灣現當代作家評論資料目錄」的專案完成，當代重要作家的研究，更可以在這個基礎上，開出亮麗的花朵。於是就有了「臺灣現當代作家研究資料彙編暨資料庫建置計畫」的誕生。為了便於查詢與應用，資料庫的完成勢在必行，而除了資料庫的建置外，這個計畫再從 310 位作家中精選 50 位，每人彙編一本研究資料，內容有作家圖片集，包括生平重要影像、文學活動照片、手稿及文物，小傳、作品目錄及提要、文學年表。另外每本書分別聘請一位最適當的學者或研究者負責編選，除了負責撰寫八千至一萬字的作家研究綜述外，再從龐雜的評論資料中挑選具有代表性的評論文章，平均 12～14 萬字，最後再附該作家的評論資料目錄，以期完整呈現該作家的生平、創作、研究概況，其歷史地位與影響。

　　由於經費及時間因素，除了資料庫的建置，資料彙編方面，50 位作家分三個階段完成。第一階段出版了 15 位作家，第二階段出版了 12 位作家，此次第三階段則出版了 23 位作家資料彙編。雖然已有過前兩階段的實

務經驗，但相較於前兩階段，此次幾乎多出版將近一倍的數量，使工作小組在編輯過程中，仍然面臨了相當大的困難與挑戰。

　　首先，必須掌握每位編選者進度這件事，就是極大的挑戰。於是編輯小組在等待編選者閱讀選文的同時，開始蒐集整理作家生平照片、手稿，重編作家年表，重寫作家小傳，尋找作家出版品的正確版本、版次，重新撰寫提要。這是一個極其複雜的工程。還好有認真負責的雅嫻、蕙婷、欣怡，以及編輯老手秀卿幫忙，讓整個專案延續了一貫的品質及進度。

　　在智慧權威、老練成熟的學者專家面前，這些初生之犢的年輕助理展現了大無畏的精神，施展了編輯教戰手冊中的第一招——緊迫盯人。看他們如此生吞活剝地貫徹我所傳授的編輯要法，心裡確實七上八下，但礙於工作繁雜，實在無法事必躬親，也只好讓他們各顯身手了。

　　縱使這些新手使出了全部力氣，無奈工作的難度指數仍然偏高，雖有前兩階段的經驗，但面對不同的編選者，不同的編選風格，進度仍然不很順利，再加上此次同時進行 23 位作家的編纂作業，在與各編選者及各冊傳主往來聯繫的過程中，更是有許多龐雜而繁瑣的細節。此時就得靠意志力及精神鼓舞了。我對著年輕的同仁曉以大義，告訴他們正在光榮地參與一個重要的文學工程，絕對不可輕言放棄。

成果

　　雖然過程是如此艱辛，如此一言難盡，可是終究看到豐美的成果。每位編選者雖然忙碌，但面對自己負責的作家資料彙編，卻是一貫地認真堅持。他們每人必須面對上千或數百筆作家評論資料，挑選重要或關鍵性的評論文章，全面閱讀，然後依照編選原則，挑選評論文章。助理們此時不僅提供老師們所需的支援，統計字數，最重要的是得找到各篇選文作者，取得同意轉載的授權。在第一階段進度流程初估時，我們錯估了此項工作的難度，因為許多評論文章，發表至今已有數十年的光景，部分作者行蹤難查，還得輾轉透過出版社、學校、服務單位，尋得蛛絲馬跡，再鍥

而不捨地追蹤。有了第一階段的血淚教訓，第二階段關於授權方面，我們更是如臨深淵、如履薄冰，希望不要重蹈覆轍，第三階段也遵循前兩階段的經驗，在面對授權作業時更是戰戰兢兢，不敢懈怠。

除了挑選評論文章煞費苦心外，每個作家生平重要照片，我們也是採高標準的方式去蒐集，過世作家家屬、友人、研究者或是當初出版著作的出版社，都是我們徵詢的對象。認真誠懇而禮貌的態度，讓我們獲得許多從未出土的資料及照片，也贏得了許多珍貴的友誼。許多作家都協助提供照片手稿等相關資料，如王鼎鈞、洛夫、余光中、羅門、瘂弦、司馬中原、林文月、鄭愁予、黃春明及其子黃國珍、白先勇及與其合作多年的攝影師許培鴻、白萩及其夫人、陳若曦、七等生、王文興、楊牧及其夫人夏盈盈。已不在世的作家，其家屬及友人在編輯過程中，也給予我們許多協助及鼓勵，如姜貴的長子王爲鎌、張秀亞的女兒于德蘭、艾雯的女兒朱恬恬、陳秀喜的女兒張瑛瑛、商禽的女兒羅珊珊、陳冠學的後輩友人陳文銓與郭漢辰、郭松棻的夫人李渝、王禎和的夫人林碧燕，藉由這個機會，與他們一起回憶、欣賞他們親人或父祖、前輩，可敬可愛的文學人生。此外，還有張默、岩上、閻純德、李高雄、丘彥明、朱雙一、吳姍姍、鄭穎、舊香居書店吳雅慧等作家及研究者，熱心地幫忙我們尋找難以聯繫的授權者，辨識因年代久遠而難以記錄年代、地點、事件的作家照片，釐清文學年表資料及作家作品的版本問題，我們從他們身上學習到更多史料研究可貴的精神及經驗。

但如何在規定的時間內，完成第三階段 23 本資料彙編的編輯出版工作，對工作小組來說，確實是一大考驗。每一冊的主編老師，都是目前國內現當代台灣文學教學及研究的重要人物，因此每位主編都十分忙碌。有鑑於前兩階段的經驗，以及現有工作小組的人力，決定分批完稿，每個人負責 2～4 本，三位組長的責任額甚至超過 4～5 本。每一本的責任編輯，必須在這一年多的時間內，與他們所負責資料彙編的主角——傳主及主編老師，共生共榮。從作家作品的收集及整理開始，必須要掌握該作家一生

作品的每一次的出版，以及盡量收集不同的版本；整理作家年表，除了作家、研究者已撰述好的年表外，也必須再從訪談、自傳、評論目錄，從作品出版等線索，再做比對及增刪。再來就是緊盯每位把「研究綜述」放在所有進度最後一關的主編們，每隔一段時間提醒他們，或順便把新增的評論目錄寄給他們（每隔一段時間就有新的相關論文或學位論文出現），讓他們隨時與他們所主編的這本書，產生聯想，希望有助於「研究綜述」撰寫的進度。

　　以上的工作說起來，好像並不十分困難，身為總策劃的我起初心裡也十分篤定的認為，事情儘管艱困，最後還是應該順利完成。然而，這句雲淡風輕的話，聽在此次身歷其境參與工作的同仁耳中，一定會恨得牙癢癢的。「夜長夢多」這個形容詞拿來形容這件工作，真是太恰當也沒有了。因為整個工作期程超過一年，在這段漫長的歲月中，因等待、因其他人力無法抗拒的因素，衍伸出來的問題，層出不窮，更有許多是始料未及的。譬如，每本書的的選文，主編老師本來已經選好了，也經過授權了，為了抓緊時間，負責編輯的助理們甚至連順序、頁碼都排好了，就等主編老師的大作了，這時主編突然發現有新的文章、新的資料產生：再增加兩三篇選文吧！為了達到更好更完備的目標，工作小組當然全力以赴，聯絡，授權，打字，校對，重編順序等等工作，再度展開。

　　此次第三階段共需完成 23 位作家研究資料彙編，年齡層較上兩個階段已年輕許多，因此到最後的疑難雜症，還有連主編或研究者都不太清楚的部分，譬如年表中的某一件事、某一個年代、某一篇文章、某一個得獎記錄，作家本人絕對是一個最好的諮詢對象，於是幾乎我們每本書都找到了作家本人，對解決某些問題來說，這是一個好的線索，但既然看了，關心了，參與了，就可能有不同的看法，選文、年表、照片，甚至是我們整本書的體例。於是又是一場翻天覆地的大更動，對整本書的品質來說，應該是好的，但對經過一年多琢磨、修改已近入完稿階段的編輯團隊來說，這不啻是一大挑戰。

1990 年開始，各地縣市文化中心（文化局），對在地作家作品集的整理出版，以及台灣文學館成立後對日治時期作家以迄當代重要作家全集的編纂，對臺灣文學之作家研究，也有了很好的促進作用。如《楊逵全集》、《林亨泰全集》、《鍾肇政全集》、《張文環全集》、《呂赫若日記》、《張秀亞全集》、《葉石濤全集》、《龍瑛宗全集》、《葉笛全集》、《鍾理和全集》、《錦連全集》、《楊雲萍全集》、《鍾鐵民全集》等，如雨後春筍般持續展開。

經過近二十年的努力，臺灣文學的研究與出版，也到了可以驗收或檢討成果的階段。這個說法，當然不是要停下腳步，而是可以從「臺灣現當代作家評論資料目錄」所呈現的 310 位作家、10 萬筆資料中去檢視。檢視的標的，除了從作家作品的質量、時代意義及代表性去衡量外、也可以從作家的世代、性別、文類中，去挖掘還有待開墾及努力之處。因此在這樣的堅實基礎上，這套「臺灣現當代作家研究資料彙編」，每位編選者除了概述作家的研究面向外，均有些觀察與建議。希望就已然的研究成果中，去發現不足與缺憾，研究者可以在這些不足與缺憾之處下功夫，而盡量避免在相同議題上重複。當然這都需要經過一段時間去發現、去彌補、去重建，因此，有關臺灣文學研究的調查與研究，就格外顯得重要了。

期待

感謝臺灣文學館持續支持推動這兩個專案的進行。「臺灣現當代作家評論資料目錄」的完成，呈現的是臺灣文學研究的總體成果；「臺灣現當代作家研究資料彙編」套書的出版，則是呈現成果中最精華最優質的一面，同時對未來的研究面向與路徑，做最好的建議。我們可以很清楚的體會，這是一條綿長優美的臺灣文學接力賽，我們十分榮幸能參與其中，我們更珍惜在傳承接力的過程，與我們相遇的每一個人，每一件讓我們真心感動的事。我們更期待這個接力賽，能有更多人加入。誠如張恆豪所說「從高音獨唱到多元交響」，這是每一個人所期待的。

編輯體例

一、本書編選之目的，為呈現郭松棻生平、著作及研究成果，以作為臺灣
　　文學相關研究、教學之參考資料。

二、全書共五輯，各輯內容及體例說明如下：

　　輯一：圖片集。選刊作家各個時期的生活或參與文學活動的照片、著
　　　　　作書影、手稿（包括創作、日記、書信）、文物。

　　輯二：生平及作品，包括三部分：

　　　　　1.小傳：主要內容包括作家本名、重要筆名，生卒年月日，籍
　　　　　　貫，及創作風格、文學成就等。

　　　　　2.作品目錄及提要：依照作品文類（論述、詩、散文、小說、
　　　　　　劇本、報導文學、傳記、日記、書信、兒童文學、合集）及
　　　　　　出版順序，並撰寫提要。不收錄作家翻譯或編選之作品。

　　　　　3.文學年表：考訂作家生平所進行的文學創作、文學活動相關
　　　　　　之記要，依年月順序繫之。

　　輯三：研究綜述。綜論作家作品研究的概況，並展現研究成果與價值
　　　　　的論文。

　　輯四：重要文章選刊。選收國內外具代表性的相關研究論文及報導。

　　輯五：研究評論資料目錄。收錄至 2013 年 6 月底止，有關研究、論述
　　　　　臺灣現當代作家生平和作品評論文獻。語文以中文為主，兼及
　　　　　日文和英文資料。所收文獻資料，以臺灣出版為主，酌收中國
　　　　　大陸、香港、日本和歐美國家的出版品。內容包含三部分：

　　　　　1.「作家生平、作品評論專書與學位論文」下分為專書與學位
　　　　　　論文。

　　　　　2.「作家生平資料篇目」下分為「自述」、「他述」、「訪談」、
　　　　　　「年表」、「其他」。

　　　　　3.「作品評論篇目」下分為「綜論」、「分論」、「作品評論目
　　　　　　錄、索引」、「其他」。

目次

輯一◎圖片集

影像◎手稿◎文物

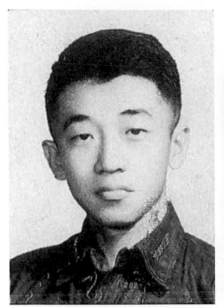

1960年，就讀臺灣大學外文系三年級的郭松棻，攝於暑期集訓。（李渝提供）

1964年，攝於臺大外文系橫貫公路旅行。左起：林耀福、郭松棻、王文興。（李渝提供）

約1964至1965年間，郭松棻與友人（左、右）訪蘭嶼。（李渝提供）

1965年，郭松棻與李渝（左）攝於臺灣大學文學院前。（李渝提供）

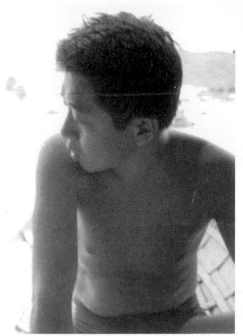

1969年，郭松棻攝於碧潭，時年31歲。（李渝提供）

1969年，郭松棻與李渝（右）攝於舊金山市金門橋前。（李渝提供）

1969年，郭松棻參與臺灣留美學生組成的「大風社」活動，聚集臺灣青年討論政治、社會與國事。隔年發行社團通訊《大風》（1970年6月～1971年8月），並參與編務。（清華大學圖書館提供）

1971年2月，配合首次保釣示威遊行，郭松棻與「柏克萊保衛釣魚臺行動委員會」等人發行《戰報》（1971.02～？），內容首開左派思想與批判國民政府先聲。（清華大學圖書館提供）

1971年4月9日，郭松棻（立者）攝於舊金山花園角釣運示威開動前。（李渝提供）

1971年，郭松棻投身保釣運動，攝於舊金山花園角。（李渝提供）

1971年，郭松棻與李渝（右）
於美國瑞諾城公證結婚。（李
渝提供）

1971年，郭松棻（前排左三）與聯合國中國代表團及聯合國
工作組合影。（李渝提供）

1977年，郭松棻因聯合國公務出差歐
洲，攝於荷蘭阿姆斯特丹。（李渝提
供）

1981年，郭松棻與陳若曦（右）攝於紐約。（李渝提供）

1982年，郭松棻與李渝（右）及造訪紐約的林海音（坐者）
攝於畫家夏陽位於曼哈頓的公寓中。（李渝提供）

1985年，全家合照於庭園。（李渝提供）

1986年，時年48歲的郭松棻，攝於紐約。（李渝提供）

1987年秋，郭松棻攝於美國麻州草原。（李渝提供）

1987年，郭松棻攝於旅遊途中，攝影地點不詳。（李渝提供）

987年，郭松棻與母親林阿琴攝於亞利桑那沙漠。（李渝提供）

1988年，郭松棻與父親郭雪湖（中）、母親林阿琴（右）合
影。（李渝提供）

1989年，郭松棻與父親郭雪湖攝於臺北「郭雪湖創作七十年
畫展」會場。（李渝提供）

1991年，與妻子李渝、夏志清夫婦攝於夏志清書房，左起：王洞、夏志清、
郭松棻、李渝。（李渝提供）

1992年，郭松棻攝於紐約寓所窗前。（李渝提供）

約1994至1995年間，與藝術家友人合影於紐約。左起：郭松棻、李渝、卓有瑞、司徒強、王無邪。（李渝提供）

2003年，郭松棻於自宅接受廖玉蕙（左）訪問。（李渝提供）

2003年，郭松棻與李渝（後）
合影。（李渝提供）

2004年4月，與妻子李渝接受舞
鶴訪問時合影。（舞鶴提供）

2004年4月，郭松棻攝於書房，因中風而改以左手書寫。
（李渝提供）

2004年4月，郭松棻與妻子李渝攝於書房。（李渝提供）

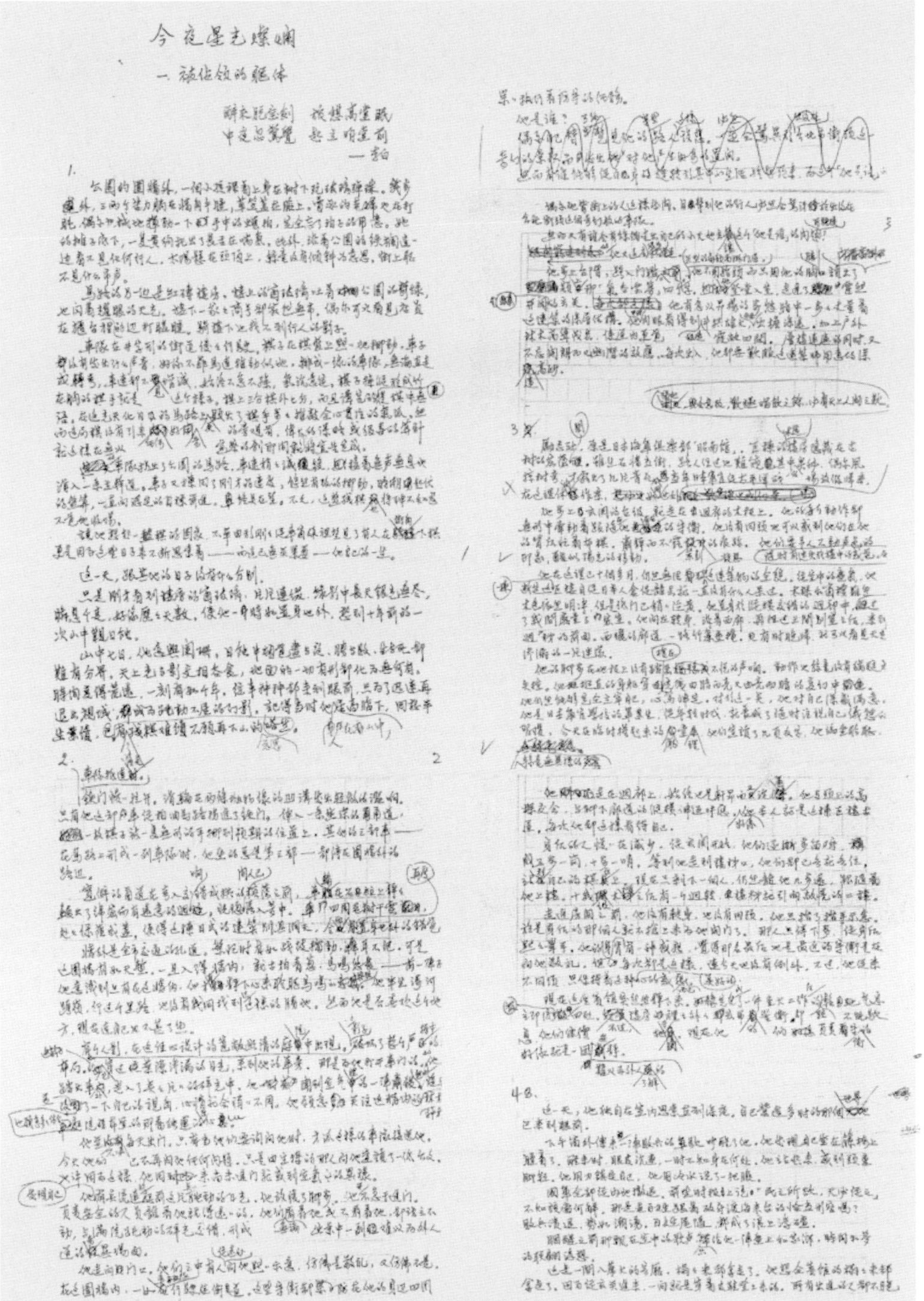

今夜星光燦爛

一、祿作敘的屍体

郭松棻〈今夜星光燦爛〉全文手稿，發表於1997年3月。（李渝提供）

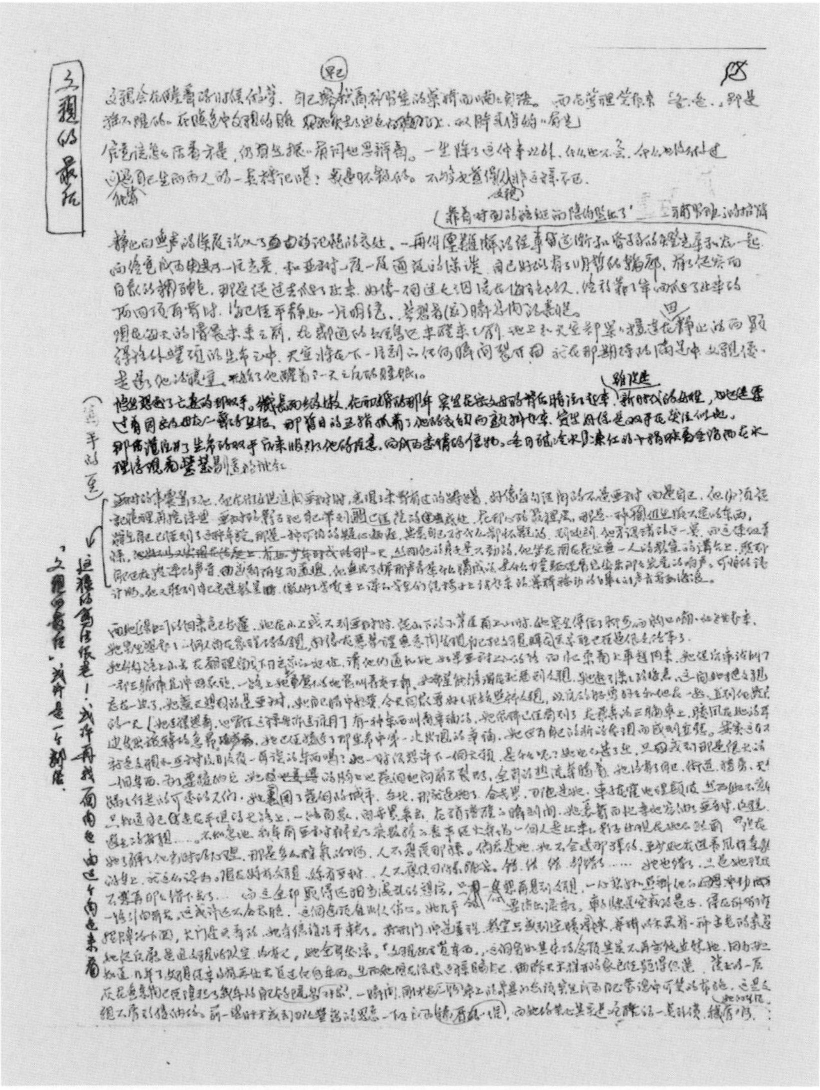

郭松棻《驚婚》手稿，首次發表於2011年7月。（李渝提供）

輯二◎生平及作品

小傳◎作品◎年表

小傳

郭松棻 (1938～2005)

郭松棻，男，本名郭松芬，筆名夢童、李寬木、羅安達等，1938 年 8 月 27 日生於臺北市大稻埕，2005 年 7 月 9 日辭世，享年 67 歲。

臺灣大學外國語文學系畢業，美國加州大學柏克萊分校比較文學系碩士，原持續攻讀比較文學系博士課程，因投入保釣運動，未能完成學業。曾任職臺灣大學外國語文學系、美國加州大學柏克萊分校比較文學系。在美時期與唐文標等友人創辦《大風》雜誌，與保釣同志發行《戰報》雜誌。1972 年起於聯合國擔任翻譯，至 1997 年中風，於 1998 年退休。因早年參與保釣，臺灣護照被取銷，長年居住美國，直至病逝。

郭松棻早期撰文以哲學評論為主，1961 年發表於《現代文學》的〈沙特存在主義的自我毀滅〉為全臺首篇介紹沙特的文章。在小說創作上，自 1958 年發表首篇小說〈王懷和他的女人〉後，至 1983 年方再回創作，對小說的藝術性及美學結構極重視，堅持二者的高度與深度，藝術信念秉持一生，量少質精，為評者譽為中文現代小說史上極少數作品風格可謂之艱深的作家。

郭松棻慣以凝鍊的詩化語言，時空流動的手法，和細膩綿延的敘事結構，載負糾結複雜的記憶，直入幽微的心理層次。筆下人物常用肉體銘刻生命歷程，映照個人在處境中的斲傷。小說與其說是呈現了時代或歷史經驗，不如說是潛入了生命的內在本質，曝陳了人的孕育，崩解，重建，和

解放。

　　「文學要求精血的奉獻，而又絕不保證其成功，文學是這樣的嗜血，一定要求你的獻身」（郭松棻，2004 年）。做爲一位早年投入哲學研究、文學評論，和學生運動，後期專志於小說的書寫者，郭松棻在創作中瓦解歷史與政治的大敘事，　以其殊性特强的美學造就了臺灣文壇上的獨樹一幟。

作品目錄及提要

【小說】

郭松棻集／林瑞明、陳萬益編

臺北：前衛出版社
1993 年 12 月，25 開，628 頁
臺灣作家全集・短篇小說卷／戰後第二代 6

短篇小說集。全書分四卷，收錄〈奔跑的母親〉、〈機場即景〉、〈向陽〉、〈月嗥〉、〈雪盲〉、〈草〉、〈秋雨〉、〈成名〉、〈姑媽〉、〈第一課〉、〈那嗒嗒的腳步〉、〈論寫作〉共 12 篇。正文前有鍾肇政〈緒言〉、〈橫切現實面・探索內心世界——郭松棻集序〉，正文後有吳達芸〈齎恨含羞的異鄉人〉、董維良〈小說初讀九則〉，附錄郭松棻〈含羞草〉、〈寫作〉兩篇小說與〈郭松棻小說評論引得〉、〈郭松棻生平寫作年表〉。

雙月記

臺北：草根出版社
2001 年 1 月，25 開，186 頁
臺灣文學名著 26

中篇小說集。全書收錄〈月印〉、〈月嗥〉共兩篇。正文前有林文義〈遠方來信——試寫郭松棻〉。

奔跑的母親

臺北：麥田出版公司
2002 年 8 月，25 開，301 頁
想像臺灣 1

短篇小說集。全書收錄〈月印〉、〈奔跑的母親〉、〈草〉、〈雪
盲〉、〈今夜星光燦爛〉共五篇。正文前有王德威〈冷酷異境裡
的火種〉，正文後有許素蘭〈流亡的父親‧奔跑的母親──郭
松棻小說中性／別烏托邦的矛盾與背離〉。

Recit de lune／Marie Laureillard 譯

Paris：Zulma
2007 年 10 月，12x17 公分，142 頁

中篇小說。本書爲〈月印〉法譯版，故事時序自太平洋戰爭至
白色恐怖，爲作者將形式主義與寫實主義融合的寫作實驗。太
平洋戰爭期間，文惠長期照顧患有肺病的丈夫鐵敏，並獨力支
撐家計。鐵敏因疾病避過日本南進政策的徵兵，病癒後將重心
投注於共產主義，忽略長期付出的妻子。忌妒致使文惠向派出
所告發鐵敏藏有禁書，試圖藉此切斷丈夫與假想敵楊大姊的聯
繫，卻因此將丈夫連同楊大姊等左派分子一併葬送在白色恐怖
之中。

驚婚

臺北：印刻出版公司
2012 年 7 月，25 開，245 頁
文學叢書 320

長篇小說。本書爲郭松棻遺作，由遺孀李渝歷時八年依照手稿
謄打、整理而成。故事以一場即將舉行的教堂婚禮爲起點，敘
述歷經臺灣白色恐怖，對於父親滿懷怨恨的哲學青年亞樹，與
女友倚紅耽於照顧好友遺孀，忽略家人的父親成爲忘年之交。
上下兩代的歷史命運，在時空轉換間交錯展開。正文後有李渝
〈謄文者後記〉、簡義明〈郭松棻訪談〉。

文學年表

1938 年　8 月　27 日，出生於臺北市大稻埕。本名郭松芬，父親郭雪湖，母親林阿琴，父親爲日據時期著名膠彩畫家。爲家中長子，有一姊三妹一弟。

1943 年　本年　就讀日人開設的「愛育幼稚園」。
　　　　　　　美軍轟炸臺北，一家被迫四處避難。父親長期外出參展，戰爭時期，家中生計由祖母、母親負責。

1944 年　本年　就讀日本公學校，爲期半年。

1945 年　本年　日據結束，就讀臺北日新國民學校（今臺北市日新國小）二年級。

1951 年　本年　就讀臺北省立建國中學初中部。

1952 年　本年　下學期，閱讀中國 1930 年代文學和當時被列爲禁書的《魯迅選集》。

1954 年　本年　就讀臺北市省立師範附中（今師大附中）。開始大量閱讀哲學書籍。

1957 年　本年　考取臺灣大學哲學系。

1958 年　4 月　發表首篇小說〈王懷和他的女人〉於臺灣大學《大學時代》第 10 期。
　　　　　本年　轉入臺灣大學外文系。之後師從蘇維熊、殷海光、夏濟安、周學普等人。

1960 年　本年　協助外文系同窗白先勇、陳若曦等人在《現代文學》創刊前尋求贊助。

1961 年　7 月　20 日，發表〈沙特存在主義的自我毀滅〉於《現代文學》第
　　　　　　　9 期。

　　　　　本年　畢業於臺灣大學外文系。

　　　　　　　　服役時獲政工幹校教授易陶天贈黑格爾《歷史哲學》，後發表
　　　　　　　　〈黑格爾〉於《人生》雜誌。

1962 年　本年　服役期滿。擔任臺灣大學外國語文學系助教。

　　　　　　　　結識未來妻子李渝。

1963 年　本年　因系上教授蘇維熊患疾，代為講授「英詩選讀」。

1964 年　2 月　1 日，發表〈這一代法國的聲音〉於《文星》第 76 期。

1965 年　本年　參與《劇場》雜誌編輯工作，介紹歐美新興表演藝術與新浪
　　　　　　　　潮電影。

　　　　　　　　參與黃華成實驗電影《原》的演出。

1966 年　3 月　18 日，參與《劇場》於耕莘文教院舉辦的首次電影《原》發
　　　　　　　　表會。

　　　　　9 月　赴美留學，留學期間繼續擔任《劇場》編務。

　　　　　　　　就讀加州大學聖塔巴巴拉分校英國文學碩士班。

　　　　　12 月　15 日，發表〈大臺北畫派 1966 秋展〉於《劇場》第 7、8 期
　　　　　　　　合刊。

1967 年　本年　轉入加州大學柏克萊分校攻讀比較文學碩士學位，師從陳世
　　　　　　　　驤。

1968 年　9 月　以筆名「乙崙欠」發表〈文學與風土病〉於《大學》（美國加
　　　　　　　　州大學中國同學會主編）第 1 卷第 4 期。

　　　　　本年　聽從指導教授陳世驤的建議，改名為郭松棻。

1969 年　夏　暑假回臺探親，並訪視殷海光教授。

　　　　　9 月　參與臺灣留美學生發起的「大風社」創社，及《大風》雜誌
　　　　　　　　創刊活動。

　　　　　本年　取得加州大學柏克萊分校比較文學碩士學位，並繼續攻讀博

　　　　　　　　　士學位。

1970 年　　5 月　1 日，發表〈中國近代史的再認識〉於《大風通訊》，未署
　　　　　　　　　名。

　　　　　　6 月　15 日，《大風》雜誌創刊，以筆名「夢童」發表小說〈秋
　　　　　　　　　雨〉於創刊號。

1971 年　　1 月　29 日，「柏克萊保衛釣魚臺行動委員會」於美西發起首次保
　　　　　　　　　釣示威遊行；發表演說〈五四運動的意義〉。
　　　　　　　　　以筆名「鐵疊」，發表〈阿 Q 與革命〉於《盤古》（香港）第
　　　　　　　　　36 期。

　　　　　　2 月　配合首次保釣示威遊行，與「柏克萊保衛釣魚臺行動委員
　　　　　　　　　會」等人發行《戰報》創刊號；發表〈當頭棒打自由主義
　　　　　　　　　者〉、〈五四運動的意義（一二九示威大會中郭松棻同學演說
　　　　　　　　　辭）〉二文於《戰報》第 1 期（一二九示威專號）。

　　　　　　4 月　8 日，被《中央日報》點名為「共匪特務」。
　　　　　　　　　與保釣同仁組成教學小組，以左派觀點，在校內教授「中國
　　　　　　　　　近代史」。

　　　　　　5 月　23 日，陳世驤過世，放棄攻讀博士學位。

　　　　　　6 月　分別以筆名「賀靈」發表〈組織學生法庭・展開人權保障運
　　　　　　　　　動〉；筆名「羅龍邁」發表〈打倒博士買辦集團！〉；筆名
　　　　　　　　　「簡達」發表〈臺獨極端主義與大國沙文主義〉於《戰報》
　　　　　　　　　第 2 期。

　　　　　12 月　5 日，以筆名「龍貫海」發表〈三種中國人，一種前途〉於
　　　　　　　　　《柏克萊快訊》（美國）。

　　　　　　本年　因「保釣」運動，被臺灣當局列入黑名單。
　　　　　　　　　與李渝結婚。

1972 年　　4 月　15 日，發表〈揭穿國民黨所謂「聯俄阻共」的陰謀〉於《盤
　　　　　　　　　古》（香港）第 46 期。

分別以筆名「簡達」發表〈保釣運動是政治性的，也是民族性的，而歸根結底是民族性的〉；筆名「心臺」發表〈臺灣的前途〉於《東風》（美國）第1期。

5月　15日，美國正式將釣魚臺列嶼連同琉球群島交予日本，保釣運動轉為統一運動。

7月　5日，以筆名「羅龍邁」發表〈拆穿「小市民」的假面具〉於《柏克萊快訊》（美國）第10期。

9月　19日，發表〈有關「臺灣人民」部分〉於《臺灣人民通訊》（美國）第1期，未署名。
移居紐約，於聯合國擔任翻譯。

10月　分別以筆名「簡達」發表〈把運動的矛頭指向臺灣〉；筆名「羅龍邁」發表〈處變大驚下的一劑定心丸：一駁「小市民心聲」〉於《東風》（美國）第2期。

1973年　10月　以筆名「簡達」發表〈談三反運動〉於《東風》（美國）第4期。

1974年　1月　以筆名「羅龍邁」發表〈談談臺灣的文學〉於《抖擻》（香港）創刊號。

2月　以筆名「簡達」發表〈戰後臺灣的改良派〉於《東風》（美國）第5期。

3月　以筆名「羅安達」發表〈戰後西方自由主義的分化──談卡謬和沙特的思想論戰〉於《抖擻》（香港）第2期。

7月　與父親、李渝訪問中國，共42天。

9月　以筆名「張澍」發表〈蓋世比──美國七十年代的英雄典型？〉於《抖擻》（香港）第5期。

1977年　5月　以筆名「李寬木」發表〈從「荒謬」到「反叛」──談卡謬的思想概念（一）〉於《夏潮》第14期。

6月　以筆名「李寬木」發表〈自由主義的解體──談卡謬的思想

概念（二）〉於《夏潮》第 15 期。

7 月　以筆名「李寬木」發表〈冷戰年代中西歐知識人的窘境——談卡謬的思想概念（三）〉於《夏潮》第 16 期。

9 月　以筆名「羅安達」發表重寫的〈戰後西方自由主義的分化——談卡謬和沙特的思想論戰〉於《抖擻》（香港）第 23 期。

11 月　以筆名「羅安達」發表〈戰後西方自由主義的分化〉第二部分「現代宗教法庭與新教義」於《抖擻》（香港）第 24 期。

1978 年　3 月　以筆名「羅安達」發表〈戰後西方自由主義的分化〉第三部分「替無產階級規定歷史任務」於《抖擻》（香港）第 26 期。

5 月　以筆名「羅安達」發表〈戰後西方自由主義的分化〉第四部分「行動中的列寧主義」於《抖擻》（香港）第 27 期。第四部分以降，發表中斷。

9 月　以筆名「羅安達」翻譯 Santiago Carrillo《歐洲共產主義與國家》第一章〈國家對社會〉於《抖擻》（香港）第 29 期。

11 月　以筆名「羅安達」翻譯 Santiago Carrillo《歐洲共產主義與國家》第二章〈國家的意識形態機器〉於《抖擻》（香港）第 30 期。

本年　定居美國加州 Richmond，家庭重心完全轉移至美國。

1979 年　1 月　以筆名「羅安達」翻譯 Santiago Carrillo《歐洲共產主義與國家》第三章〈國家的強制機器〉於《抖擻》（香港）第 31 期。

3 月　以筆名「羅安達」翻譯 Santiago Carrillo《歐洲共產主義與國家》第四章〈民主的社會主義模式（上）〉於《抖擻》（香港）第 32 期。第四章以後中斷，未能翻譯完成。

8 月　11 日，以筆名「史紀」發表〈郭雪湖筆下的自然美〉於《人民日報》（中國）。

1981 年	本年	因精神衰弱以及胃疾,停止馬克思主義的研究。
1982 年	5 月	接受香港雜誌《七十年代》主編李怡的訪問,訪談文章〈昨日之路:七位留美左翼知識分子的人生歷程〉刊載於《七十年代》。
1983 年	6 月	以筆名「羅安達」發表小說〈青石的守望〉(包括〈向陽〉、〈出名〉、〈寫作〉初稿)於《文季》第 1 卷第 2 期。
	8 月	以筆名「羅安達」發表〈三個小短篇〉(包括〈含羞草〉初稿、〈第一課〉、〈姑媽〉)於《文季》第 1 卷第 3 期。
1984 年	5 月	發表小說〈母與子〉(包括〈機場即景〉、〈奔跑的母親〉初稿)於《九十年代》(香港)第 172 期。
	7 月	21～30 日,小說〈月印〉連載於《中國時報》「人間」副刊。
	8 月	12～18 日,小說〈月嗥〉連載於《中國時報》「人間」副刊。
1985 年	1 月	發表小說〈雪盲〉於《知識分子》(美國)第 1 卷第 2 期。
	11 月	21 日～12 月 5 日,小說〈那噠噠的腳步〉連載於《中報》(美國)副刊。
	本年	小說〈月印〉選入唐文標主編《1984 臺灣小說選》,由臺北前衛出版社出版。
1986 年	9 月	發表小說〈草〉於《知識分子》(美國)第 3 卷第 1 期。
1988 年	本年	年底,憂鬱症發作,歷時四個多月。
1989 年	9 月	因父親郭雪湖舉辦「創作七十年回顧展」,得以於保釣運動被列入黑名單之後,首次返臺。
	10 月	發表〈一個創作的起點〉於《當代》第 42 期。
1993 年	12 月	林瑞明、陳萬益編《郭松棻集》,由臺北前衛出版社出版。為「臺灣作家全集:短篇小說卷・戰後第二代」系列之一。
1995 年	8 月	接受東方花花專訪,訪稿篇名為〈初訪郭松棻的「論創

作」〉，刊載於《誠品閱讀》第 23 期。

1997 年	3 月	發表小說〈今夜星光燦爛〉於《中外文學》第 25 卷第 10 期。
	6 月	30 日，凌晨 1 點，中風。
1998 年	本年	自聯合國的翻譯工作退休。
2001 年	1 月	短篇小說集《雙月記》由臺北草根出版社出版。
	3 月	接受徐淑卿越洋電話專訪，訪問文章〈郭松棻──藉小說重回臺灣故土〉，發表於 2001 年 3 月 4 日《中國時報》。
	5 月	《雙月記》獲得 2001 年巫永福文學獎。
2002 年	8 月	短篇小說集《奔跑的母親》由臺北麥田出版公司出版。
2003 年	7 月	與李渝共同接受廖玉蕙的訪問，訪問文章〈生命裡的暫時停格──小說家郭松棻、李渝訪談錄〉發表於《聯合文學》第 225 期。
2004 年	2 月	接受簡義明訪問，訪問文章〈郭松棻訪談紀錄〉後收錄於簡義明博士論文《書寫郭松棻：一個沒有位置和定義的寫作者》。
	4 月	與李渝共同接受舞鶴的訪問，訪問文章〈不為何為誰而寫──在紐約訪談郭松棻〉，與小說〈落九花〉發表於《印刻文學生活誌》第 23 期。
2005 年	7 月	1 日，傍晚 6 時 45 分，再度中風。
		9 日，逝世，享年 67 歲。
		15 日，在聯合國對面教堂舉行追思儀式。
		遺作〈落九花〉刊載於《印刻文學生活誌》第 23 期。
2011 年	7 月	遺作〈驚婚〉初稿刊載於《印刻文學生活誌》第 95 期。
2012 年	7 月	遺作《驚婚》由臺北印刻出版公司出版。
2013 年	1 月	30 日，遺作《驚婚》獲 2013 年臺北國際書展年度大獎小說類。

參考資料：

・方美芬編；郭松棻增訂，〈郭松棻生平寫作年表〉，《郭松棻集》（臺北：前衛出版社，1993 年），頁 625～628。

・魏偉莉，〈郭松棻生平及著作繫年〉，《異鄉與夢土：郭松棻思想與文學研究》（臺南：成功大學臺灣文學研究所碩士論文，2004 年），頁 199～207。

・簡義明，《書寫郭松棻：一個沒有位置和定義的寫作者》附錄之年表與訪談內容，清華大學中國文學系博士論文，2007 年。

・顧正萍，《從「介入境遇」到「自我解放」：郭松棻再探》臺北：秀威資訊科技，2012 年 11 月。

輯三◎
研究綜述

月印山川萬古流
郭松棻小說研究綜述

◎張恆豪

一、郭松棻及其文學內涵

在臺灣文學史上，郭松棻與七等生、陳映真、李喬、白先勇等文學同儕一樣，皆是戰後第二代重要的小說健將。他的文學生命萌發於臺灣現代主義的年代，歷經人生幾番的波瀾跌宕，月印萬川復潺湲，文學的花朵又再次逢夏綻放。

1984 年 7 月 21 至 30 日，郭松棻（1938 年 8 月 27 日～2005 年 7 月 7 日）的中篇小說〈月印〉在主流媒體的《中國時報》「人間」副刊，以連續十天的醒目篇幅刊載，這是一篇與二二八事變以及白色恐怖事件相關的小說，文學質地甚好，藝術性極佳，在戒嚴年代於「人間」登出，題材仍不免敏感。8 月 12 至 18 日，郭松棻另一篇小說〈月嗥〉也在「人間」刊登。翌年，評論家唐文標將〈月印〉選入前衛版《1984 臺灣小說選》。一時之間，郭松棻這個名字，引人側目，但也勾起不少圈內文學同道的回憶。

郭松棻出生於臺北的大稻埕，父親郭雪湖及母親林阿琴，都是日治時代有名的膠彩畫家，郭松棻是家中的長子，另有一姊三妹一弟。郭雪湖是臺灣美術史上極有分量的重要畫家，年輕時即以畫作《圓山附近》，獲得第一屆臺灣美展的肯定，與陳進、林玉山二人，有「臺展三少年」之美名。但郭松棻透露自己成長過程與父親並不親近，他少年時便著迷世界文學與

哲學,在這方面受到父親的影響也不很大。

觀察郭松棻成年之後的求學過程及外在經歷,大約可分爲三個時期:

第一,時間點是 1957 年,郭松棻考進臺大,到 1966 年赴美留學之前。這時他浸潤於西洋文學和哲學,心靈受到現代主義、存在主義洗禮的青少時期。

他原先考進臺大哲學系,大二轉到外文系,與白先勇、王文興、陳若曦、歐陽子是同班同學,其時臺大是現代文學的重鎮,他在自學情況下,透過美譯本或中譯本,廣泛研讀了帝俄、德法、英美的經典文學,特別是沙特、卡繆、雷蒙‧阿宏等人哲學著作,他認爲此時個人的生命情調和心態,帶有對現實不滿,壓抑、虛無、倦怠的氣質。

1958 年,郭松棻 21 歲,發表短篇小說〈王懷和他的女人〉,應是他的處女作。1961 年他在《現代文學》第 9 期發表〈沙特存在主義的自我幻滅〉,被人以爲是教授的著作。1964 年,他在《文星》第 76 期發表〈這一代法國的聲音——沙特〉。此一時期,已顯露出郭松棻文學上的才情和思想上的早慧。

第二,郭松棻留美期間,感受到反戰、黑人民權運動的時代氛圍,激發了他的熱情,積極投入保釣運動,以追求民族統一的盛壯時期。

1969 年,他獲得加大柏克萊分校比較文學碩士學位。也在此年 9 月與臺灣留美學生成立「大風社」。郭松棻的小說〈秋雨〉在次年 1970 年 6 月,發表於《大風》雜誌創刊號。

1971 年 1 月 29 日之後,郭松棻即積極發起保釣的示威遊行,「柏克萊保衛釣魚臺行動委員會」等人發行《戰報》。5 月 23 日,因指導教授陳世驤過世,決定放棄攻讀博士,全力專志投入保釣運動,後來釣運轉向統運,《戰報》改以《柏克萊快訊》發行,此一時期,他以多種筆名發表政論、時論和哲論的文字。

直到 1979 年 7 月,他與父親、李渝第一次訪問中國,歷經一個多月的參訪見聞,郭松棻對於當時中共的政權感到失望,因此逐漸淡出統運,並

且重新研討馬克思主義。1977 年後，他以李寬木和羅安達的筆名，發表多篇哲學及左派理論的文章，此一階段他一掃早年的虛無色彩，可說是行動的、前進的、戰鬥的，但也因種種壓力，埋下了精神衰弱、腸胃不適的隱疾。

　　第三，因憂鬱症和胃病，郭松棻減少馬克思主義研究，再次回歸文學創作，想望故鄉臺灣，卻因病魔留在紐約養病的沉潛、平淡、透徹的時期。

　　郭松棻一生中，確立自我風格、精銳、成熟的小說，都是在此一階段逐一發表，同時他不斷重新閱讀世界文學經典和臺灣文學，也修正了或更確認年輕時期的一些看法。他在養病復健中讀進了托爾斯泰的文學，喜歡杜斯妥也夫斯基、福樓拜、卡夫卡、褚威格、卡繆、芥川龍之介、中島敦……等外國作家，尤其愛不釋手李健吾所譯的《包法利夫人》。中國的作家，欣賞魯迅、老舍、茅盾。臺灣的文學，則是肯定呂赫若、鍾理和、七等生的小說。

　　從文學年表，知悉郭松棻前後發表的小說不超過二十篇，有短篇有中篇，所出現的四本小說集，從初次刊登到結集出書，都有程度不一的修訂。與王文興同樣，非常重視小說語言文字，用字如鍊金，字斟句酌，反覆推敲，極為考究，因應故事和情境氣氛，語言或素樸平淡，或精緻縝密，或隱晦幽深，隨著題材和人物動作，十分講究適合的藝術形式和美學技巧，屢屢也有滿意的美學效果。

　　郭松棻在小說中關注的焦點，包括日治末期至戰後初期臺灣的歷史傷痕，個人童年親情的記憶，生命中難忘的理想人物典型，離鄉流落異邦為生存顛沛掙扎的滄桑……，這些人生情事，冥冥中似有時機錯亂、命運弄人、造化無明的悲憾。但由政治波瀾回歸到文學冷斂的作家之眼，終能自紛擾悲苦中以理化情，從超脫的宇宙觀，觀照紅塵的人情萬物，一方面既微觀其中的幽折深情，一方面又能將人生的悲歡合離、人間的是非成敗、人性的貪嗔痴欲，宏觀為「鏡中人走出了鏡子」，「今夜星光燦爛」，「月印

山川萬古流」的釋道智慧，這或許是郭松棻晚期的小說涵義吧。

二、郭松棻小說研究觀察

　　從本書的〈郭松棻研究評論資料目錄〉（輯五）看來，由最早唐文標的
〈《月印》評介〉直到現今，論文數目已累積 157 筆資料，扣除單篇重複計
算的筆數，也將近百篇之多。這一研究評論成果，整體的綜觀，大約可分
爲五大類：

　　第一類是專書著作：如李欣倫《失憶歷史，文學見證：陳映真及郭松
棻小說中的邊緣臺灣人病例──戰後臺灣疾病書寫研究》（臺北：大安出版
社，2004 年出版），陳映真與郭松棻兩位，都是具有強烈社會批評意識的
小說大家，李欣倫通過他們兩位對於失憶歷史的深刻書寫，挖掘歷史病
症，以文學的見證，讓世人再度凝視到歷史斑斑的傷痕，此書本是作者碩
論，由中央大學中文系康來新教授指導。

　　另一同由康教授指導，也是碩論出書的，則是黃啓峰《河流裡的月
印：郭松棻與李渝小說綜論》（臺北：秀威資訊科技公司，2008 年出版），
黃啓峰探討的對象，是以郭松棻、李渝這對文學伉儷爲中心，主要針對他
們思想歷程和文學義涵爲論述重點。

　　至於顧正萍《從介入境遇到自我解放──郭松棻再探》（臺灣：秀威資
訊科技公司，2012 年出版），則是專以郭松棻爲主體的作者論與作品論，
宏觀郭松棻的思想理念、左派意識的人生經歷，亦微觀其哲學、政治、文
學的心理歷程。

　　第二類是博碩士的論文。2003 年 1 月，即李欣倫的碩論，論文與成
書，都是相同的書名。翌年，花開並蒂，其一是魏偉莉的《異鄉與夢土：
郭松棻思想與文學研究》，引用後殖民理論，追索其作品裡的文化身分，並
窺探郭松棻烏托邦的失落與夢土的呼喚，由成大歷史系林瑞明教授指導，
本書選入其中一章的論述，於此可看出作者的研究策略和主要觀點。

　　另一是黃小民的《郭松棻小說研究》，從文學外緣的身家背景著手，再

進入文本內在的現代主義和小說特質，此由文大中文系李進益教授指導。

　　再來是 2006 年 1 月，吳靜儀的《文學的寂寞單音：郭松棻小說研究》，此碩論突破前人的篇章，在其第四章專對於郭松棻小說藝術形式的探究，以及第五章郭松棻小說與文學風潮的對話，因此，作者有郭之小說有「文學的寂寞單音」的結論，由中山大學中文所龔顯宗教授指導。接著是黃啓峰的《河流裡的月印：郭松棻與李渝小說研究》，此一碩論即前述的專書，茲不贅述。

　　值得注意的是，2007 年 7 月，簡義明的博論《書寫郭松棻：一個沒有位置和定義的寫作者》，融合了郭松棻文學的外緣和內涵，爬梳相關的研究評論，深入探索郭松棻的文學生命，繼而提出題旨「沒有位置和定義」的結論。簡義明不僅廣蒐相關研究文獻，更以行腳治學，赴美訪問郭松棻、李渝夫婦，釐清一些疑義，填補一些漏洞，後面附有〈郭松棻訪談紀錄〉，由清大中研所陳萬益教授指導。

　　第三類是散篇的論述，包括對郭松棻綜合的作家論或作品論，如黃錦樹〈詩，歷史病體與母性——論郭松棻〉、陳建忠〈流亡者的思想病歷——郭松棻的文學道路〉，以及本書蒐入的吳達芸〈齎恨含羞的異鄉人——評郭松棻的小說世界〉。

　　有從女性意識、歷史想像及國族記憶的角度切入主題，如李桂芳〈終戰後的胎變——從女性、歷史想像與國族記憶閱讀郭松棻〉，和本書蒐入的許素蘭〈流亡的父親‧奔跑的母親——郭松棻小說中性別烏托邦的矛盾與背離〉。或鎖定在歷史的情境和回憶，如楊曉琪〈歷史處境與個人生命——論郭松棻小說世界的建構〉，和蒐入本書的陳明柔〈當代臺灣小說中歷史記憶的書寫——以郭松棻爲觀察主軸〉。

　　也有著眼於小說中文化身分的追索，如本書所蒐的魏偉莉〈論郭松棻文本中文化身分的追索〉。或鎖定於小說裡的創作美學，如楊美紅〈郭松棻的小說創作與美學世界〉，以及選進本書的王德威〈冷酷異境裡的火種——郭松棻的創作美學〉。

　　這類散論，也包括專對郭松棻的單篇小說，或以闡釋學，或以新批評，或以心理分析，所進行的解析、鑽研和評論，如唐文標〈《月印》評介〉、楊佳嫻〈郭松棻〈雪盲〉〉，以及本書蒐入的南方朔〈廢墟中的陳儀：評郭松棻〈今夜星光燦爛〉〉、陳芳明〈記憶是一面鏡像──讀郭松棻遺稿《驚婚》〉。

　　第四類，兩位或三位作家針對某類議題，所做文本的聯結、對蹠或比較，如張恆豪〈二二八的文學觀點──比較〈泰姆山記〉與〈月印〉的主題意識〉、白依璇〈省籍、戰後第二代、與認同危機：論六〇年代李渝、郭松棻的現代主義書寫〉、徐秀慧〈革命、犧牲與知識分子的實踐哲學──郭松棻、陳映真與魯迅文本的互文性〉。

　　第五類是專訪和對談。郭松棻有生之年，並無自傳或回憶錄出版，單篇的自述也不可見，因此他的訪談紀錄和書信文字，便顯得格外重要，由此可窺出一般年表省略遺漏的家庭背景、求學經歷、生活細節、家人親情，特別是有關他在文學、哲學、政治上的內心想法，這都不是外人能輕易了解的，也等同於「自述」的重要性，對於了解郭松棻的人格與思想、研究他的創作與評論，有相當幫助。郭松棻為人坦誠，對於造訪者的問題，知無不言，言無不盡，看不出設防和禁忌，因此訪談和書信，極有價值。這類訪談，如舞鶴〈不為何為誰而寫──在紐約訪談郭松棻〉，及蒐入本書的廖玉蕙〈生命裡的暫時停格──小說家郭松棻、李渝訪談錄〉、簡義明〈郭松棻訪談〉。有關書信，則如寄給許素蘭、張復等人的信札。

　　第六類是年表。小如年表，大至年譜，是作家研究至為重要的基礎，也是獨立專業的學術。從目錄看來，郭松棻成篇的年表有四篇，依編製順序，方美芬〈郭松棻生平寫作年表〉，刊於前衛版《郭松棻集》，在 1993 年 12 月。魏偉莉〈郭松棻生平及著作繫年〉，刊於她的碩論，在 2004 年 6 月。簡義明〈郭松棻生平及寫作年表初編〉，刊在他的博論，2007 年 7 月。顧正萍〈郭松棻生平及寫作年表〉，刊於她的專書《從介入境遇到自我解放──郭松棻再探》之後。四篇以方美芬撰述最早，曾經過郭松棻校

訂，而簡義明編製的年表，曾赴美專訪郭松棻，釐清疑點，添補遺漏，冠以初編，想必是希望日後再做增補訂正。

三、郭松棻小說研究綜述

綜觀郭松棻的文學研究資料，雖有 157 筆之多，但因篇幅字數所限，想要從中篩選出十幾篇代表性的論述，約有十二萬字的分量，以具體而微反映出當前評論界多元的觀點，也包括訪談郭松棻本人的現身說法，此一編務洵非易事。

筆者選文的標準，主要仍回歸到論文的觀點來考量。無論是學院嚴謹的研究，或是民間精銳的評論，均為我所考量；不管是否運用西方思潮理論，或純粹發自個人深思求索的心得，皆不敢偏廢，在相對比較之下，選入下列這 13 篇論述及訪談，未免有囿於個人的學力和主觀。此處要說明的，在選編過程中有些篇幅過長的宏觀不得不割愛，也有些作者未能同意的論文也不敢收入。

現在針對下列這 13 篇選文，就其背景及論點，依先後順序分述於後：

1.林衡哲〈一位永遠望鄉的理想主義臺灣作家——懷念郭松棻〉（他述，2005 年）

2.廖玉蕙〈生命裡的暫時停格——小說家郭松棻、李渝訪談錄〉（訪談，2003 年）

3.簡義明〈郭松棻訪談〉（訪談，2007 年）

4.吳達芸〈齎恨含羞的異鄉人——評郭松棻的小說世界〉（綜論，1993 年）

5.許素蘭〈流亡的父親‧奔跑的母親——郭松棻小說中性／別烏托邦的矛盾與背離〉（綜論，1999 年）

6.王德威〈冷酷異境裡的火種——郭松棻的創作美學〉（綜論，2002 年）

7.李順興〈追憶似月年華——評《雙月記》〉（書評，2001 年）

8.梅家玲〈月印萬川，星光燦爛〉（書評，2002 年）

9.陳明柔〈當代臺灣小說中歷史記憶的書寫——以郭松棻為觀察主軸〉（會議論文，2002 年）

10.魏偉莉〈論郭松棻文本中文化身分的追索〉（碩士論文，2003 年）

11.南方朔〈廢墟中的陳儀——評郭松棻〈今夜星光燦爛〉〉（單篇作品評論，1997 年）

12.黃啓峰〈書寫歷史的空白頁——郭松棻〈落九花〉敘事技巧與意涵研究〉（單篇作品評論，2006 年）

13.陳芳明〈記憶是一面鏡像——讀郭松棻遺稿《驚婚》〉（單篇作品評論，2011 年）

林衡哲的〈一位永遠望鄉的理想主義臺灣作家——懷念郭松棻〉，寫於郭松棻謝世之後，發表在 2005 年 8 月 8 日的《自由時報》。1970 年代，在封閉保守的臺灣社會，林衡哲是將西方新思潮的火種帶進臺灣的先行者，也是志文出版社「新潮文庫」的催生人，文庫的第一本書《羅素回憶集》、第二本《羅素傳》，皆是他翻譯的典籍，為當時文化低迷的臺灣社會，開展了一扇自由的人文之窗。他與郭松棻一同在臺大唸書，卻不相識，他們首次見面是在美國。此文從私誼切入，以沉穩流暢的文字，平實刻畫郭松棻在文化上、政治上的思想與理想，人生的昂揚與轉折，身在異鄉卻凝視原鄉，描繪出這位永遠望鄉理想主義者的精神畫像。在第二段，林衡哲如是寫道：

> 第一次看到郭松棻的文章，大概是 1963 年我念醫科三年級時，他在《文星》雜誌第 76 期（1963 年 2 月 1 日出刊），介紹封面人物：〈這一代法國的聲音——沙特〉。這篇文章深入淺出地把沙特的思想，做了精采的介紹，也是我認識存在主義的開始；就在那時，我也開始變成羅素迷，並翻譯了《羅素回憶集》與《羅素傳》這二本催生新潮文庫的書，因此我們兩人雖然彼此不認識，卻不約而同地把沙特與羅素這兩位 20 世紀西方

行動哲學家的思想介紹給國內讀者，培養年輕一代獨立思考的能力，並擴展他們的思想視野。

提起青春往事，林衡哲不免流露出得意語氣，對郭松棻頗有惺惺相惜之感。若能再參讀劉大任的〈回憶松棻二三事〉，及謝里法的〈一陣笑聲過緻──左派郭松棻的右側面〉，有關郭松棻「他述」的角度將更為多面，形象將更為立體。

從研究評論資料目錄，我們得知 2000 年後，從臺灣遠赴美國紐約的登門謁訪郭松棻、李渝這對文學伉儷，至少有林文義、廖玉蕙、舞鶴、簡義明這四位，他們都寫下精采的散文札記或訪談紀錄，對於郭松棻的文學啟蒙、學問教養、生命氣質的演變、思想歷程的轉折，以及他對世界經典及臺灣作家的評價和定位，皆留下第一手真實的文學外緣資料，適足可以彌補自傳或回憶錄的闕如。

本書蒐入的廖玉蕙〈生命裡的暫時停格──小說家郭松棻、李渝訪談錄〉，2003 年發表於《聯合文學》第 225 期。訪談中郭松棻、李渝並不贊成將他們小說裡的人物，拿來與現實人物互相指涉，對號入座，他們以為這無形中自會西日窄化文學廣大深邃的內涵。郭松棻也不贊同南方朔、張恆豪文評中一些詮釋觀點。在西洋文學經典中郭松棻如數家珍，特別推崇福樓拜《包利利夫人》、梅爾維爾《白鯨記》、波特萊爾《惡之華》、《巴黎的憂鬱》，以及魯迅的小說、唐代傳奇《古鏡記》。但他也嫌普魯斯特的《追憶似水年華》太過囉嗦，以為沙特的小說與哲學都是二流的，不喜歡馬奎斯的《百年孤寂》，也直言不很喜歡張愛玲的小說。廖玉蕙的提問犀利有力，當然有一半篇幅是訪問李渝，他們文學伉儷對於文學各家的喜好，皆開門見山，坦言不諱，整場氣氛堪言暢快淋漓，卻也餘味不盡。

至於簡義明〈郭松棻訪談〉，則是其博論的附錄，完稿於 2007 年 7 月，《驚婚》於 2012 年 7 月出版時，也收為附錄。這篇訪談所設定的議題、探訪的面向、揭露的內在、呈現的自省，比廖玉蕙、舞鶴的訪談內容

又更進一步，具有廣度與深度，謂之簡扼的回憶錄也不爲過。從家世背景、知識啓蒙、求學歲月、對父親及家族的記憶、臺大難忘的老師和同學、帕克萊的留學生涯、保釣運動的投入、1974 年的中國之行……皆鉅細靡遺的娓娓道來。尤其，他深入談到與文壇同儕的交往、個人閱讀的文學世界、寫作的計畫與想法，皆直指郭松棻的作家本心，極富有參考價值。

簡義明曾問郭松棻：「可想過替自己寫下自傳或回憶錄的文字？」郭松棻答說：「沒想過，如果是由我自己來寫那更是百分之一百不可能，由別人寫呢，也不想，就從我的小說來了解我就好了。」

若是如此，那這篇「無心之作」的訪談就更形珍貴。其實，小說的本身，已將作家的深意含蓄托出，一切盡在不言之中，小說已圓滿俱足，何必再假托於外物？但若有好事者想一窺作家的隱私秘辛，本篇訪談自是絕佳的註腳。

吳達芸的〈齎恨含羞的異鄉人——評郭松棻的小說世界〉，原收入於1993 年 12 月前衛版《郭松棻集》的評論。此文是較早出現的對於郭松棻小說的綜合解讀，吳教授反覆研讀文本，指出郭的小說常聚焦於流落異邦的臺灣人，深邃幽微地寫盡他們苟活老死異鄉的愁思鬱結，或以細膩內歛，或以嘲諷荒謬，婉轉地刻畫出他們的心懷和處境，同時透過冷靜剖析，爲他們尋求自我救贖之道。她指出〈秋雨〉描述一個自由主義者至死不渝的信仰堅持；〈月印〉則是一對亂世夫妻的生死纏綿。還以爲與其說郭之小說裡異鄉人情懷是地理上的，不如說是精神上的異鄉人。這是篇頗有啓發性的導讀，撥開郭之小說中隱晦的迷霧，顯露出其小說的旨趣和美學的特質。

許素蘭〈流亡的父親・奔跑的母親——郭松棻小說中性別烏托邦的矛盾與背離〉，原發表於 1999 年 10 月的《文學臺灣》第 32 期。這篇透過郭松棻小說的解析，許素蘭所關心的議題，則是男作家與女作家文本中的「女性議題」與「國族主義」，在觀察、認知、處理上有何異同之處？其實她的提問與其說在解題，勿寧說在爲茫茫人間，發出更大的質疑和喟歎：

　　「男性在國族烏托邦的追尋中成爲流亡（流離、死亡）的父親；女性爲建構家園烏托邦而成爲倉惶奔跑的母親；性／別烏托邦，終究是無法交會的矛盾與背離。然而，性／別烏托邦果真是無法交會的矛盾與背離？彼此對於家園前景的期待與努力，終至要成爲互相傷害的悲劇嗎？」

　　或許，許素蘭是藉著郭松棻小說內蘊的矛盾和衝突，來澆灌她內心深處的塊壘吧？此篇論述的意義，在指出男性在思考「國族議題」時可能難以避免的盲點，而女性主義者在處理「女性議題」將面臨的困境，在在皆值得深思。

　　王德威〈冷酷異境裡的火種〉，原載於 2002 年 4 月《聯合文學》第210 期，則是篇行文精采，屢有創見的論述，洋洋灑灑，縱橫跌宕，具有深厚學術底蘊。從郭松棻波瀾起伏的經歷，從激越轉爲幽深的心境，王德威之慧眼洞見，獨拈出郭由絢爛歸於平淡，藉著文字的淬鍊，所展現的正是一種老辣內斂的美學，郭松棻也藉著這一美學，將「以往激進史觀、抱負後的幽微面，才漸漸顯露出來。」此文遍舉郭早期到近期、短篇和中篇的小說，來印證他對美學的看法，並與魯迅寫《野草》所散發的那種頹廢的美感相提並論。專從郭松棻戛戛獨造、經之營之的獨特美學著眼立論，洞見清明，旁徵博引，自是本篇論述的勝處。

　　李順興〈追憶似月年華——評《雙月記》〉，此文刊載於 2001 年 3 月 4日《中國時報》開卷版。若說吳達芸〈齎恨含羞的異鄉人〉，是針對郭松棻第一本小說集《郭松棻集》進行文本解讀，追索其「異鄉人」在文化上的涵義，則這篇書評，即是對於郭第二本小說集《雙月記》在做導讀。此文的重點，精確地指出《雙月記》最明顯的藝術成就，乃在於敘事時間的拖延，以致所創造出來的結構美感，而這是郭松棻刻意卻不著匠氣的美學效果。因是開卷版的書評，亦就點到爲止，其實何以郭松棻行文澀緩，狀似拖延，這在本書中王德威、魏偉莉的論述，皆有進一步的追索，不妨可再參考。

　　梅家玲〈月印萬川，星光燦爛〉，此文原刊於 2002 年 12 月 8 日的《中

國時報》開卷版，它是郭松棻《奔跑的母親》的書評。有別於王德威之著眼於郭的老辣內斂美學；梅家玲則留心於小說中反覆隱現的精神內涵。本文精確詮釋《奔跑的母親》其中五篇作品的微言大義和立意寄託，並細心比較〈月印〉與〈今夜星光燦爛〉主題隱涵的各異其趣。出身中文系的梅教授，用字遣辭，極富文采，邏輯清晰，論理精闢。與出身外文系的王德威，他們行文的魅力、解索的理路，各顯神通，互有巧妙。在郭松棻小說內涵的解讀上，吳達芸以〈郭松棻集〉為範疇，李順興以《雙月記》為焦點，而此文則再延伸到《奔跑的母親》，自是再下一城矣。

陳明柔〈當代臺灣小說中歷史記憶的書寫——以郭松棻為觀察主軸〉，此為成功大學臺文所 2002 年主辦的「臺灣文學史書寫研討會」的發表論文。此篇長論，焦點放在郭松棻小說中歷史記憶書寫的解析和探索，典型的學術論文，結構嚴謹，不乏創見。此文突出的創意有二，引用其說法，其一，以為「郭松棻的小說中，不斷地將角色身世交纏於確然的歷史集體經驗中，如此召喚而出的是一種歷史的感覺，一種集體記錄的書寫，當作者通過角色虛構的個體經驗，與集體的文化歷史記憶疊加之際，即使作者的書寫再抒情、再隱諱，仍可重重地呈現出文化歷史記憶的重量」；其二，「郭松棻小說，與 1980 年代以來大規模的歷史集體傷痛的書寫，其實可以互為上下文，在其抒情濡緩的文字之間所留日的部分，實際上可以通過召喚其它作家的小說文本予以顯影」。易言之，郭松棻個人小說歷史記憶的書寫，在後殖民的文化情境中，它自然是集體歷史記憶的一個部分，即使作者技巧再委婉隱晦，仍可窺出此記憶的重量，而其有意「留白」的地方，其實可與其他相同類型作家的作品互為上下文，相互顯影出來。此一觀點當然有其說服力，但也有可挑戰的部分。就文化的層面觀之，生存於同一歷史文化情境之中，個人的歷史記憶，自然是難以逃脫集體的歷史記憶，從文化的認知與了解，郭松棻小說的隱晦之處，仍可呈現出其生命不可承受之重，而其留白部分，仍可從其他作家的作品中窺探出一鱗半爪，這當然是可以成立；然而，每個作家、每篇創作，都是特異的存在，皆有其不

可取代的特殊性。以文學的表現與閱讀而言，小說的簡約與留白，本身即有美學上的考量，留白之處固然可從其他的文本顯影，尋繹其中的涵義，但文學的興味，乃在每位作家都有其不同個性，都有其相異的美學觀，也各有其獨自的表現手法。本事意義的顯影固然重要，相同議題相異的美學呈現或許更爲重要。小說不僅是文化性，更有藝術性。在文學主題之外，美學如何點染？技法又如何著墨？相似的故事，在不同的作家手中，可能有迥然相異的戲劇效果，這不就是人們津津樂道、探索不休的文學魅力嚜？

　　魏偉莉〈論郭松棻文本中文化身分的追索〉，此文原是其 2004 年 6 月碩論的一章，應是其碩論的精華。本篇先將郭松棻定位爲「後殖民情境」下戰後第二代的臺籍作家，引用斯圖亞特・霍爾「後殖民情境」「文化身分」的理論切入議題，再以郭之現實人生的經歷，分四個階段來說明其政治思想的轉折，繼而透過郭之文本解析，再以「母親意象」及「離散處境」的角度，觀察郭松棻小說中對「文化身分」迂迴曲折、曖昧幽深的思索途徑。

　　本文運用西方思潮理論，追索其「文化身分」百轉千折的脈絡，貼切得體，說理有條不紊，層次分明，功力十足。文中以「母親意象」的角度，適足可與前述許素蘭、陳明柔的研究相互印證，而「離散處境」的提法，也可與吳達芸、王德威的論述觀點互相發明。最後結論，作者如此說道：

　　郭松棻的作品（其文化身分）之所以百轉千折，或許也就是因為這個在殘酷的現實生活中總是被延遲、擱置的想望，成為作家創作的動力，促成作家精神圖像中的殊異風景。也使郭松棻的作品在充滿各種文化身分想像的臺灣文學中開出奇花異卉。

此一結語，也爲郭松棻的寫作動力，以及其文學魅力，再增添新的詮釋。

　　南方朔〈廢墟中的陳儀——評郭松棻〈今夜星光燦爛〉〉，原刊載於《中外文學》第 25 卷 10 期、1997 年 3 月，此文雖肯定郭松棻的宅心仁厚，為「二二八」歷史爭議人物陳儀找到救贖出口，「這就是悲劇英雄藉著死亡而完成的救贖」；也肯定其小說的美學，「它以古樸迷艷的文字」，「文字的視覺與聯想，郭松棻找對了敘述的風格」，「乃是近年來就歷史意識，最具宏觀性與大膽性的文學嘗試。」

　　儘管如此，郭松棻本人在接受廖玉蕙專訪時，也因廖之提問，對此文被動做了回應。他以為自己不是在寫歷史小說，〈今〉作裡的將軍並不等同於現實人物陳儀，他不贊同讀者看小說以讀史的心態，將人物對號入座，他寫的是小說，正因為是小說，更有無限寬廣的想像空間和精神義涵。

　　當然，文評者有權選擇自己的讀法，未必要順著作者的寫法。由於彼此認知的不同，此文所述：

> 近年來陸續出土的有關陳儀的傳記，他義女陳文瑛的回憶錄等，作者均未偏廢，只是在書寫時每將真姓名隱去，例如湯恩伯被寫成湯生，俞大維被寫成余定英等。除此之外，某些歷史段落也被重新揉捏，例如陳儀曾有一首詩：「事業平生悲劇多，循環歷史究如何；癡心愛國渾忘我，愛到癡心即是魔」。此詩原題贈其外甥丁名楠，小說裡則加以文學化處理，變成題贈湯恩伯。

　　郭、南兩位難免滋生一些誤會。我以為郭松棻理念十分清楚，他志在小說，作者取材現實，仿效現實，自然有權透過想像，再做變形、重組和轉化。我相信郭松棻雖廣泛收集了二二八及陳儀史料，而他塑造的正是心目中另一位人物。小說未必有幫陳儀救贖的意圖，文本第四節——「今夜星光燦爛」，應是小說隱涵的寄旨。

　　即將面臨行刑的將軍，依舊神色自若，心境泰然，從容地在鏡前佇立。此一人物全然是郭松棻創造出來，其旨在訴說他心中的理想人物，即

在歷經人世的是非劫難之餘，仍堅持為人的尊嚴、柔情和寬容，也隱隱呼應著郭松棻在歷經政治風浪、心靈醒悟轉折之後，餘生裡那種「月印無明」，而心中依舊是「今夜星光燦爛」的人生哲學。

　　黃啓峰〈書寫歷史的空白頁——郭松棻〈落九花〉敘事技巧與義涵研究〉，此文選自 2006 年 12 月出版的《論劍指南：2006 政大中文系全國研究生論文發表會》一書。同樣是郭松棻取材於歷史的小說，〈落九花〉取材於 1925 至 1936 年發生於中國北津軍閥的歷史，而黃啓峰對小說的讀法，顯然有別於南方朔對〈今夜星光燦爛〉的讀法。黃啓峰可能讀過郭松棻的訪談紀錄，頗為了解郭的文學觀和創作觀，深諳郭興味而且著力的焦點。

> 〈落九花〉這篇小說是典型的以歷史素材為基準點，而積聚一個『女性意識之反抗』的文化語碼為核心」、「整篇小說所進行闡發的部分，也是民國 14 年到民國 24 年的這史料所空白的十年，郭松棻巧妙的運用了歷史所空出來的時間與空間，加入了女性的文化語素之後，將復仇成了一個單純最後的結局，但過程之中，兩位女性的心靈感受與思考反成為敘事主軸，女性拋卻對男性權勢的依賴，儼然是比這個事件之外更重要的核心點。

　　此文的優點，在於作者做為一個有潛力的研究者的細心巧思，他對於書名〈落九花〉隱喻的索解，以及小說中人物形象和其他事物隱喻的詮釋，有些地方皆能見人未見，言人未言，足見其細讀了悟的功力。

　　至於〈落九花〉的素材，參閱對照《細說北洋》大事記之一節，本來就不是郭松棻重視的寫法，也不是他所著重的情節佈局，為避免本篇過於冗長，此節敘述似可放在註解來處理即可。

　　《驚婚》完成於 2005 年冬季，郭松棻過世後，是李渝在 2012 年打字整理出來的。陳芳明在〈記憶是一面鏡像〉中，以他慣常詩意的文字，潺水流動地細述小說的內容情節。男女主角亞樹與倚紅，他們的愛情故事，

以及延宕十餘年的結婚。當不快樂的婚姻和不由自主的宿命，被放在臺灣被殖民的歷史來看待時，更增加其悲劇色彩，而他們兩位的父親，一個是有未竟的溫婉之情，一個是有未了的抵抗意志，這兩種正是臺灣歷史中不可救藥的臺灣男人典型。

亞樹與倚紅後來都到美國求學，亞樹因參加保釣，因此與倚紅才有了重逢機會。

郭松棻透過其典型的美學，潺緩的敘述語調，有心造成小說裡凝滯的美學效果。陳芳明說「故事是在建構近代臺灣知識分子的精神史。」「然而他所經營的竟不是小說，而是引導讀者去面對臺灣歷史。」陳芳明帶詩意的抒情，這是篇很有感染力的導讀，在描繪《驚婚》的情節之餘，其實他著墨更多的仍是郭松棻的人格與風格，他又再一次刻繪了郭松棻的精神畫像。而我以為郭松棻並不刻意引導讀者去面對臺灣歷史，他經之營之依舊是他的小說，他不過是誠懇忠實地去凝視、去面對自己的歷史記憶罷了。文學才是主體，心靈的醒悟，才是作家之眼關注的焦點，現代主義的作家究竟比寫實主義的作家，更相信文學的獨立性與偉大性。

四、結語：期待《郭松棻全集》出版

許多年前，在前衛版《郭松棻集》的銅版紙扉頁，看到一張熱血青年的郭松棻在公園演講的照片，一直有揮之不去的強烈印象。時間點是 1971 年，穿著短衫的他，在美國舊金山公園的角落，為著保釣的議題，面對群眾激昂地侃侃而談。李渝說郭松棻的演講非常華麗，語言很有特色。當時，他反對國民黨，也沒有臺獨思想，而是主張民族統一的道路，為了保釣他放棄攻讀博士學位，也為了保釣，他被臺灣當局列入黑名單，這是那個年代，熱血沸騰的憤怒青年郭松棻。

而前些年，我又在 2005 年 7 月的《印刻文學生活誌》，看到另一張銀髮郭松棻書房寫作的照片，同樣令人歷久難忘。時間點是 2004 年 4 月，那應是舞鶴前往郭松棻、李渝紐約家居訪問的同組照片。中風後復健的他，

那般沉潛地在書房，一字一句專注地在創作的琢磨修鍊，無視外界的紛紛擾擾，心如止水，滿室生輝，這般的文學世界又是何等的恬淡靜謐，這是銀髮歲月中寧靜致遠的郭松棻。

這兩張好像對比又恰似參照的照片，現在都被本書責編收輯在書前的扉頁裡，有心的讀者可以翻閱慢慢品賞。有的作家在世時，受盡世俗的歡迎，作品暢銷不已，再版不斷，名利雙收，顯赫一時，但死後不到幾年，作品顯然失去熱度，已乏人問津，似乎早被世人遺忘了；而有的作家境遇卻相反，他的思想性和藝術性超越了同時代的認知，因而有生之年聲名不顯，知音寥落，但在逝世之後，作品反而活了過來，愈來愈被人間的有識之士發現，歷史的評價也隨之攀升。古往今來，這類例證可說不勝枚舉，文學、美術、音樂的情況，莫不是如此。

郭松棻在世時，他的作品即一直受到文學界的矚目。從 1984 年 7 月 21 日以《月印》再臨臺灣的主流副刊，重新喚起世人的記憶，到 2005 年 7 月 7 日因病逝世，短短 20 年雖已有百篇的評論文章，質地雖佳，量卻不多，比起同一世代的小說同儕，顯然地，他的小說讀者仍顯得寥落，郭松棻不免仍是寂寞的。

我一直相信郭松棻的創作，早已超越了統獨的意識形態，具有穿越一時一地文學藝術的獨創性和永恆性。誠如林衡哲醫師所言：「郭松棻的小說將會在死後復活，他在臺灣文學史上的地位，將會愈來愈受肯定，猶如福克納在美國文學史上的地位」。郭松棻與福克納的小說主題雖然不同，但他們的文學精神卻極相近。作品自然會超越時空而發言，一切不需辯白而自明，我確信郭松棻的文學，將在臺灣文學史及華文文學史，留有舉足輕重的定位。

職是，這本評論資料彙編，絕不是郭松棻生前死後蓋棺定論的終篇，而它只是個小小起點，期盼召喚世界上更多文藝青年認識郭松棻，走進郭松棻的小說世界。

郭松棻的小說──《郭松棻集》、《雙月記》、《奔跑的母親》、《驚婚》，

雖然分屬於前衛、草根、麥田、印刻文學出版社,有的雖不致絕版,但已不容易購得。

其實,郭松棻除了小說,尚有文學評論、哲學評論、政治評論,不少的文字從未結集出書,筆者認為出版《郭松棻全集》,此其時矣,至少是文學與哲學的部分。新的時代,應該有新的版本。正因如此,我衷心期待有遠見、有理想的出版公司,能發揮智慧,整合版權,在遺孀、也是小說家、藝術評論家的李渝協助之下,在不久的將來,出版一套全新的《郭松棻全集》,若如此,那將是臺灣文學界的盛事,也是全世界華文讀者之福音。

2013 年,晚秋

輯四◎
重要評論文章選刊

一位永遠望鄉的理想主義臺灣作家

懷念郭松棻

◎林衡哲[*]

郭松棻生於 1938 年 8 月 27 日臺北市發生二二八現場附近的迪化街，父親是膠彩畫大師郭雪湖，母親林阿琴。他在 1961 年臺大外文系畢業，服役一年後，返回母校教英詩選讀三年，於 1966 年出國，在北加州柏克萊大學就讀比較文學碩士。1969 年獲比較文學碩士，1971 年基於年輕理想主義者的愛國情操，他全力投入保衛釣魚臺運動，與小說家劉大任一樣成爲保釣健將，爲此他放棄了博士學位，並成爲國府的大黑名單之一。直到出國 20 年，國府解嚴後，他才第一次有機會在 1989 年陪父親郭雪湖回故鄉臺灣開畫展。1997 年 6 月 30 日他正想從聯合國的職務退休並返臺定居，卻得了腦中風，經過辛苦的復健後，他逐漸康復，並寫出六萬字的中篇小說〈落九花〉，不幸在再度想返臺定居之際，他再度中風，於 2005 年 7 月 9 日晚上辭世於異鄉美國。雖然他在美國住的時間比故鄉臺灣還要久，且在美國完成學業、娶妻生子，就業退休，但從某種意義來說，他是永恆的臺灣人，臺灣是他的原鄉，他那些將成爲臺灣文學史上傑作的小說題材，永遠是戰後的臺灣而非美國，不像他的好友劉大任寫了不少保釣爲題材的小說，同樣是保釣英雄的郭松棻，卻從未寫過任何以保釣爲主題的小說。

第一次看到郭松棻的文章，大概是 1964 年我念醫科三年級時，他在

---

[*]本名林哲雄。發表文章時爲望春風出版社發行人兼總編輯，現爲美國臺灣出版社董事長，專事寫作。

《文星》雜誌第 76 期（1964 年 2 月 1 日出刊），介紹封面人物：〈這一代法國的聲音──沙特〉。這篇文章深入淺出地把沙特的思想，做了精采的介紹，也是我認識存在主義的開始；就在那時，我也開始變成羅素迷，並翻譯了《羅素回憶集》與《羅素傳》這二本催生新潮文庫的書，因此我們兩人雖然彼此不認識，卻不約而同地把沙特與羅素這兩位 20 世紀西方行動哲學家的思想介紹給國內讀者，培養年輕一代獨立思考的能力，並擴展他們的思想視野。

由於我跟楊牧在東海大學一年級時，曾經是同學，因此我在臺大醫學院畢業之後，1968 年暑假出國時，曾去拜訪正在柏克萊大學念比較文學博士的楊牧。透過楊牧的介紹，我第一次見到了郭松棻、劉大任與張系國。郭松棻給我的第一個印象是溫文爾雅的學者，談話雖不多，但卻是非常有深度與內涵的人，雖然初次見面，也許是基於對臺灣的終極關懷及唐吉訶德式的文化理想主義，我們成為不常見面的心靈層次上的朋友，彼此欣賞對方的文化理想。

三年後，他放棄比較文學博士的學位研讀，專心投入保釣的愛國運動，激起了風起雲湧的學生運動，也許他是受到沙特的思想啓蒙，才會由學術的象牙塔走入政治的十字路口，當國府《中央日報》出現「保釣叛徒郭╳棻」時，我與楊牧這些老友都嚇了一跳，一個溫文爾雅的郭松棻，怎麼可能變成國府頭號黑名單的人物？那時我也處在思想轉變期，剛到美國時，不敢去碰《臺聯月刊》，而後則大大方方走進紐約希爾頓大飯店，去聆聽彭明敏教授流亡海外的第一場民眾大會，會後在彭教授帶領下，將近一千人到聯合國廣場去示威，宣揚一中一臺的理念，並在貝多芬〈愛格蒙特序曲〉的伴奏下，開始翻譯彭教授的經典名著《自由的滋味》第五章，後來我在加州創辦臺灣文庫出版了《自由的滋味》一書後，我自己也變成了郭松棻式的黑名單人物。

1972 年郭松棻來紐約聯合國任職，後來我們都搬來紐約皇后區居住，才較有交往，通常都是與畫家謝里法、教中國文學的洪銘水一起去找他清

談，偶爾楊牧、劉大任也會在場，那時我與楊牧正在主編新潮叢書，曾出版過郭松棻的二位恩師夏濟安與陳世驤的著作，以及劉大任的《紅土印象》，很可惜那時沒有替郭松棻出書，否則他文學生命的復活，可能會提早十年也說不定。

1974 年郭松棻第一次到中國訪問，有了一次類似羅素在 1920 年代到社會主義祖國蘇俄訪問的經驗，親眼看到蘇俄的真面目後，羅素徹底對共產主義產生幻滅，寫出《布爾雪維克的理論與實際》（1920 年），結果不少左翼知識分子都與羅素絕交；郭松棻原以爲中國是發展得很好的國度，而一度有傾慕之情，但旅行中所見所聞，才知道原來是這樣的落後和無理性，而在行政與制度上，尤其是人的品格上，左派革命並沒有給中國帶來多少改變。當他以知識分子的良心，寫出他的中國經驗時，除了少數好友劉大任等人之外，他的不少保釣戰友開始疏遠了他。我因爲有了羅素與郭松棻先後給我打了社會主義免疫針，因此從未對共產主義與共產中國產生任何幻想，特別是自己經過三次訪問中國後，我的中國熱業已完全消失。

1978 年我搬到加州定居後，就很少看到郭松棻，只是偶爾通電話而已。1989 年我與蕭泰然在紐約臺灣會館舉辦音樂會，以及 1994 年我與李喬、楊青矗在臺灣會館辦臺灣文化講座，他卻特地來臺灣會館替我捧場，這可能是他定居紐約之後，僅有的兩次來臺灣會館參加臺灣文化活動，每次都讓我有他鄉遇故知的感覺。

1997 年我返臺定居前夕，得知他突然患了腦中風，我曾去電安慰郭松棻的愛妻與心靈伴侶李渝，她本身也是優秀的小說家。最近幾年返臺工作忙碌，很遺憾幾乎都沒有跟他聯絡過，直到最近第一次買《印刻文學生活誌》，第 23 期以「凝視原鄉的異鄉人郭松棻」爲封面，才得知這位老友的近況。在返鄉定居之夢未完成之前，就逝於異鄉美國。

郭松棻與四年前去世的東華大學外文系主任吳潛誠一樣，都是文藝復興型的博學之士，都是理想主義的、有良知的臺灣知識分子典範，郭松棻的小說集與吳潛誠的《航向愛爾蘭》都將成爲臺灣文化史上的經典名著。

1983 年郭松棻再度全力投入小說的創作後，他變成了臺灣近代最優秀的小說藝術家之一，他像流亡美國的托瑪斯‧曼一樣，都是以祖國臺灣作為學術創作題材，他很欣賞托瑪斯‧曼以馬勒為模特兒的《魂斷威尼斯》，早在廿多年前他就透過他的小說，介紹馬勒的〈大地之歌〉，他不是為名為利而寫作，像馬勒一樣，他是為留下永恆的人類精神遺產而寫作，而如馬勒的交響曲，郭松棻的小說將會在死後復活，他在臺灣文學史上的地位，將會愈來愈受肯定，猶如福克納在美國文學史上的地位。

——選自《自由時報》，2005 年 8 月 8 日

生命裡的暫時停格
小說家郭松棻、李渝訪談錄

◎廖玉蕙[*]

　　貴州的銀珠茶葉片，在瓷杯裡載浮載沉，像普魯斯特的《追憶似水年華》，就在午後裊裊上升的茶香中，郭松棻、李渝夫婦，娓娓道出了他們過往的苦苦掙扎，生理和心理的。兩顆交纏的躁鬱靈魂曾經相繼無端出走，在紐約的郊區，繞過彎彎的道路，不知遺落於何方。然後，或者由於相互的憐惜或不忍相捨，失心的魂魄終於還是飄飄盪盪地重新找回軀殼棲身下來。

　　同為小說家的夫妻二人，雖然歷經大難，卻沒有選擇勞燕分飛，反倒因為相濡以沫，顯得分外相親。8 月的夏日，屋前的楓葉仍然蒼翠挺拔，紫色的花兒側立道旁；後院裡，松鼠頑皮相窺，叢花怒放，蝴蝶紛飛。我們圍坐在靠窗的桌前聊著，桌上擺滿李渝細心準備的茶水、點心。談起文學，兩人的聲音都不禁高亢了起來；說到人生，則又不約而同俛首沉吟。許是許久不聞鄉音，郭先生難免激動，握著我們的手，用臺語和我們殷切致意；女主人意態從容，看來果真已從噩夢中脫身出來。生命裡的暫時停格，任是誰都不免要聞之心驚！

　　臨出門，在門邊的桌上，驚訝地發現排排坐了十幾副的眼鏡。郭先生說，因為女主人成天找眼鏡，所以，乾脆一口氣備了多副，免得尋尋覓覓。

　　「真是個好主意！」

*發表文章時為世新大學中國文學系副教授，現已自臺北教育大學語文與創作學系教授職退休，專事寫作。

我心裡讚歎著！決心回臺後即刻效法，以解我的燃眉之急。由此事可見天下的困難大體相近，無論臺北或紐約，糊塗原是不分地域、不究年齡的！

廖：最近，郭先生出版了一本〈今夜星光燦爛〉（編註：〈今夜星光燦爛〉收錄於《奔跑的母親》臺北：麥田出版公司，2002 年 8 月）為陳儀來重新定位，好像對陳儀有不同於一般人的評價，您刻意要表現些什麼嗎？

郭：沒有，寫小說哪裡是這樣寫的！小說就是小說嘛，跟陳儀是沒有什麼關係的。就表面上，陳儀根本不是這樣的一個人，他的元配不是這樣，第二個太太是日本人。陳儀是表面現象，小說跟這些沒有什麼關係。南方朔那篇評論寫得還不錯，他就是覺得這個跟歷史差太遠了，一般人大概就是注重那方面。

李：中國人比較喜歡對號入座，其實根本毫無關聯。

廖：李渝寫的〈夜煦〉、〈穿一件紅色衣服的人〉，大家都覺得有近代文人的影子，是在影射什麼人嗎？

李：香港有個粵劇的紅線女，但是其實也毫無關聯。我只是偶然地在書店隨便翻到一頁，裡頭說紅線女在文革的時候給鬥，我就這樣延伸出來。

郭：但書上寫說她後來寫了一個《休戀逝水》，《休戀逝水》不就是顧正秋的作品？

李：對啊，但完全沒有關係。有時候就是很奇怪的一個時間、一個地方，突然一個句子，然後就希哩嘩啦，到後面就閉門造車，就這樣子。不過你說那個紅色衣服，是因為我們溫州街家裡的斜對面住著蔣碧薇，我很小的時候，碰過她一次。她那時年紀很大了，頭上梳兩個髻，還是像小姑娘一樣的，穿了件淺綠和水紅的衣服。出來在她對門的那間小店買東西，一閃就閃過去了，我就一直記得，後來就瞎寫，把她寫了下來，其實跟她的故事也沒關係。

廖：這其實都是一刹那的點，切入之後，就跟原來的東西完全都沒有

關係。

　　郭：有關係就不好了。

　　廖：我還以為你們對近代的人物特別有興趣呢！

　　郭：有興趣，但絕不會在小說裡邊為這點賣力。當然陳儀的資料我也是看很多，大陸出的所有資料我也都買來看。他槍斃那年，我小學三年級。他被槍斃的消息，我全剪下來，留了好幾年，後來因為搬家，就漸漸找不著了。

　　廖：那說不定是潛意識的影響，心理學家就會這麼說。

　　郭：當時國庫撤退到臺灣，槍斃的人簡直是無數，你想都想不到。這種消息當然是最多，陳儀是最近出來的資料特別多。

　　廖：南方朔說〈今夜星光燦爛〉在格局上和《迷宮中的將軍》有相契合之處，您自己覺得呢？

　　郭：我恨透了這種說法，絕對不喜歡。馬奎斯的作品，只有一本《愛在瘟疫蔓延時》我還覺得有點道理。那本比較有名的《百年孤寂》，我就不那麼喜歡。

　　廖：所以把〈今夜星光燦爛〉定位在歷史小說是不正確的？

　　郭：當然，因為根本跟歷史完全不一樣，絕對是虛構的。他槍斃也不是在那個地方槍斃，他槍斃是非常隱蔽的、沒有人去的，只有《中央社》跟《中央日報》的一兩名記者。他是在新店的一個公墓旁邊被槍斃掉的，沒有人看，沒有像我寫的那麼多人。

　　廖：我們來談〈月印〉。張恆豪批評您在〈月印〉裡寫的女主角文惠跟那位大陸來的郭姓女老師相較，好像非常地無知，動不動就覺得自己無地自容；而外省女子就非常有信心、很聰明、很明朗，他說這叫「意識先行」？您認為呢？

　　郭：也沒有啦，我自己覺得文惠是當時的臺灣女性。像我母親就是這樣，她沒有自己，一定是以丈夫為重，日本教育出來的女孩子就是順從，當時的女性是這個樣子的。

廖：可是他也提出來像謝雪紅、葉陶、謝娥、楊千鶴或是陳進，在當時，不管是文學或繪畫都很傑出，為什麼您偏偏不寫這樣的臺灣女子？

李：那他去寫這個嘛！那就是另一個作品，這也無所謂啊！

郭：不會，陳進是一個非常女性的人，她不會造反或什麼的。我初中考取建中的時候，她還送我一支偉福鋼筆。以前一支偉福鋼筆四、五塊臺幣，還算滿貴的，但沒有像派克這麼貴，但也算相當貴，是她送給我的。

廖：就算她在繪畫上表現傑出，並不代表她很喜歡挑戰或是很叛逆？

郭：她不是戰鬥性的那種人，我曉得像文惠這種人是當時受日本教育的女子，比較有代表性。我當然不認識謝雪紅，那種女性到底凶悍到什麼程度，我不知道，所以一般來講，那時候女人是這樣的。

廖：您的文章，可以說是非常個人化映象式的文體風格，比較細膩柔美。您在生活當中也是這樣嗎？李渝覺得他是這樣的人嗎？

李：妳看嘛，妳覺得文章裡是什麼，文字是騙不了人的，文字裡邊的人是最真的人。

廖：您們兩人的作品有異曲同工之妙，都是非常詩化的語言，尤其郭先生更嚴重一點。

郭：就是喜歡，沒有辦法。

李：對啊！跟個人的喜好、性向都有關係。比如說世界上有這麼多作家，你就只會選幾個人看，這是性向。

廖：也因為這樣，我覺得郭先生的文章好像一貫非常憂傷的情調，個性比較悲觀嗎？

李：妳這樣一講的話，其實每個作家都是很傷感的。因為假若看見了生活裡最真實的一面，我想也快樂不起來。有些人會用喜劇的來把它打扮一下，有些人就直接把它寫出來，從古到今，比如說曹雪芹，不是說特別傷感，但都有這種傾向。

郭：應該是，妳看最近誰才說過，是不是喬志高？他說人生本來就是悲，你再怎麼快樂還是悲。悲情我想是沒辦法，去不掉的。就是現在的

人，高級的話，他是用嬉笑這樣喜劇式的，或是黑色幽默來把它沖掉，但沖得掉多少也是個問題。

廖：所以我去訪問思果的時候，他說：「你要想跟老天來抗衡是注定失敗的，只是說看能不能不要敗得那麼慘烈而已。」人就是這樣逐漸老去嘛！不要敗得太慘，就算是萬幸了。

李：思果講得還比較快樂一些。維吉尼亞・吳爾芙（Virginia Woolf）說：「你生下來那一刻，就已向死亡走去。」不過，其實就看你的approach。有些人就顯得比較快樂，有些人就顯得不那麼快樂。我就算不出有哪個作家是真的樂觀的，你說莎士比亞的喜劇、悲劇，其實都是悲劇。

郭：我覺得最近《中國時報》列了古今中外 100 位名作家，我最appreciate 20 世紀的法國作家只列了一個卡繆《異鄉人》，我覺得厲害透了。我覺得《異鄉人》真的是太棒了！像沙特這種，現在一想起來，就是二流的，怎麼算都是二流，小說二流、哲學也是二流，哲學也是從馬丁・海德格（Martin Heidegger）來的嘛，所以現在他是最吃癟的時候。但是，等到有一天左派再起來的時候，他又起來了。

廖：所以說到這個「定位」，就算蓋棺也還不能論定？

郭：是，左派不知道什麼時候又要再過來，不會從此就一蹶不振的。你看馬克斯在歐洲搞了多少次，30、40 年一次，30、40 年一次。

李：可是，沙特的小說，我覺得無論左派起不起來，我覺得他的小說都不行。

郭：當然沒有卡繆好，其實 20 世紀的法國文學就出他一個，也就是《異鄉人》這本了，像《黑死病》就不行。

李：假如算上普魯斯特的話？

郭：普魯斯特算，但他算是 19 世紀末，20 世紀就他一個跟波特萊爾（Baudelaire），波特萊爾也在裡邊，《惡之華》、《巴黎的憂鬱》等散文詩，他也是很厲害，我也很喜歡。

廖：所以，您覺得那個名單還不錯？

郭：就中國有點怪，中國就魯迅一個，《紅樓夢》都沒有。

李：《紅樓夢》當然他們不能看，《紅樓夢》裡邊，他們可能會說有很多雜七雜八的東西。

廖：李渝女士的小說跟白先勇的《臺北人》就題材上有些雷同，不過，白先勇是說故事的姿態，而您比較有詩化的傾向？

李：背景上，也許白先勇遇到的和我遇到的，有時候是有些相似之處。因為溫州街那條巷子，真的是臥虎藏龍！雖然到了臺灣之後，身影好像都消失了。其實，你要回去追索 1940、1930 年代，他們都是有聲有色的人物。我的父親是臺大教授，我來到美國以後，重新開始接觸中國近代史，突然發現這裡、那裡的名字根本就是我家飯桌上常常被提到的。原來我家飯桌進行的就是中國近代史！不只是這些，有時候父親回來就說：「唉呀！今天胡適又在找牌搭子！」因為胡適的太太要打麻將，他們家離我們家很近。媽媽買菜回來又說：「啊！黑轎車又停在那兒！」就是張道藩來看蔣碧薇。對我來說是很震撼的，因為在歷史上寫得那麼轟轟動動，在我家只是廚房陰暗的燈下一個飯桌上那麼隨口談起來的名字，這時候，我再來回想，溫州街就變得光輝燦爛，好像所有的故事都在這裡。

還有一個我還沒寫的，就是孫多慈老師的先生，他是我們家斜對面一間很小很小的教堂裡的牧師，長得小小的，他在禮拜天的時候會慢慢的走過來講道。我後來發現他跟王映霞、郁達夫都在一起的，也是轟轟烈烈的。當年，我每個禮拜到孫老師那邊畫畫，師生關係非常近。我後來再回憶的我少女時代接觸的是整個的近代史，所以跟白先勇沒有關係。

廖：有人認為您這詩化的小說形態是師承沈從文和廢名，您自己覺得呢？

李：沈從文是絕對的，他是我的祖師爺。但廢名就不是，雖然看過，卻不在印象裡面。而沈從文是毫無疑問的，然後是魯迅。你要說中國 20 世紀的世界性作家，除了他和魯迅，其他都還不太夠。

廖：您在創作小說時，是有刻意去重視語言？或是您是很自然的就變

成那樣？

　　李：是刻意的。你看像魯迅的文字就鐵定是刻意的、非常斟酌的，文字方面也許我跟魯迅的 style 不太一樣，但我很尊敬他對文字的關心。所以我就希望自己不能夠隨手亂寫。魯迅的小說，現在來看還是傑作，他真的是從生活裡面出來，然後再加上精工製作，這是很難的，再加上他的才氣。我覺得他在 20 世紀還是一個很厲害的作家。譬如：〈在酒樓上〉的前面有寫到，他上到酒樓上，很蕭條的，眺望樓下的廢園「倒塌的亭子邊，還有一株山茶樹，從晴綠的密葉裡顯出十幾朵紅花來」。我覺得這種東西看起來好像沒什麼大不了，但是可能十之八九的作家都不會注意到這裡。假如能夠像魯迅那樣，眼睛突然落到茶花上，我覺得整個的衝擊力都出來了，那個茶花為你講了很多、很多的事情。這在一流作家如沈從文、魯迅一直都有的，一直都存在的。張愛玲也有，雖然我不是很喜歡張愛玲，但我覺得張愛玲裡邊也有很多的這種，但我們往往都不去注意這些。

　　郭：我也不是很喜歡張愛玲，張愛玲的書是我已經來美國，要離開柏克萊了，才買一本，但也沒有仔細去看。我是中年來紐約定居以後才開始看，就是那本「短篇小說集」，大概被我摸得爛透了。

　　廖：您為什麼不喜歡張愛玲的作品？

　　郭：我覺得沒那麼大，好是好，不過沒那麼大，囉哩巴嗦的，現在看，很多過時得一塌糊塗。我覺得張愛玲將來留下來的就只有兩篇：〈金鎖記〉跟〈色，戒〉，其他好是好，就是不夠大。

　　李：〈金鎖記〉前半，也是囉哩囉嗦的。

　　郭：對，《紅樓夢》的影子好重。

　　李：她後來開始寫好，就從生活裡出來了。〈色，戒〉很好，〈色，戒〉是傑作，這沒問題的。

　　郭：她現在算是最紅的了。

　　廖：我發現李渝的語言常常在敘事的地方大量的留白、停格、跳接，是想讓讀者來共同參與連接工作以取得另一種閱讀的快感嗎？

　　李：因為我覺得文字之間應該有空間，而且你要相信讀者的想像力有
時候比你更好，所以不用把所有的事情一五一十都講得一清二楚，這沒有
必要。而且我覺得文字之間應該有呼吸的空間，塞得滿滿的，我覺得沒有
意思，空間有時候可以說得更多，就像中國人說的「無聲勝有聲」。像音樂
也是在停頓的時候會說出很多的事情。元朝的山水畫這麼好，有大量的留
白，你自己去把空間填出來，空間本身也在跟你講話。

　　廖：我對您寫的一篇〈朵雲〉感到很好奇，您不能否認這篇文章是有
所本的吧？

　　李：我想這個基調、這個原型的確是英千里和他的下女，因為我自己
是很喜歡英千里老師，他教得最好，而且長得很體面，是滿州人，就是有
一種氣派。他上下學都坐三輪車，我常常看他的自用三輪車走過去，那個
下女正好也是常常跑到我們巷子對面，所以的確有這個，但後來寫寫寫，
當然就是要提升嘛，其實就是這樣。

　　廖：其實有一點自傳的性質在裡面吧？裡面那個跑來跑去的小女生就
是您吧？教授送您一本魯迅的《故鄉》。您不是說您很喜歡魯迅？魯迅的
《故鄉》也算是您的啟蒙讀物囉？

　　李：是，那時候，我確實有一本書，我忘記是誰給我的，那本書也的
確沒有封面，我拿了以後，就翻開來看。第一篇是〈影子的告別〉，我一
看，還以為是俄國翻譯小說，從來就沒看過中文是可以這樣寫的，我就一
直看下來，發現不是俄國小說，是魯迅的。這一篇幾乎是我閱讀 1930 年代
魯迅、沈從文的第一篇，我當時非常驚訝。自此以後，這篇就再也不會忘
掉。文章裡面是有魯迅的書，不過挑的是《故鄉》。因為《故鄉》寫得真
好，尤其是最後一段利用什麼生活、什麼生活不斷地重複的兩個音，造成
一種滾動。我覺得滾動的有那種氣氛出來，讓我印象深刻。不過，我當時
寫的時候還是左派，就是「保釣」，我就覺得的確人是為著一個新的生活，
就是的確很誠懇地相信著這段話裡面的底下的意思。我特意為這段話，把
它擴大擴大，然後跟這個故事連起來，其他就不重要了，就劈哩啪啦閉門

造車、瞎扯一氣。

廖：寫文章往往就是一個點的觸發，可能就是英教授家裡的一個女傭，然後加上有一天不知道誰送給你一本書，然後就把這些事結合起來，小說就是這個樣子出來了。經過您這樣一講，大家也比較清楚小說家是怎樣寫作小說的。

李：對，常常你從生活裡的一個很具體的感受而來。這最有名的例子就是普魯斯特，他突然茶葉裡邊、那杯花茶把他全部的世界都勾引出來，然後七本大作就出來了。常常一個很具體的、實在的、生活裡的，每天日常接觸，然後你一步步下去的時候，就不再是這個世界，那是一個比較超升的世界。到那個世界，我覺得才是一個寫小說的人真正想講的話，好的作家是一定會達到那個程度。假如讀小說的人能夠隨著這個往上去尋，而不是往底下去尋找就好了。

廖：所謂「往底下尋找」就是指對號入座之類的？

李：其實小說家給你一個小說的時候，常常是 open 的，你可以自己再去另一個世界解讀。這在畫裡面最明顯，元四大家的作品，就是幾個枯石、幾個空景，但是到最後，整個文人畫派出現，就這麼屬害伴隨他的文字，一本、一本把它解釋得這麼好。一個作者提供你這個空間，然後就看你怎麼看上去。

廖：一般用現代主義的方式來寫作小說，往往會顯得較為「不好看」，現代主義過了頭往往會讓人覺得單調。您的小說卻不然，是不是因為兼具藝術性及故事性，所以相當的引人入勝？

李：我覺得好的小說應該是藝術性及故事性兩者兼具的。就說《三國演義》好了！它不但文字了不起，故事也很吸引人，應該是不衝突的。如果使評論家看出一種分裂的話，那我就覺得這個作者可能就沒有寫好，應該繼續努力。如果回來談現代主義的話，新小說倒是有這種傾向，那就是為什麼很多人不喜歡新小說。新小說它只能算是一個流派，新小說並不是所有都是傑作。假如談這問題時，把傑作拿進來談的話，應該不是問題。

廖：您在寫小說時，有沒有受到學院訓練的影響？您是研究美學的吧？

李：那是鐵定的，人家說你吃什麼就是什麼，我覺得學校裡學的就會影響，就像現在這一代，如果他學的不是這個，那他一定是另一個寫法。

廖：那郭先生您覺得呢？您覺得有受到您外文系訓練的影響嗎？您的創作是不是受到很多西方文學的影響？

郭：那是必然的。

廖：可是，您寫的內容彷彿又是很本土的。

郭：有一陣子，我迷新小說迷得不得了，沒日沒夜的看，毫無故事性，一個海灘可以寫出一大篇，光海灘一景就是小說，以前是迷到簡直是……！我倒是覺得後來得諾貝爾獎的那個克勞德・西蒙（Claude Simon）不怎麼樣，他的 *The Georgics*（《農事詩》）我也看，但是很難看得懂，就是模模糊糊，但是也是一再看、一再看。新小說就是有幾個，後來的莒哈絲（Marguerite Duras）也算是，尤其是她快死那幾年，東西全出來了，早期反而就比較淹沒了，其後的《情人》就變成她的傑作了。說起來，我絕對是西化派的。題材則是因為臺灣嘛！對臺灣的印象還是比較深。

廖：或者是我看得少，您到美國來這麼多年，好像比較少看到您以美國題材來寫作。

郭：有啦，都有，不多就是。

李：比較少，〈雪盲〉裡面有寫到一點。我想每一個作家都有一個核心的經驗，假如跟著旅遊的腳步的話，有的時候就不容易寫了。

廖：郭先生您對李渝作品的評價如何？

郭：有自己的風格這個是很重要的，如果作家自己沒有獨特的風格出來的話，那就是……；這一點，李渝很不錯。

廖：顯然郭先生對太太的小說是非常的推崇的。那李渝呢？對先生的評價如何？這樣問好像有些在挑撥離間一樣！

李：五體投地、五體投地啊！

郭：她就這是外交辭令。

廖：說一點誠懇的吧！

李：老實說，他當然寫得比我好，這沒辦法嘛！他的文字比我精緻，他的比較深入；我比他好的一點是我沒有那麼沉重。有的時候，不沉重不見得是不好，不沉重不見得是膚淺。就這樣，沒有高下之分。當然！文字上我比不上他，他的文字比我精鍊，我的文字有時候是瞎扯的，胡扯一氣，而且是越來越胡扯。

廖：郭先生最近在寫些什麼呢？有打算再寫些什麼嗎？

郭：沒有，而且就是以前寫的到現在，我覺得根本沒有一篇是值得看的，只有〈那噠噠的腳步〉有些句子覺得還可以。

廖：您律己這麼嚴啊！〈月印〉這麼好！難道您也覺得不夠？

郭：沒有，當然不好，那個是試筆。

廖：試筆？這豈不完蛋了，我們這些寫作的人都不要寫了，這樣都只是試筆而已！

李：〈月印〉我覺得有些地方比較鬆一點。

廖：我感覺郭松棻的狀況有點像王文興，那樣子對文字百般挑剔、字斟句酌的。

李：是啊，王文興是很不錯的，他比較為寫而寫，他沒有別的牽掛，滿好的。你看整個臺灣這麼樣的騷動，他還是很安靜，這是非常了不起的。

廖：李渝呢，您最近有在計畫寫些什麼？

李：他知道我在幹什麼！（轉頭看郭松棻）你知道我在幹嘛！

郭：她是一直在寫嘛，她是不斷地寫、不斷地寫，《金絲猿的故事》之外，還在寫。

李：問題是，寫了後，臺灣沒有地方發表，頭痛啊！報紙上限定 3000 字，3000 以外，不談！有時，投去了，好像給人難處也不好。所以，打完字了，也不知道丟哪裡好。

郭：對啊！無所謂，像我也有兩本書出不去，一本是以前混左派的時候翻的《行動中的列寧主義》，然後自己寫的一本十幾萬字的評論。十幾年了，混左派混了十幾年，一無所成。

李：也不能這樣講，總是經驗的一部分嘛！這樣的混，比你跑到大學去教書恐怕要好一點。

廖：雖然您的寫作，在量上面，可能不是那麼多，可是，顯然您對文學都一直是相當地鍾情。您覺得寫作在您生命中占了多少的重量？

郭：很重要，以前更是。老實說，因為除了寫作，其他什麼也不會了嘛！李渝跟我比較像，就是什麼事情都不會，除了教書，就是自己搞這個。連開車對我都是一件很困難的事情，她不是開得很好，但我比她更不好。經常開到一半，就被她趕下來，說：「這樣開，什麼時候才到得了家！」開車對我是一個很大的壓力，我很不喜歡。但劉大任就不會，開車對他簡直是太容易了，他就說他的技術可以去開計程車，而且是一流的。

廖：李渝呢？覺得文學在妳生命中是很重要的事嗎？

李：每天寫點東西非常重要，這是生活的一部分，因為別的東西我也不會，我也沒興趣。我很羨慕有一些人可以去唱卡拉 OK，很開心；或者打幾圈小麻將、去旅遊，就很開心。這些我都很像沒辦法有一種感覺，所以，就只好寫東西了。

廖：只有從寫作裡面能夠得到快樂？

李：像我們這種年紀也不是一種快樂，我想 20、30 歲的時候，會有一種快樂感。現在就好像是生活的一部分，好像也是很必要，沒有的話也不行。如果腦子裡沒有一些東西在那裡面繞，就好像今天沒幹什麼事情的感覺。

廖：談談您的閱讀經驗吧！

郭：去年的諾貝爾得主奈波爾（V. S. Naipaul）說他不斷地重看《包法利夫人》，《包法利夫人》太了不起了！很多跟他同世代的作家都已經過時了，只有他到現在還是很現代，我也是最佩服這本。雖然簡單，但是全是

詩意的句子。連普魯斯特我都覺得太囉嗦了，他那本《追憶似水年華》就像毛姆說的，應該大刪減，由七大本濃縮成兩本，但又很難濃縮，太囉嗦了，不精采的地方太多。

李：我覺得不能這樣比，它有點日誌的形式，等於一個自傳。《包法利夫人》他是有意的以一種小說的形式把它雕塑出來。

廖：不同的形式，當然也有冗長跟簡要的區分。

李：像《紅樓夢》一樣，《紅樓夢》也應該大刪大減。它裡面有寫帳目的時候多少錢、多少兩，又進了多少米，那根本可以全部刪掉。

廖：還有藥方子。

郭：尤其是那後半部不是他寫的，是高鶚續的。前面比較好，前面很精采嘛！秦可卿呀，寫得多好。福樓拜的這本作品，真是難以想像！所有偉大的作品大多已經過時了，只是因為有歷史意義，所以我們把它拿來看，像《咆哮山莊》，不可能現在看起來還津津有味，就是有歷史的價值。

廖：比方像《基度山恩仇記》這種？

郭：《基度山恩仇記》那又是另外一種，因為大仲馬是比較通俗的。不過，大仲馬是真的了不起。

李：是啊，我就說我現在還要重新再看，《三劍客》多棒啊！

郭：不過這些現在看還是沒辦法像《包法利夫人》一樣，《包法利夫人》我有三種版本，隨時拿來看。一定要看李健吾的譯本，其他都差太多了。

李：《包法利夫人》的好在於你隨便翻一頁，隨便唸一段出來它都好，我覺得這就真的到家了。

郭：這個是了不起，我現在連看維吉尼亞・吳爾芙，都不會全部看，但《包法利夫人》不一樣，《包法利夫人》對我現在來講，就像《白鯨記》一樣，絕對不過時，雖然囉嗦了這麼一大本，但它囉嗦得好，真會囉嗦！真的很多世界名著都已經變成歷史了。

廖：您這樣講，我回去倒要好好再看一遍，當時看的時候太年輕了。

郭：我們都是這樣過來的嘛！所謂閱讀就是要不斷地重讀，才能有新的領悟。

李：有時候不一定要廣，只要是你喜歡的，一讀再讀都可以，只要本身的確是傑作。像普魯斯特是我的洋祖師，心情不好的時候我都會回去看他，我覺得他真的了不起。

郭：我 28 歲第一次留學的時候，在聖塔芭芭拉念英文系，當時的第一本教科書就是《追憶似水年華》的第一部，最好的一本。看不懂，完全看不懂，寫這麼囉嗦在搞什麼啊！完全看不懂，結果那門課得了一個 B。研究生得 B 是很差的，教授給了個 B，你就應該知道要怎麼做了。後來，我就滾蛋！跑到柏克萊，這回不念英文系了，改去念比較文學。

廖：所以，您的閱讀基本上是洋派的？

郭：我是洋派得一塌糊塗，李渝也是洋派的。

李：我現在比較中國一點了。

郭：她除了這些中國的名著外，還是洋派的。不過，中國我最喜歡的，還不是這幾部大經典，我喜歡唐代傳奇，尤其是《古鏡記》，最近我才又看了一次，我覺得真的是棒透了！

廖：其實是滿現代感的。

郭：唐傳奇是了不起的。

李：不過唐代不同，唐代整個是恢弘的，各方面都是很恢弘的。通常我們從幻燈片上了解的，都比較漂亮，實景規模都小一點。我就想去求證一下，唐代根本是幻燈片圖片所不能包容的，唐代的文學藝術是不可想像的，發起瘋來跟神經病一樣。敦煌個個都是神經病，多到看都看不完，所以，整個唐代是非常了不起的！

廖：晚明也是，發瘋的人多，發瘋的文學、藝術也特別多！李卓吾、徐渭、八大山人都是，這是不是印證了您剛才閒聊時說的，中國應該多出一些得憂鬱症的作者？

李：是啊！中國人只是用狂狷、愛國來加以解釋，其實都是

depression！都是躁鬱症嘛！

——選自《聯合文學》，第 225 期，2003 年 7 月

郭松棻訪談

◎簡義明*

地點：紐約，郭松棻住所

說明：2004 年 2 月 20 至 25 日，我和郭松棻的談話經歷六天。記錄的方式，採取對答的形式，有時李渝會在一旁加入談話與補充，我盡量讓這些情境與內容如實呈現。另外，如有需要補充相關資料和說明的地方，則以註腳方式加以處理。

家族記憶、知識啟蒙與臺大歲月

簡：我們可否從你更早的身世開始談起，就是你進入臺大就讀之前，是在大稻埕生活，你的父親是日據時代有名的畫家郭雪湖，過去談論你的文章中，有一種意見是，你父親的身分和你的家庭背景對你後來的寫作似乎產生過一定程度的影響，在謝里法所寫的《臺灣美術運動史》中（頁112），曾經寫到你父親學畫的經過，有些經驗和你後來的一篇小說〈論寫作〉主角畫家的遭遇有所疊合之處，不知你可否和我們聊聊這部分？

郭：我一直要到八歲時才認得我父親，因為他一直在外頭畫畫，二次大戰期間，他人是在香港、廈門、福建等地方活動。等到大戰結束，有一天半夜，我們都在睡覺了，那時是租一個房子在二樓，在太原路，以前日本時代叫下奎府町[1]，臺北後車站附近。半夜聽到樓下敲門的聲音之後，母親披上衣服下樓去，在房子的一、二樓之間，有一個門板蓋住，下去時必須把門板拉開，她下去之後發現是我父親回家了，上樓之後又把門板蓋

---

*發表文章時為清華大學中國文學系博士候選人，現為成功大學臺灣文學系助理教授。
[1]〈奔跑的母親〉即據此背景而設定。

住，然後把我們統統叫醒，那時我們有三個小孩，母親對我們說：這是爸爸。其實更小的時候，大概二、三歲，有些殘存的記憶，就像寫在〈奔跑的母親〉中那樣，我家後頭有棵檳榔樹，父親在我很小的時候會把我揹在背上，這個印象依稀存在，但是否真的有，我也不曉得。所以真正對我父親認識的開始，是這樣的經驗。

　　另外，還有一個回憶是這樣的。我祖母過世的時候，父親那時在日本，母親叫他不用回來，因為在那裡可以多賣幾張畫，我是長孫，就代替父親進行許多喪禮的儀式，我還記得那時我們僱用一輛卡車，到臺大附近山上的墓地，臺灣人那時對於墳地沒有規畫，所以祖母下葬幾年之後，當我出國留學之前那一年要去掃墓時，花了很大的工夫才找到祖母的墳。

　　簡：那時和你父親的交談，是用日文還是臺灣話？

　　郭：我小學只念了半年的日文學校，然後就光復了，只有我姊姊可以使用日文，所以我們的交談是使用臺灣話，長大的過程中，因為我父親一直悶著畫畫，什麼職業都不要，沒錢也沒關係，家裡都是母親在安頓一切，她娘家那邊家境算不錯。我上大學時家裡窮到難以想像，父親沒有正式工作，一年只有賣一張畫，一張畫的所得要養活六個小孩，根本不可能，所以就舉債過日子，用標會的方式過活，但我母親很特別，即使再窮，只要我們小孩想買書，再窮都讓我們買，我那些大學時代念的外文書，很多都是母親在借錢的狀態下買來看的。可是那個時期所買的書，在我出國留學時，就多數被朋友瓜分掉了。那時留學跟現在很不一樣，舅舅當我的保證人，我的口袋裡只有二十幾塊美金，就出國了，剛好那時姊姊已經來美國幾年了，我第一年的學費都是她幫我付的。本來在光復初期，家裡有一棟房子，可是等到我大學時期，為了還之前所欠的債務，就把那個房子賣掉，又租房在一個小小的地方。我那時已經有整套的祁克果原版的外文書，這些東西貴到超乎你的想像。那時都是跟敦煌書店的老闆羅小如整批整批的訂，沙特、卡繆的書也幾乎買齊。這幾年，我在臺灣的朋友曾在舊書店看到我那些大學時期的藏書，還有人特地買回來寄到美國給

我。光復初期那幾年，臺灣這裡可以買到的好書多得不得了，縱使那時大陸已經失去了，可是從那裡過來臺灣的文人還是帶了很多好書過來。紀德、屠格涅夫那時大陸版的中文譯本我都有整套的。我第一本《魯迅選集》是初二就有，那時魯迅已是禁書。《茅盾選集》則是高一時用英文版的《林肯傳》和朋友交換的。紀德的書我最多，都是盛誠華翻譯的。

簡：所以你是在高中念師院附中（即後來的師大附中）時期，才開始大量涉獵、吸收文學的書籍嗎？

郭：那時在附中有一位很好的國文老師，叫李維棻，他有大陸版的《巴爾札克全集》，全鎖起來，那時這些書也都被禁。

簡：我發現你在出國之前所使用的名字，「芬」這個字沒有下面的「木」字，後來才變成現在我們比較常見的這個「棻」，難道是受到這位老師的影響嗎？

郭：這個改變是在我念柏克萊的時候，我的指導老師陳世驤，他覺得我原本名字所用的「芬」太女人氣了，所以他就建議我加一個「木」進來，變成後來的「棻」，不過這個「棻」後來還是覺得很女人氣。

簡：可以確定大概是什麼時間改名的嗎？

（這時李渝加進來確認時間。）

郭：我是 1966 年先到加州大學聖塔芭芭拉分校，念的是英文系，後來念不下去，太痛苦了，1967 年才到柏克萊，所以大概是 1968 年左右改的。我後來為什麼沒有念完博士的另一原因是，陳世驤先生後來突然心臟病過世了（1971 年春天）。他的學生只有一個念完，就是王靖獻（楊牧）。他先在愛荷華念碩士，後來才到柏克萊，那時我還在聖塔芭芭拉，我進柏克萊時，他已經大概念兩、三年了，他比較沒有挫折。

簡：那時如果你有機會完成博士學位，論文想寫的東西是什麼？

郭：想做的題目應該是《文心雕龍》，至於那時為什麼想做，現在也忘記了。當時要不是出國，我人生大概也就這麼混掉了，不過出國的計畫有些匆促，因為李渝就要出國，原本臺大外文系是希望我升講師之後再出

國，可是來不及。

簡：我在訪問李日章先生的時候，他提到那時外文系講授「英詩選讀」的老師生病，所以就找你去代課。

郭：對，那時的老師叫蘇維熊，大概五十幾歲，他是留學東京帝大的，中文講得一塌糊塗，又喜歡講黃色笑話，那時傅斯年當校長，學生、家長去申訴，他生病之後一兩年就過世了，好像是肝硬化轉肝癌死掉了。我覺得他只是中文表達能力太差，不然現在臺灣英文系的教授連他的一半都比不上，我那時去代課的內容都是他跟我講的，我剛大學畢業，當完兵回來，什麼都不懂，怎麼會去教書呢？他住在臺大醫院時就把我叫去，什麼都告訴我，從英詩的韻律開始，音律學，這是很難的東西，但回想起來，當時去代課其實也是胡扯，亂講。

簡：可否談談你和其他家人的相處呢？

郭：他們都不懂我的文學，我的大姊（郭禎祥）和妹妹（郭香美）都是念藝術系的，可是她們都覺得我寫這些東西是幹什麼呢？只有最小的妹妹（郭珠美）跟我比較熟，她是念中文系的，吳達芸教授的大學同學，但我送她這本前衛的《郭松棻集》時，她也跟我說她看不懂。

簡：你怎麼看自己父親的畫？在〈一個創作的起點〉這篇文章中，我覺得你將父親的畫解釋得很深入、很細緻。

郭：那篇多少還是因為父親的畫展要舉行，所以寫篇文章共襄盛舉，其實我不是很喜歡我父親的畫，早期的還好，可是光復之後的作品我沒那麼喜歡。所以那篇文章主要談的都是他日據時代的作品。我很少跟我父親交談，我弟弟跟他比較好，直到晚年，我父親虛歲已經 97 歲，才跟他比較親，現在是因為生病，不然我一年一定會到加州看他一次，以前還在聯合國工作的時候就這樣。如果身體好一點能坐飛機，最先想的就是到加州看我父母親，接下來更健康一點了，才想回臺灣。

簡：這邊有一本《郭雪湖畫集》，是 1989 年你父親回臺灣開畫展的時候出版的嗎？有不少人在文章裡提到，家中這樣一個畫家父親的背景與淵

源，應該對你後來的創作形成過若干程度的影響，在我們前面的談話裡，很驚訝地，你告訴我的卻是否定的答案，能否再多談談你和父親相處的一些記憶？

郭：是。那時是臺北市立美術館出這本書的，不過裡頭的印刷讓這些畫顏色看起來太鮮豔了，實際上應該暗一點。〈圓山附近〉這張他總共畫了兩次，我那篇〈一個創作的起點〉是討論書裡面印出來的這張。我父親40、50 歲的時候，曾經有雜誌要他寫一些文章，不過他後來寫不出來，就找我寫，大概寫過三、四篇，至於發表在什麼雜誌，用什麼名字發表，我也完全沒有印象了。大概是我高中到大學這段期間寫的。

至於談到影響，如果真的有，大概也是無形的。另外一件記得的事，我小學三年級的時候（那年陳儀被槍斃），學校不上課，有一次父親帶我出去寫生，也是到圓山附近，回家之後，父親以為我畫的那幅是他的，是個素描畫，我就跟他說，這是我畫的。所以我妹妹就說，如果我繼續畫下去的話，說不定也會成為一個畫家。我念小學的時候，學校的筆記本我不寫作業，經常拿來畫畫，有一陣子喜歡畫一張，第二張也差不多，然後連續畫個一百多張，這樣疊在一起翻動之後，會變成好像電影一樣。畫泰山在水裡跟鱷魚鬥，這都是小學時期的事。還有一次，父親到他關渡朋友家中畫畫，也帶我去了，那是一個半日本式的洋房，從客廳望出去可以看到海，很大，我就陪他在那裡待一個下午。

跟他不能說很接近，倒是我弟弟，因為他高中沒畢業，大學時期就到日本京都大學讀書，父親那時也住到日本去了，可能因為這樣，弟弟和他比較親近一點。父親一直對國民黨很失望，終生不學國語，他日常和人說話，只用日語和臺語。他年輕時脾氣也比較大，但我母親很好客，有時在家裡燒飯請親戚朋友過來，人少的時候，父親比較能夠接受，太多的話，要看他心情，所以我的記憶裡面，有那種很多人到家外頭了，卻不敢進來的畫面。我是一直要到生病前兩、三年，才慢慢重新和他熟起來，可能是年紀大了，脾氣比較小了。這幾年生病之後，精神的集中力變得很差，不

管是看電視，還是看書，都沒有辦法一直定下心來，雖然試著重看一些小說，可是經常翻了一頁之後，也不曉得有沒有看進去，所以正在請李渝幫我打字的〈落九花〉，整理起來就很辛苦。

簡：你的父母親和家人，現在多數住在美國，這因素是否讓你對臺灣的懸念不至於太強烈，我的意思是，解嚴之後，你已經可以自由的進出臺灣，如果你的親人多數留在家鄉，會不會有可能比較常回臺灣？甚至搬回來定居？

郭：嗯，非常有可能。去年，李渝還跟我提到說，我們搬回臺灣吧。不過我現在身體可能還沒恢復到健康狀態，尤其是久坐時，腳會麻。可能等到我右半身好一點，可以上飛機了，那時大概會先回去停留一陣子（一兩個月），如果要長住，可能還要再看看。我中風之前，其實身體已經警訊，就是兩個眼睛會一直眨，大概有四、五年左右的時間。那時以為是眼睛的問題，所以去找眼科，結果沒有幫我查出真正的問題出來。

簡：接下來可否談談你和黃華成先生的認識與互動？你曾於《劇場》雜誌中，寫過一篇評論叫〈大臺北畫派 1966 秋展〉，這個展似乎就是他策畫的，在前衛版的年表裡也提及你曾在他的電影《原》裡演出，在那個階段你和他似乎有密切的往來。

郭：我從高中時期就認識他，黃華成是我姊姊郭禎祥的大學同學，就讀師大藝術系，大我四歲，我高一時他大一，有一回他來我家，看到書櫃裡有一堆外國文學的書，我記得他曾經提過最欣賞的作家是海明威。他是前衛藝術家，才氣縱橫，我寫過的〈青石的守望〉[2]就是跟他致敬的，因為他曾於《現代文學》雜誌中，發表過〈青石〉這篇小說。除了這篇外，他還寫過一些在《劇場》發表。他很少用本名寫東西，發表小說時會用「皇城」這個筆名。我記得他當兵之前的那一晚，還曾找我去圓環那邊吃東

---

[2]刊載於《文季》第 1 卷第 2 期，1983 年 6 月，包含〈向陽〉、〈出名〉、〈寫作〉三個短篇，後來收於前衛版《郭松棻集》時，被打散刊出，且皆有程度不一的改寫，〈向陽〉的篇幅從一千餘字的極短篇擴充成為七、八千字左右的短篇，〈出名〉修訂較少，但篇名改成〈成名〉，〈寫作〉變動最大，除了題目變成〈論寫作〉之外，字數更是從八千字左右的短篇蛻變成六萬字左右的中篇。

西、喝酒，我生平第一次喝醉就是那次。大吐、泥醉。

（李渝在一旁補充，黃華成的這篇〈青石〉即使現在讀起來，都非常好。）

《劇場》主要的核心分子是黃華成、劉大任、陳映真，我是很後來才去參加一些活動，大部分時候還是獨來獨往的。搞沒多久後，陳映真就退出了。我出國時，黃華成在臺灣也弄不下去了，因為沒有經費了，於是他就跑到香港「邵氏」和一位朋友邱剛健開始弄電影的東西，又過了幾年後，他的前衛藝術性格和商業電影公司格格不入，就又回臺灣，後來曾經幫七等生的小說設計過封面。邱剛健也沒當成導演，倒是替「邵氏」寫了一些電影劇本，像《愛奴》這一部。

簡：我們從你的年表中看到，在大學時期就寫了一篇很具分量的沙特的論文，在《現代文學》上刊登，是怎樣的因緣讓你開始接觸這些東西的？

郭：其實都是自己找來看的，自己喜歡，就去敦煌書店訂，高中時期看完屠格涅夫的東西之後，大學真正進去的是杜斯妥也夫斯基，托爾斯泰反而不親近，但是後來生病這一段期間，杜斯妥也夫斯基反而丟下不看，轉回來看托爾斯泰，直到今年 1 月 2 號，又重新把杜斯妥也夫斯基拿出來看，我現在準備重看他的《卡拉馬助夫兄弟們》，這書我大學時就看過了，那時一天跑兩三次「文星書店」，幾乎不上課的，每天早上就跑去新公園附近的「田園咖啡館」混，「文星書店」現在好像變成「金石堂書局」了。那一帶是我從大一開始混的地區，有一些朋友也跟我一起混，都是怪人，我跟一位臺大中文系的好朋友邱豐松常待這裡，混到大學畢業。中午餓了就在附近吃頓飯，再逛書店，累了就回到「田園」，幾乎每天都這樣，在「田園」那裡只要點一壺茶就可以一直回沖，有時混到打烊。當時我看的杜斯妥也夫斯基不是中譯本，是英譯本。大學畢業那年，英譯版的杜斯妥也夫斯基就看過兩次。後來到聖塔芭芭拉留學念研究所時，杜斯妥也夫斯基的東西我已經可以熟到不用看，但是《追憶似水年華》就看得很痛苦。

　　這一輩子裡面有一些作家是不管怎麼看，都毫無心得，湯瑪斯‧曼是其中一個，以前有一個譯者叫「宣誠」，他專門找德國作家的書來翻譯，尤其是湯瑪斯‧曼，像《魔山》我就毫無心得，挫折感最大的則是《浮士德博士》，第二個最沒有心得的作家是馬奎斯，臺灣很多有名的作家，像朱天心還有張大春，似乎都很喜歡馬奎斯，但我就是看不進去。他的代表作《百年孤寂》我是毫無心得。一樣是寫得很囉唆的樣子，湯瑪斯‧曼我看不進去，但很奇怪，杜斯妥也夫斯基就很有體會。我大學時代哲學系的好朋友孟祥森，也曾經翻譯過杜斯妥也夫斯基的東西。

　　當時我們那個時代，哲學系教我們的那些老先生，多半從大陸過來，那時已經是上了年紀，並且精疲力竭、死氣沉沉，沒有辦法教我們什麼，我們只好自己找書來看，臺灣籍的教授則是日文口音，那時的系主任洪耀勳就是，也是聽不太懂。我初二時就在蘇維熊先生那裡補習英文，所以我的英文不是可以講的英文，不道地，而是念書的英文。

　　簡：你那時剛考進臺大的時候是念哲學系，後來大二才轉到外文系，是怎樣的原因讓你改變的呢？

　　郭：主要還是因為蘇維熊教授，其實這兩系在我當時感覺是差不多的。後來替他代課那兩年，第一年比較按照他給我的指示，第二年開始就放比較多自己的想法與心得，蘇先生上課時大部分教莎士比亞，一首十四行詩可能就要上一兩個星期，在美國一學期大概可以上完莎士比亞七、八個劇本，因為臺灣的學生對外國文學這些東西太不熟悉。那時外文系一班有一百五十幾人，一半左右是僑生，僑生的水平有時英文程度反而比較好。他的考卷也都是我在看，一直看到我後來留學出國。殷海光那時也是這樣，他的學生一班有時兩三百人。我跟孟祥森很少去上殷海光的課，通常前面兩排都沒有人要坐，但只要我們去，就故意坐第一排，然後把兩隻腳放在桌子上，殷老師不但不會怎樣，下課時還會找我們聊天，臺大像他這樣的老師不多。

　　那時臺大外文系有一位老師叫周學普，也翻譯了一些德文的書，因為

哲學系也必須修德文，我也曾從臺灣帶來一本他翻的書，叫《歌德的愛力》。跟魯迅很好的一位叫黎烈文，也是在上海很有名的翻譯家，我覺得很不應該的是，臺灣後來都會亂改這些從大陸來的老翻譯家的書，都亂改一通，很不妥。有時還會把人家的名字拿掉，故意改些東西，就換成另外一個名字。像《包法利夫人》的譯者李健吾這本也是名譯，可能因為名氣比較大的關係，就沒有人敢改動。

　　簡：我在看廖玉蕙與你的訪談時，也提到《包法利夫人》給你的影響，要不要聊聊這部分？

　　郭：我在臺灣時接觸比較多的是舊俄的東西，有些東西是到美國才看的，在柏克萊念比較文學期間念得很辛苦，加上身體其實從初二後就一直很不好，有胃寒的問題，所以那時已經很疲倦了，《包法利夫人》是一直要到四十幾歲時才念進去的。好多東西都是到紐約之後才開始看。胃藥到現在還是一直在吃。

　　簡：你在大四時發表了〈沙特存在主義的自我毀滅〉這一篇論文在《現代文學》雜誌上，你和白先勇、王文興他們有往來與互動嗎？剛剛聽你說的一些朋友，比較沒有提及他們的名字。

　　郭：我那一篇在刊登時，因為沒有多留意，也覺得沒關係，所以註解的部分被編輯刪掉許多，因為文章編排後，最後一頁只剩下一點空白，所以他們只把可以塞進去的放入，當時本來想還原，可是後來興趣又轉變了，就不想去管它了，我這個人就是這樣，興趣一直在轉變，小學時沒怎麼在念書，就全校第一名畢業，那時要到中山堂去，由市長頒獎。後來考初中時沒考好，差一點考不上，初一在 E 班，是不好的班，但我有得到獎學金。當時臺灣人考初中時比較喜歡考成功中學，因為臺灣人比較多，建中比較多外省人念。我沒考好，是備取進建國中學的。杜維明跟我就是在建國中學同一屆的，他就是那種乖乖的好學生。可是他考大學時，就不考臺大，而是去考東海，因為當時徐復觀、牟宗三都在東海，這算滿難得的事。

簡：你真正開始念左派的東西，是在讀沙特之前還是之後？出國之前，是否還有一些左派的哲學家與思想家的書是你喜歡閱讀的？

郭：雷蒙・阿宏（Raymond Aron）的東西我讀了一些，他寫的《社會學主要思潮》英譯本在那時就讀過了，這書一直介紹到韋伯。他是沙特的同班同學，雖然他不是左派，一向比較屬於政治正確的那邊，所以他和沙特不太對盤，亦友亦敵。在沙特死掉之前，他們兩個重新交往。他是屬於學者型的，比較沒有創見，但現在看來，他所寫的書錯誤比較少，反而沙特的很多認識是錯誤的。

另一位法國人叫尚・考克多（Jean Cocteau），也是他們那個時代的，寫評論，也寫小說，又是畫家，還擔任過 1946 年一部有名影片《美女與野獸》的導演，不過他後來墮落了，吸毒吸得一塌糊塗，我那時在臺灣也買過一本這傢伙寫的書，他把他這些亂七八糟的經驗都寫在裡面了。

我在大學畢業後去當兵，文學院那時被分配到「政工幹校」去受訓，陳映真、李日章跟我都是同一梯的，李日章跟我是同一連的，陳映真則是在隔壁。那時有一個叫易陶天，就在學校裡教我們「匪情研究」，教馬克思，我覺得教得很不錯，所以和他滿接近的。三個月結訓之後，他要我們每個人寫一篇報告，我是寫關於黑格爾的，他看過之後覺得很不錯，在 1961 年底左右幫我把這篇文章投給香港的《人生》雜誌發表，這個雜誌是唐君毅先生辦的，但是文章的題目與內容我早就忘了。那時普通人沒有辦法買到大陸出版的書，但易陶天這種搞匪情研究的有辦法拿到，國民黨那時有個機構[3]，專門提供這些書籍。他有一次對我說，你對理論那麼有興趣，我就送你一本黑格爾的《歷史哲學》，是大陸的中譯本，這個書我還有帶到美國。所以當完兵之後，兩人還有往來，一直到我出國之後才漸漸失去聯繫，後來他好像到紐約的「聖約翰大學」教書。

---

[3]即現在的「政治大學國際關係研究中心」，根據該機構官方網頁的歷史簡介，郭松棻服兵役那段時間的機構名稱應為「中華民國國際關係研究所」。請參見：
http://iir.nccu.edu.tw/index.php?include=aboutus&mode=history

　　另外那個時期比較常看的是赫塞的書，他的哲學太簡單，我不太看，但小說就滿喜歡，其中有一本叫《荒野之狼》，表面看起來是小說，其實全部是哲學，我看得很入迷，但是他比較被談起的傑作是《玻璃球遊戲》。這幾年我生病之後，直到去年，在復健的過程中，拿起了他另一本作品《流浪者之歌》的中譯本起來朗讀，每天讀一段，順便做復健的功課，花了好幾個月的時間。這本是一位叫孟祥柯（筆名蘇念秋，水牛出版社，1967年）譯的，李渝讀大學的時候，他是臺大外文系的圖書館員。

　　德國作家真正喜歡的叫褚威格（Stefan Zweig），他那一本《同情的罪》是最有印象的，中國大陸在 1930、1940 年代很風靡他，不過他後來跑到南美自殺了。

　　簡：從你的回憶與分享裡，我覺得很弔詭也很有趣的一件事是，其實你自己在成長的過程，整個人的生命情調和氣質，是和沙特呈現很大的反差的，你說很年輕的時候就覺得生命很虛無、很疲倦，可是沙特這個哲學家讓我們感覺到的是如此激昂與奮發，可否談談這中間的落差？

　　郭：可能那是一種心理彌補的作用吧！其實在讀沙特的時候，同時也讀卡繆。卡繆的東西我也滿喜歡，《反叛者》我讀的時候，是兩個不同的英文譯本一起參照著讀的。他的哲學和文字是感性比較強的，像《薛西弗斯的神話》整本書開場的第一句話就是：「只有一個哲學問題是真正嚴肅的，那就是自殺！」像這樣的表達，就是沙特比較沒有的。沙特比較理性，比較恢弘，涉獵得也比較廣，可能年輕時候的我，會被這種東西吸引過去吧！

　　簡：就你記憶所及，你在 1961 年（那時大四）發表在《現代文學》雜誌上的那篇〈沙特存在主義的自我毀滅〉之前，有任何人在臺灣發表過關於沙特的文字嗎？

　　郭：沒有。很多人甚至在那個時候看到文章時就說，這是大學教授寫的。《現代文學》剛成立的時候，我也曾經幫白先勇他們去找過贊助公司，記得那時是去大同公司出資的「協志工業叢書出版社」找他們支持，不過

好像沒有辦法,畢竟這是一個文學刊物,又是剛剛創辦而已。

讀大學時有一天,我去逛文星書店的時候,翻到一本外文書,讀到卡夫卡,在那裡看了幾天,很喜歡,後來把它買回去,那時卡夫卡已經過世了,可是臺灣還沒有人介紹過他,等到《現代文學》雜誌錢籌得差不多了,準備出版的時候,我就把這本書先借出去,對大家說,如果你們要介紹一位外國作家的話,可以介紹卡夫卡,所以後來創刊號以卡夫卡做爲主題應該跟這個有關。卡夫卡的東西,我最喜歡的是他寫的一個短篇,叫〈審判〉,大約只有六、七千字,我看資料的時候,才知道這篇算是他用一個晚上就寫出來的東西。

好幾年前,《現代文學》要重印的時候,那時我已經在紐約,有幾個想要追到底創刊號時用的那一本卡夫卡的書是哪裡跑出來的,很多人都認爲是王文興的,不過我相信,要不是我那時在文星書店發現這本卡夫卡選集,恐怕王文興也沒有讀過他的小說。不過這是小事情。

簡:你和《現代文學》這些比較核心的組成分子之間的關係是如何呢?

郭:就是在籌備的時候,想辦法幫他們募一些經費,至於我自己的個性,是不會想要加入任何一個群體的。都是單槍匹馬,獨來獨往,王文興、白先勇、歐陽子都是我的同班同學,大概只有和他們一起出去旅行過一兩次。沙特那一篇會刊登是因爲我一邊在寫,寫完後就拿給他們刊登。

簡:那你當完兵回來,在臺大外文系當助教的時候,他們還有邀請你繼續寫稿嗎?

郭:有,但那時我的興趣在涉獵不同的範疇,對寫東西比較沒興趣,所以就沒有文章在《現代文學》上發表了。不過在寫沙特的時候,本要已經預備同時寫另一篇關於海德格的東西,那時沙特的《存在與虛無》和海德格的《存有與時間》同時在讀,也寫了一些筆記,但後來發現我那時的理解是掌握不了的,就先把它擱下了。後來,那本《存有與時間》因爲傅偉勳要,就把它拿去「雙葉書店」翻印,那時勞思光也曾經寫過一本《存

在主義》。其實，存在主義除了比較被熟識的這幾位之外，我在那時還留意到了一個，叫馬賽爾（Gabriel Marcel）。

談到傅偉勳，我就想起年輕時候也讀了許多新儒家的東西，牟宗三、唐君毅、徐復觀的東西都是大一就開始看，牟宗三的東西一直到我進聯合國的時候還在看，不過比較能夠進去的是唐君毅，因為他的文字文學性比較強。我還記得大一有一回不上課，坐火車一路往南，到新竹、臺中、也有到臺南的成大去找同學，那時帶在身上看的一本書，就是唐君毅的《人生之體驗》，當我要回臺北的時候，記得那時火車上坐在我旁邊的是一位看起來氣質很不一樣的人，像是國民黨高官那種的，結果下車時，竟然看到有樂隊還是儀仗的陣仗來歡迎他，我始終不知道他是誰，但我記得在火車上和他的一段談話，他看到我在讀唐君毅的《人生之體驗》，就跟我說：「年紀輕輕的讀這些幹什麼呢？沒有用的，讀一些實用的東西比較好。」他哪知道我那時心態上已經不是年輕人，衰老、虛無的不得了。

還有一位叫程兆熊的，剛到美國時，還帶了他兩本書，他兒子有一位叫程明怡，以前也是參與過保釣，一開始好像是在威斯康辛麥迪遜校區，我到紐約之後，和他彼此熟識，不過他後來從商，還在紐約這裡開了家有名的百貨公司。

簡：所以你大學時代到出國之前這段時間，比較常接觸的還是以歐陸為主的哲學，社會學和馬克思主義的東西是 1970 年代保釣運動之後才慢慢補充的？

郭：對，可以這麼說。保釣運動後，覺得單純的思辨已經不足以面對和解決世界的問題，所以就把興趣轉移到馬克思主義和社會學的東西。英美的哲學我很不親近，邏輯這一派的我進不去，英國的經驗主義休姆還好，美國的哲學家就是實用主義這一派的杜威可以看進去。倒是美國的散文家有幾個比較喜歡，比如愛默生，翻譯還是張愛玲的好，何欣的版本學術味道太重，文采不夠。威廉・詹姆斯的東西經由葉新雲的介紹之後，也開始看，他有一本《宗教經驗之種種》，裡面有一章就是在談如何成聖，觸

及托爾斯泰。另外一個美國作家霍桑,也是滿喜歡的,《紅字》當然是他的代表作,不過我最喜歡他的是短篇小說,像鬼故事那種的。

柏克萊時期、保釣運動與哲學的探尋

簡:1966 年你剛到美國的時候,感受到的社會與文化氛圍,比如說反戰、黑人民權運動等,對你後來投入保釣運動,有無形成任何作用或影響?

郭:我剛到美國的時候,是在舊金山機場降落,先到 UCLA 找李渝,和她相處幾天之後,才從 UCLA 搭學校專車到聖塔芭芭拉報到,我起先在聖塔芭芭拉那裡念英文系。開學第二天,就覺得怎麼搞的,校園裡面一堆人在遊行,才知道他們在反越戰,學生都不上課,有的教授也在外頭演講。我在那裡兩學期,這場場面經常看到,引發了我的好奇,出國前在臺灣因為念存在主義,早就對現實不滿,那種壓抑的感覺帶到美國這裡來之後,遇上這些事件,當然會很有共鳴,覺得政府當然是可以反的,知識分子是必須行動的。

後來轉到柏克萊就讀後,才發現,原來這裡是美國反戰的大本營,每天中午下課的時候,到校門口一看,黑豹黨經常在那裡示威,他們是很激烈的組織,反對美國政府將他們黑人同胞送上戰場,當然這是比較激化的黑人民權運動,他們是拿槍的,要革命的,總部就在柏克萊和奧克蘭附近這一帶。也經常可以看到法蘭克福學派那位馬庫色,就在校園裡面演講,我大概看過他超過十幾次,可是他德語口音的英文,大概沒有幾個人聽得懂。在這樣的因緣之下,就愈來愈強烈地感受到,美國真的是世界最大的帝國主義,一直到今天都是如此,怎麼會把人家阿富汗、伊拉克說打就打,霸得一塌糊塗!那時的越戰更是,美國以為自己是世界的警察,就到處出兵。所以,釣魚臺事件起來之後,反戰的這些感受,連帶地把臺灣帶出來的不滿,一口氣宣洩出去,就開始搞保釣運動了。原來書本就已經念不太下去了,遇上這些事情後,整個人就愈來愈激烈,因此,我在遊行場

合上的演說，才會主張要打倒國民黨政權。

簡：在運動的策略上，你們有討論過或辯論過，在打倒國民黨政權之後，接下來怎麼辦呢？是換誰上去執政，領導臺灣？還是就走上你們後來主張的統一運動？

郭：是啊，那時對共產黨有一種寄託和幻想，所以你說的沒錯，我們主張要把國民黨推翻之後，是想要走上民族統一的道路，所以我一直沒有臺獨的思想，後來才會在《戰報》第 2 期上面，寫出〈臺獨極端主義與大國沙文主義〉這樣的批評文章，當時美國的臺獨陣營有不少人跟我接觸，希望我能替他們做一點事情，可是我那時的選擇與想法不是那樣的。

簡：把「保釣運動」和「五四運動」銜接起來這個主張[4]，是你個人的意見影響了大家，還是集體討論之後的結果？

郭：當時這個意見的形成過程，我已經沒有太深刻的記憶，不過它應該不是一個個人的、孤立的意見而已，大概是我們很多次開會、討論後的集體意見。

簡：在保釣運動之前，你剛說美國校園的反戰文化給你滿大的衝擊與震撼，這個時候有沒有什麼書或知識，是在這個時間點上特別影響你的？

郭：課堂上的書都跟這些無關，都是我私底下自己去吸收與閱讀的，馬庫色的書當然會去看，柏克萊的學生運動，他們的領袖也會散發許多小冊子，但這些意見領袖現在都沒有人記得了，風潮過去就過去了，法國學生運動也是這樣，沙特的東西會留下來，當然是因為他的思想不僅僅只是運動的產物，在之前、之後，他的哲學一直在發展，雖然在運動當時，他也是常常上街頭發傳單，不僅是校園，連巴黎街頭都去，不僅是大左派，還是大毛派，毛澤東對於 1960 年代很多左派知識分子來講都有一種精神的吸引力。

簡：接下來的問題，想請你回到保釣時期的寫作和行動，手邊這一篇

---

[4]那場有名的保釣遊行演講，郭松棻上臺發表的題目就是〈「五四」運動的意義〉。

文章〈阿 Q 與革命〉是在你年表上沒有出現過的，發表在《盤古》雜誌，
筆名叫「鐵疊」，可否聊聊這個部分？

　　郭：《盤古》是香港的雜誌，前後大概有 20、30 年的歷史，中間換過
很多主編，這一篇的筆名爲何叫「鐵疊」，老實說我已經忘記了，那時年輕
亂取的。這篇〈中國近代史的再認識〉則是手寫的，發表在我和唐文標創
辦的《大風》創刊前身，叫《大風通訊》上面，那時根本沒有錢，不要說
打字，連影印都很困難。

　　1971 年初，越戰的示威在美國校園搞得很厲害，柏克萊校園經常煙霧
瀰漫，有幾次我在教室考試、上課的時候，外面正在舉行一些遊行、抗議
的活動，有些比較左派的學生開始占領學校，校方有時還答應學生說，你
們想開什麼課就讓你們去開。那時許信孚、周尙慈、劉大任和我，就共同
開了《中國近代史》這門課給大學生上，我們幾個只有劉大任是博士課程
修畢，但是當時他很忙，每天從柏克萊這邊到舊金山市區辦報紙，名字叫
《華聲報》，這是一份正式的報紙，和一位叫「黃三」（李敖朋友）的人，
一起辦這份報。因爲劉大任這麼忙，所以課程就丟給許信孚、周尙慈上，
我只有上過兩次，有時就進教室坐著。許信孚、周尙慈是香港僑生，所以
英語好一點。這門課只開了一學期就沒有繼續了。1972 年 9 月我就到聯合
國去了，那時他們聯合國官員是跑到柏克萊來考我們，也不是每一個留學
生都能參加考試，主要還是我們這批弄過保釣的。

　　簡：所以 1972 年 9 月之後，你就從西岸遷移到紐約了？

　　郭：對。你看到的這份《戰報》第 1 期，是在 1971 年 1 月 29 日保釣
第一次示威運動後發行的，那時李渝跟藝術史同學和老師高居翰東岸看收
藏去了，我留在柏克萊。那個時候，我在街頭演講，現在想起來都覺得瘋
狂。還記得有一位老先生叫史誠之，他本來是香港「友聯出版社」（做匪情
研究的）的觀察員，後來友聯出版社結束之後，就跑到柏克萊的「中國研
究中心」當研究員，他有一天建議我們，《戰報》應該要定期辦，變成常態
性的刊物，他說我寫的這篇〈棒打自由主義者〉是「五四運動」以來最好

的文章。

簡：當時你們運動的一些過程，或者在街頭遊行、演講的一些畫面有保留下來嗎？

郭：有，還曾經有人拍成紀錄影片。

簡：這個影片有留給你們嗎？

郭：沒有，就放過一兩次。那時就不覺得弄成這些紀錄有什麼重要的，運動過程大家都很嚴肅，也很激動，會覺得拍這些東西是在幹什麼呢！保釣那段期間我跑過四、五個大城市，芝加哥、威斯康辛、底特律都去過，跟各地的保釣朋友開會，芝加哥去最多次，不過那裡的行動比較溫和，不像柏克萊這裡那麼激烈。芝加哥那裡出最大力氣的叫林孝信，《科學月刊》就是那時辦的。那時中國剛進聯合國，有所謂「乒乓外交」，第一次比賽就在威斯康辛，我也去參加。

關於釣運轉向統運，我的看法就是從柏克萊這裡開始的，其他美國各地或者大學，在之前雖然也有一些團體，或讀書會，但是把它變成一種接下來運動的號誌與信念，是從柏克萊開始的。

（這時我們在翻閱一批保釣時期的地下刊物，李渝幫忙確認不同刊物的發行時間，她說《戰報》只發行兩期，《戰報》第 2 期曾經寄到臺大過，就是把一本電話黃冊的中間挖空，把《戰報》藏進去。接下來才是以《柏克萊快訊》的名字發行。）

第 2 期的《戰報》毛澤東有看到，周恩來也有。那時取這名字的想法是，宣戰的時間到了。《戰報》多是在劉大任的學生宿舍做的，跟傅渾籌去，半夜都不睡覺，忙到早上才回學校上課，所以希臘文都學得亂七八糟的。李渝則是在忙話劇。

第二次要示威的時候，應該是 1971 年 4 月，在灣區的一個公園舉行，那天早上一到，發現公園裡到處貼滿了詆毀我們的海報和標語，說我們是和共匪一起的，這應該是國民黨收買當地的華僑流氓充當打手。遊行的時候還被這些流氓打，我的脊椎還受傷。我第二次沒有上臺演講，稿子寫好

了，請人上去唸。

1972 年 9 月我到紐約前一天，家裡惜別聚會，來來去去大概有一百多人，那天我母親剛好也在，她做壽司，李渝則忙著煮菜（李渝這時插話說，我沒有做菜，只有包餃子，可是不知道來的人這麼多，統統沒有吃飽），大家都待到很晚。我到紐約幾個月後，李渝才過來。這段期間我們在柏克萊的居處曾經有人闖進去過，翻東翻西的，不曉得是美國派來的情治人員還是國民黨派人幹的。

我取得碩士學位之後，保釣之前，開始養熱帶魚，到紐約之後，買了一個 120 加侖的大魚缸繼續養了好幾年。

簡：為什麼會想養魚？

郭：熱帶魚很好看嘛！那個亮光、顏色一閃一閃的，有著讓你難以想像的美麗。

簡：李渝老師昨天跟我提到，你年輕時在團體、在運動現場講話是非常華麗，語言是很有特色的，這種特質應該滿適合站在講臺上。

郭：鄭鴻生的那本《青春之歌》也有提到這些說法，說我演講起來很有煽動力。[5]但是我口齒不是那麼清晰，不過，即席性的演說確實是可以的，那個階段常去各大學、各個團體演講，到後來我甚至可以在都是臺灣人的場合，用很純熟、文雅、不俗氣的臺語全程講保釣運動這些事情，我的長輩們都會講很文雅的臺語。

簡：你還記不記得在雷驤拍的張愛玲紀錄片裡，你有一段在影片結尾的談話，也是非常漂亮，把整個張愛玲的人傳神地表達出來？[6]

郭：不記得了，幾乎沒有什麼印象。在和張愛玲幾次有限的見面記憶

---

[5]鄭鴻生，《青春之歌》（臺北：聯經出版公司，2001 年），頁 126 的註 1。
[6]這段話是這樣子的：「我從窗外望過去，剛好看到張愛玲在過街，非常的單薄，我記得她穿的是很老很舊的旗袍，米黃色的，身體幾乎已經沒有重量可言，從海灣吹過來的一陣風，從背後趕上她，把她吹過去，好像一片落葉一樣，把她吹過了街，這股風把她吹過街的時候，她同時也踏入了她的傳說。」（《作家身影十三：張愛玲　孤島上的閃光》，臺北：春暉國際，48 分 1 秒至 48 分 38 秒）

裡，因爲她上班時間是下午才進辦公室，幾乎都不和人打招呼的，一閃就進辦公室，至於晚上什麼時候離開，我也不曉得，有幾次中午時間在街頭看到她，都會覺得怎麼會有人身型如此瘦薄？能夠比較接近的看到她都是在陳世驤先生的餐會場合。

（此時，郭松棻拿了他在柏克萊讀比較文學博士班時的筆記本出來，回憶了上課的片段。）

郭：陳世驤老師的班上因爲有洋人，所以選讀的文章和材料有些是我們在臺灣中學就念過了，於是我們這些學生，老師就規定課前必須要把那些詩和文翻譯出來，有些是非常有名的詩，可以找到一些英譯，有些則要自己翻，即使是那些有人翻過的，老師也會要求我們再做修改，所以那時對於詩句、文字的咀嚼是非常仔細的。1960、1970 年代美國的文學系流行的是「新批評」，因此這些東西我們都上過。

簡：你出國之前就已經念那麼多沙特的東西，這樣如何接受「新批評」主張的文學觀念呢？

郭：那時當然有些排斥，無法接受，可是後來回頭去看，慢慢覺得「新批評」也是滿了不起的一個運動。

1996 年我到美國，在聖塔芭芭拉念了兩個學期之後，就沒有錢了，姊姊也沒有辦法繼續幫助我，我就跑到洛杉磯打工，在餐館，一開始他們也不讓我當服務生，只能當那種人家吃完飯時收盤子的，因爲你沒有經驗，人家不放心。這個工作大概做了九個月，那時就一邊申請柏克萊的比較文學系了。一開始陳世驤叫我念完聖塔芭芭拉的碩士再來，可是我已經完全沒興趣了，就直接過來了。陳世驤給了我獎學金，兩百多塊美金一個月，從此生活就比較沒有後顧之憂了。還記得有兩次陳世驤先生請學生吃飯的時候，張愛玲也在座，不過她都不太講話，頂多就是跟陳先生聊一聊。我幾乎都沒跟她說上話。

（李渝補充說：陳世驤老師非常關切這些學生，從臺灣來的留學生都受到他很大的照顧。）

簡：除了《大風》、《戰報》、《柏克萊通訊》之外，你們在柏克萊的這群保釣運動者還有沒有辦其他刊物？

郭：沒有。1972 年 9 月到聯合國工作之後，也曾經參加紐約這裡的相關活動，但是很難融入這裡的團體，山頭主義很嚴重，現在回想起來，到紐約之後的保釣活動是浪費了，那時下班之後到處開會，《東風》第 1 期是我和唐文標弄的，後來好像就搬到紐約這裡弄了，再後來我好像就退出編務，只寫文章了。

保釣運動勢力的消退，跟 1972 年尼克森要訪問中國這件事情有關，那時，大陸和臺灣在聯合國的代表權已經互換了，大陸當局當然歡迎尼克森訪問，本來我們是要在他出訪之前搞一個抗議活動的，可是被那裡的力量給壓下來，叫我們不要惹事，其實這件事預告了，後來保釣運動的不單純，有些政治和利益的糾葛已經慢慢進來了，演變到後來，好像你比較聽話的（配合大陸當局的活動或命令），就可能有好處，比如日後讓你擁有一個機會成為某種商業進口的貿易商。後來，紐約的保釣團體也開始亂鬥你，因為這樣，我和李渝就漸漸無法再認同、參與這些活動了。

簡：在廖玉蕙那篇訪談裡，你提到在那個階段，有兩本書一直沒有整理出來，是哪兩本呢？

郭：一個就是那本《歐洲共產主義與國家》的翻譯，另一個就是陸續寫了幾篇的沙特與卡繆的論戰，不過，現在的想法剛好反過來了，那時會認為沙特比較有道理，思想體系比較龐大，現在的想法是，卡繆在文學上的成就比較大，他雖然也只有幾個簡單的概念翻來覆去，但翻得很深刻，很有道理。我在廖玉蕙的訪談裡，雖然說沙特的文學是二流的，哲學現在看起來也是二流的，可是放在臺灣的脈絡裡，恐怕是趕也趕不上。沙特在晚年想寫三大本福樓拜的評論，可惜沒完成，其中有一本想專論《包法利夫人》。沙特中年以後轉向左派，寫了《存在與虛無》、《純粹理性批判》，這些我都是透過英譯本吸收的，他有很多東西都是西蒙‧波娃幫他整理的。

簡：你剛提到對沙特的想法，目前和過去已經有很大不同，這些意見後來有寫成文章嗎？

郭：沒有，不過有機會的話，我可以讓你看一下我抽屜裡的讀書筆記，都是那時候念哲學所寫的東西，大概是 1970 到 1980 年代初期所寫的，但是開始寫小說之後，這些東西就放著了。我在臺灣就買到《存在與虛無》英譯本，當助教時就一直看，我一直覺得在臺灣只有兩個人好好看過這本書，一個就是傅偉勳先生，他那時剛回臺灣教書，我和李渝都有去聽過他上課，不過，他的興趣也是很廣泛，浮浮的，我不是很同意他文章中的某些意見，比如他認為沒有沙特就沒有西蒙波娃，這個我是不認同的，像《第二性》就不是沙特可以寫出來的東西，他還有一個背景可能也是讓我們無法深交的原因，他哥哥在二二八事件期間被槍斃，所以傅先生性格中有個比較黑暗的層面，這部分是外人比較不了解的，可能是因為如此，我們雖然認識，但一直無法深交。

我剛到美國時，口袋裡只有二十幾塊美金，那時在街頭亂走，逛進書店後，又用了十塊美金買了《存在與虛無》。那時在聖塔芭芭拉念英文系非常辛苦，趕不上美國的學生，李渝當時則是在 UCLA 念電影，只有在放假時，她來找我一兩天，或有時我去找她，度過一段艱辛的日子。第一年修了兩門課，都只有 B，很糟糕。所以我第二年就到柏克萊跟陳世驤念比較文學，他還給我助教獎學金，幫忙教中文，那時上課的人是鄭清茂。

1970 年 12 月，保釣運動一來就開始捲進去，沒有兩個月，我當時已經沒有必修課了，可是要準備考試，需要四國語言，法文亂考，要不是考題是用陳世驤的論文，要我翻成法文的話，我也是通不過的。不過那時學校太亂，柏克萊又是美國大學裡的造反中心，我還記得在考筆試的時候，校園正在舉行示威遊行，我是在煙霧瀰漫的教室裡考試的。那時還有修希臘文和日文，不過後來開始辦《戰報》之後，晚上都不睡覺，根本沒有精神去上課，所以希臘文也退掉了。等到陳世驤先生過世後，我大概就準備放棄學位，出去找工作了。如果他那時沒有突然去世，我也許會拿到博士

學位，畢業後在一間小學校教中文，那樣局限性應該會很大，跟現在完全是不同的人生。

陳世驤過世時，剛好大陸是文革期間，因為江青的政策，像我這樣背景的人才能進聯合國工作，一方面當然也是因為那時在美國沒有什麼大陸出來的留學生，不像現在，聯合國裡幾乎都是大陸來的人了，像我和劉大任這樣的人已經極少了。

簡：不過我看劉大任先生的文章有談到，你們這幾位也曾經考慮過到底要不要進去聯合國工作？

郭：是已經進去後，我自己曾經很多次想要辭職，但困惑了幾年之後，就認了，因為也不想拿學位了，加上我這種浪子的個性，東晃西晃也不知道會幹什麼，所以後來繼續待在聯合國應該是救了我，讓我比較規則的生活，才有機會寫作。

簡：保釣運動結束後，你進入聯合國工作期間，曾在《抖擻》寫了一系列關於卡繆和沙特論戰的文章，我在讀的時候，隱約覺得你之所以想處理這個議題，應該不單純只是學術方面的興趣，似乎有藉此喻彼的企圖，也就是說，表面上你是在談法國知識界的論戰，事實上，你想要反思的社群是臺灣和大陸的知識分子，可以這樣說嗎？

郭：我在寫殷海光這一篇〈秋雨〉的時候，大概就有你說的這個味道了，沒錯，保釣結束之後，我雖然轉到思想史的範疇讀書和寫作，但是我不可能成為那種純知識興趣的學者，我的工作也不是，所以寫沙特和卡繆這一系列當然有著連結現實的關懷，可是那樣的關懷究竟是「什麼」？其實不一定有一種簡單的指涉，你應該會發現，我在《抖擻》上有一篇文章，前後寫了兩次，就是〈戰後西方自由主義的分化——談卡繆和沙特的思想論戰〉這篇，第一次（《抖擻》第 2 期，1974 年 3 月）寫的時候批評了卡繆，第二次（《抖擻》第 23 期，1977 年 9 月）寫的時候，就對卡繆有比較大的同情。

簡：不過這系列的文章好像沒有完成，在你原本的寫作計畫裡面，是

想要以一本書的規模寫完這個主題嗎？

郭：沒有，我對出版啊、出書，後來都很不以為意，我到現在還是覺得不必要，自己心裡會感到很虛，甚至後來認為文學啊、藝術啊是沒有必要的，我認為中國以前有一句話說的很對：「行有餘力，則以學文」（《論語》）。什麼專業作家！在這個時代已經沒有這個條件了，臺灣更是。日本在早年有過幾個這種靠寫作就得以致富的作家，像三島由紀夫甚至可以在半山上蓋一個別墅，希臘式的，推理小說家松本清張有一度甚至是全日本收入最高的個人，那真是日本作家的黃金年代，現在大概都過去了。所以我認為行有餘力之後，再去從事文學、藝術這些事情在這個時代才是對的。

我最佩服的作家還是福樓拜，不必多，一輩子塗塗寫寫，改來改去就是那幾本書，現在傳世的就是《包法利夫人》和幾個短篇。

簡：如果從你在《抖擻》發表的那本翻譯書稿《歐洲共產主義與國家》最後刊登的年代（1979 年 3 月）開始算起，這時離你正式開始重新發表小說（1983 年），大概還有三、四年左右的時間，可否請問這段期間，你的閱讀與書寫的興趣是在哪裡呢？

郭：我記得《歐洲共產主義與國家》這本書的最後兩章我沒有譯完，這本書是一個西班牙人寫的，因為後來的興趣轉變了，覺得無力再去做整理了，《七十年代》雜誌的主編李怡曾經想幫我把這本書在香港出版，他並告訴我，大陸那邊已經有另一個譯本，不過還是可以把我的譯本印出來，比較一下誰譯得好，但當時我已經完全沒有興趣了。而且我手邊資料也不完全，可能要拜託香港浸會大學的校長吳清輝先生，幫我尋找資料，他當時也是《抖擻》的編輯之一。

簡：是怎樣的動機與選擇讓你找上這本書來翻譯呢？

郭：那個年代只要是跟左派有關的東西我都會找來看，甚至連蘇聯海軍的書我都找來翻譯和研究，我曾經在香港的《盤古》雜誌寫過關於蘇聯海軍的文章，不過我已經忘了是在哪一年哪一期發表的了。

簡：可見你那時應該有很多寫過的文章，後來是沒有放進前衛版的生平寫作年表的。

郭：對，因為覺得那些沒什麼，不重要了，加上後來生病，要不是你這次來找我，我請李渝把地下室的東西拿上來讓我重新翻過，我根本已經忘記這些寫過的文章了。現在回想起來，1970 年代後期的興趣應該已經慢慢回到文學的路上，雖然我一直到 1983、1984 年才重新發表小說，可是前面這幾年的時間應該都是在準備，我很慢，而且左派的東西不是說斷就斷的，共產主義在歐洲和全世界都有不同的發展，我搞這些搞很久，要出來必須經過一段長時間的狀態。我前幾天才把智利這方面的資料全部丟掉，大概有兩大箱，因為我想我不可能再看。智利在 1970 年左右，曾經民選過一個左派總統阿楊德（Salvador Isabelino Allende Gossens），那時我已經開始在聯合國工作，他曾經到過聯合國演講，可是沒幹幾年，大概就是 1973 年年底左右，美國就派 CIA 進去智利把他暗殺了。

簡：有沒有什麼關鍵性的因素，讓你確定要先把這些左派的東西擱下，重新回到文學的道路上？

郭：沒有什麼具體的，我相信對那些東西的熱情早就沒有了，不過因為我的個性是要把一個東西清理得透透徹徹的，不然不會輕易地罷休，所以花了很長的時間去念那些馬克思的東西，否則那時，全世界的左派運動早就退潮了，1981、1982 年，美國這邊出版的左派的書大概也是最後一批了。加上本來文學就是我以前的興趣之一，所以很多東西就是這時重新拿起來看的。

像《包法利夫人》這本書，是我以前大學時代不會想細看的，那麼頹廢，寫愛情、迷戀的小說那時吸引不了我。直到 1980 年初期重看李健吾的中譯本之後，覺得真是了不起的一本小說，而且直到現在它還一直留在我的腦子裡，有些書你雖然看過去了，但它不一定會留著，但這本書不一樣。像我這種曲曲折折的路，比較像紀德這種作家，很辛苦，覺得做一個人或怎麼看一個人都很不容易。

簡：走上文學道路後，你對於歐陸哲學後來的發展，還會繼續保持關注嗎？

郭：也是有，像傅柯、德希達的東西也是都有買來看，只是不會像年輕時投入那麼大的心力在哲學上了。

簡：1982 年，在香港《七十年代》雜誌主編李怡訪問你的文章中，你談到了那時正在研讀的左派理論家，也說到了在訪問你的前一年，你的精神方面有衰弱與失眠的問題，這樣的病徵在後來持續影響著你的生活嗎？

郭：我 40 歲（1977 年）之後，這種精神方面的疾病總共有三次，有兩次是比較嚴重的。1980 年代末期，大概是 1988 年底到 1989 年夏天這段期間，我患了嚴重的憂鬱症。我每天從聯合國下班坐火車回家的時候，抵達我家附近的小車站，就會先走到出車站附近的小河旁邊，經常就待在那裡一個鐘頭，心裡悶到極點，會一直哭一直哭，直到心情稍微獲得釋放之後，才慢慢走路回去。後來，李渝勸我到亞利桑那妹妹那裡住一陣子，改變一下生活，於是，我大概在 1989 年 2 月左右過去，這個嚴重的精神問題才慢慢獲得改善。

至於那些左派理論家，現在幾乎都被我丟掉了，上個禮拜才把阿圖塞的東西都清掉，我健康慢慢恢復之後，大概已經陸陸續續清掉了四百多本書，因為就覺得不會再去碰了，不需要了，阿圖塞的東西對我來說也是生硬了點，法蘭克福學派當中，比較讀進去的是馬庫色，他那本《單向度的人》影響了很多那時的年輕人。至於文學理論我一向不親近，大概只有盧卡奇的東西比較能了解。

簡：你覺得 1970 年代世界各地的左派運動後來急轉直下的主要原因是什麼？

郭：我想主要是經濟，因為西方主要強國經濟復甦以後，左派就失去了反抗的著力點。人溫飽了之後，就沒有了戰鬥意識。我應該是很不適合搞政治運動的那種個性，那些因緣際會讓我踏入了保釣運動和隨後而來的左派探索歲月，現在回想起來，都是空的。

簡：1974 年的中國之行，應該是你人生當中一個很大的轉捩點，尤其是對中國現狀的重新認識與情感的幻滅上，李怡的訪談裡也有說到這部分，不過你的回應比較簡略，回憶的部分更是比較缺乏，可否請你比較詳細的描述那次中國之行的經驗？

郭：當年搞保釣的時候，就有一次機會到大陸去，那時中國政府剛取代臺灣的蔣介石政權，獲得聯合國的代表權（1971 年 10 月 25 日），於是就有那裡的相關人員詢問我們是否願意到大陸去訪問，我和劉大任都覺得運動正在如火如荼的階段，並不適合離開，所以就婉拒了這項邀約。一直要到我進聯合國工作後，在 1974 年 7 月，因為聯合國給了我們每兩年可以有一次長休的假期，我才利用那個機會，帶著我父親和李渝一起前往大陸訪問。我父親因為年輕時在福建那一帶畫畫，也已經很久沒有到大陸，所以想再去看看。我是先到日本去接他，他那時已經定居在日本了。從日本飛到香港時，我忘記先在日本辦手續，所以在香港降落時差點沒法進去，還好有《抖擻》的朋友，就是目前擔任浸會大學校長的吳清輝，幫我們跟海關說通了，才能順利通關，進中國之前先在他香港的家待了三天。

進大陸時先到深圳，那個時候文革還沒有結束，很多檢查與詢問非常不合理，我總共在深圳那邊的通關處待了三、四個小時，被仔細地盤問，調查你所有大大小小的身家背景，他們看到我有中國的護照覺得很好奇，不斷問我怎麼會有這個東西，於是我就跟他們解釋，因為進聯合國工作之後就必須得放棄臺灣的護照，所以這次要來大陸訪問，就去辦了中國的護照。可是他們還是百般刁難，輪流盤問，但最後還是讓我們進去了。接下來從深圳出發搭車到廣州，到那裡之後又被當地的人員誤解，因為前不久可能才有另一團聯合國的人來訪問，所以他就對我們說，你們不是剛走嗎，怎麼又來了？於是，我得跟他們解釋這次的訪問是個別性的，和其他團體無關。

後來我才曉得，我的資料在北京那裡，沒有按照時間順利地寄達到深圳和廣州這些地方，不然北京承辦我訪問的人員是我在聯合國的同事，他

怎麼會不曉得我的背景呢？所以我又在廣州市耽誤了三天。在廣州時，吃飯要跟大家搶飯。我們在廣州那裡待的三天期間，看到了很多令人衝擊的畫面，街頭上有很多魯莽的行為，有時還受到言行的騷擾，文革根本是不要文化的，不讀書的，只要《毛語錄》就夠了。

北京的消息到了之後，他們才對我們道歉，比較友善。三天後，我們就坐飛機直奔北京。抵達時，旅行的全程就有兩個專門招待的人陪同，參觀各種他們安排好的景點。一天裡的行程大概是這樣的，早上先參觀一個工廠，中午吃完飯以後會休息一個小時，下午再去參觀、開會等等，晚上吃完飯才回旅館休息。吃飯都是要用糧票，配給的。

北京市區參觀得差不多之後，就開始帶我們往外面跑，最重要的參觀景點是「大寨」這個農村，這地方可以說是毛澤東弄出來的大樣板，當時劉少奇沒被鬥垮之前，也弄了一個農村當樣板，都是一樣的。他們用這個要讓外界以為，確實可能達成無產階級專政，老農民們都可以幹上共產黨的高級幹部，大寨的頭頭後來還幹上了全國的副主席。那時，剛剛看到這些場景還滿興奮的，也待在那裡一段時間，雖然心裡也曉得這些東西是搞出來的樣板，但當時還是能接受。

後來就繼續往其他地方跑，上海、南京等城市，一些歷史景點都去了。其中有些東西一看就知道是故意弄的，作假的。比如到南京時，看到共產黨早期的照片，有一些人的樣子被塗掉了，挖空了。因為在鬥爭的過程中這些人失敗了，被鬥垮了，就被後來這些得勢的人給抹去，這完全是模仿蘇聯的，托洛斯基失敗之後，所有他曾經出現的照片都被挖空。整個旅程下來，你就會發現整個大陸貧窮得難以想像。

（李渝補充說，那時大陸的幹部問我們說，需不需要一些字畫？只要我們開口，李可染等有名當代畫家的東西都可以送給我們。不過，那時就覺得搞保釣的，身為左派，應該有些倫理與操守，不可以貪圖這些東西，所以就都沒有拿。）

有些名貴的盆景與器物等等，只要開口，也都可以帶回美國，但是我

們都拒絕了。最後還是從廣州到香港。在離開廣州之前的最後一個晚上，
有相當於副省長等級的高官來幫我們餞別，在當時中國非常貧窮的狀態
下，他們還是用很豪華的餐宴歡送我們。最後無法免俗地要你在那個場面
說話，文革之後，大陸上上下下所有的人都變得很會講話，都有一張利
嘴，拗不過他們的要求，我還是有上臺說些感謝的言語。算一算總共在中
國留了 42 天。

到香港之後，一樣是在吳清輝那裡停留了幾天，我父親和李渝分別先
離開，父親先回日本，李渝則是回美國。我又多待了幾天，後來跟陳若曦
見上了一面，她那時剛從中國又出來外頭，在香港停留。那是離開臺大之
後，第一次碰到她。接待我們的是另一外文系的大學同學，叫戴天，寫詩
的，本名叫戴成義。之後也遇上一位朋友，也參與過《盤古》雜誌編務
的，叫古兆申（筆名古蒼梧）。所以這段期間我又在香港多待了好幾天，接
下來再到日本找我父親，和他相處了一個星期左右。

總之，從中國出來之後，我沒有馬上回到紐約，而是在香港、日本多
待了兩個星期左右，這段時間我回憶起那 42 天的中國之行，愈想愈不對，
覺得中國除了落後之外，根本不是社會主義。按照馬克思的說法，社會主
義是必須要到資本主義高度發展之後，下一個階段才會出現的東西，中國
那時根本沒有這樣的條件，很失望。

簡：可是我覺得你失望的其實是對當時中國的政府與政權，而不是對
社會主義信念與理想的質疑，要不然你不會從中國回來之後，繼續鑽研馬
克思的東西。

郭：是這樣沒錯，所以我後來對法國總統密特朗有段時期的執政，非
常關注，他將有些企業收歸國有，感覺比較接近社會主義的理想。不過現
在回想起來，我那時還是在理論上去推想比較多，而在政治的實際層面，
應該還是折衷和務實派的居主流。

簡：就你了解，有沒有其他保釣世代的同伴，和你一樣，從中國回來
之後，是帶著幻滅與質疑的心情的？

郭：一般來講比較沒有那麼大的衝擊。拿聯合國的同事來說，有一些是香港來的，他們當時對中國政治的看法，經濟的落後就比較無所謂，不管文革也好，改革開放之後的經濟變革也好，他們都支持，反正都是祖國，都要擁護，都要擁戴。

那時候對中國的狂熱，有些人已經是到非常瘋狂的地步，你曉得林彪有發明一種「忠字舞」嗎？大陸來的都會跳，有些樣板戲還可以看得到，就是要獻給領袖，獻給毛澤東的，我很多聯合國的同事都會跳。我一個要好的聯合國同事，曾經跟我說，他在文革間，看過他的老師被鬥爭，還被剃陰陽頭，就是頭髮給你剃掉一邊，只剩下另一邊，怪裡怪氣的樣子。老舍就是被打到受不了，後來也自殺掉了。

簡：你們當時在美國，就聽過這些文革中駭人聽聞的事情嗎？

郭：陸陸續續都有一些傳聞和風聲，但真正悲慘的故事，大部分是文革結束之後才知道的。我聽過的一個例子是，一開始讓你吃飯，後來就慢慢少，最後飯沒得吃，就叫你吃皮帶，毛澤東真正要整起人來啊，是你難以想像的，絕對不留情，當然，臺灣這邊的蔣介石也一樣。臺灣在 1947 年二二八事件之後，有好幾年的時間，在報紙上都可以看到匪諜被殺的新聞，那時我家是訂《臺灣新生報》，每天看到的新聞就是殺！殺！到底是不是匪諜，沒有人知道。

簡：蔣介石不是 1949 年才過來嗎？那他沒過來之前的許多政治性的案件也都是他主導的嗎？

郭：實際執行的人當然是臺灣這裡的軍官，但如果沒有蔣介石在後面操控，你覺得可能嗎？尤其是這種政治性的案件。我這個人是一輩子處於危機狀態，危機意識強得很，沒有一刻是你覺得人可以舒舒服服活的，人嘛！你安心過日子，代表你已經妥協了。但危機意識又是會造成自己生命中很大的負擔，憂鬱症會找上你。做人真的是很難的，在艱難中如何求得心安，這是非常不容易做到的。你有時覺得自己心安，其實是沒有理由的，這個世界沒有理由讓你這麼心安，你自己暫時選擇苟活罷了！

簡：這裡看到一份手稿，上面的標題是「通訊一號」，並且提到《臺灣人民》這個雜誌，這是你另外參與編務的刊物嗎？

郭：要不是剛剛翻到，我也忘記有這個東西了，這個雜誌我手邊好像沒有看到了，照上面的時間推斷（1972 年 9 月 19 日），應該是保釣後期，我剛到紐約的時候，另外和一些朋友共同參與的，主要是以關注臺灣社會的現狀為主，不過這些都不重要了，事實上，這幾天你看到的保釣時期我寫的東西，可能占不到當時所寫的五分之一吧！

對了，不知道你認不認識許素蘭？

簡：我知道她，但不認得，她不是有寫一篇論文附在《奔跑的母親》這集子的後面？

郭：對，就是想說，如果你有機會在臺灣遇見她，請跟她說文章裡面有一個和事實明顯不符的錯誤，就是她有個段落（《奔跑的母親》，麥田版，頁 280）提到：「1974 年，與曾經一起參加保釣運動的劉大任、楊誠……等人，同往中國大陸，會見周恩來。」楊誠是和保釣運動不相干的，而且我和劉大任也不是一同前往的，這個部分前面有和你談到，是他先去之後，我才和李渝，以及我父親去的，周恩來也是沒見到的。

簡：這裡有篇〈戰後臺灣的改良派〉，筆名是簡達，這個筆名有何典故嗎？會不會跟日據時代農民組合的那個簡吉有關？

郭：我不曉得，有點忘記了，應該沒有，說不定是跟我讀小學時隔壁班的老師有關，他也姓簡，我還記得有一次我們班導師和他一起來我家裡用餐。我的班導師結婚時，班上很多同學都去參加，是在三峽，我們是坐「輕便車」過去的，就是像「臺車」那樣，很簡陋，沒有車頂那種的。我記得好像還喝得醉醺醺的回家。

簡：這個《戰報》真有作戰刊物的特性，不過第 2 期因為是報紙形態，紙張有點快要碎掉的感覺了。

郭：這份弄了很久，大概一兩個月，晚上都不睡覺的，我有好幾篇文章在裡面。

（李渝在旁笑著說，這種文章是靠氣勢的，一種革命的感覺，一鼓作氣弄出來的，不是靠修辭什麼的。）

郭：那時，開會之前還會唱歌，什麼國際歌啦，什麼「五星紅旗迎風飄揚」。有很多歌其實是以前大陸各地的民歌，還沒有解放之前，有專人去蒐集，加以改編，之後以比較陽剛的方式去表現，文革時期就四處傳唱，我們搞保釣時很多歌都可以朗朗上口。

簡：當時在《夏潮》雜誌寫稿的原因是什麼？

郭：主要是唐文標啊，他的熱情是你難以想像，對朋友付出沒有條件的！常常我跟他電話講到不能罷休，那時他還在加州，我在紐約，都要跟他說我要去廁所了，電話才能掛掉。各種話題都可以跟你聊，一個念數學的什麼都曉得，很不簡單。他那時有一年的機會在英國劍橋當訪問學者，出發之前跟我說，聯合國如果能有休假的機會，叫我到劍橋找他，然後一起到歐洲各國好好走一走。可是沒想到幾個月後，接到他的信，告訴我他得了癌症，是鼻喉癌，後來他就回臺灣了。本來在英國期間有去治療，效果還不錯，但不知道為什麼回臺灣後又惡化了。他得癌症之後，我還在柏克萊跟他遇過兩次，第一次他還健康，可以開車帶我到處跑，不過記得他需要一直喝水。但第二次碰面時，就感覺氣色很差，他還跟我說：這次看見母親可能是最後一次了。果然，過沒多久，他就去世了。他是我一輩子遇到的人裡面，對朋友最好的。

（李渝說：而且很誠懇，很多人在關頭上會撤守，他正好相反，他會突然出現。保釣期間很多次都給我一種臨危拔刀相助的感覺，他和另一位好朋友戈武都有這種俠義精神，讓人懷念。）

簡：這邊怎麼有一本雜誌是關於蝴蝶的？

郭：以前興趣真的很多，亂七八糟的，看到這本我突然想起來，我以前寫過一個小說，主角是一隻鼻涕蟲，不過不曉得那篇跑到哪裡去了，沒寫完，也不知道殘稿何去何從了。那時為了寫這篇，蒐集了很多資料。我地下室還有一大落日本雜誌，是日據時代日本人發行的，關於臺灣的。我

回臺灣的時候沒有帶過來，忘記是哪一年，請謝里法幫我弄過來的，這邊有一張畫就是從那些雜誌裡面撕下來的。

簡：會不會跟你原本預計要寫作的某些材料有關呢？

郭：可能是，這個淡水洋樓的畫大概本來就是做爲參考資料用的，像這種剪報啦，很多雜誌上弄下來的東西一堆，現在都想把它們丟掉了。

（李渝在一旁看報紙，說胡蘭成的《今生今世》鹹魚翻身了，竟然成爲中國的十大好書，以前還被當作是漢奸文人。）

郭：胡蘭成哪是什麼漢奸文人，他的東西好得不得了。黃錦樹談到我那篇〈今夜星光燦爛〉的時候，說我那時胡腔胡調的，其實沒錯，我那陣子對《今生今世》迷得很。南方朔在《中外文學》上評我這一篇時，他只是沒有點明是胡蘭成，只提到我這篇的文字很迷豔，其實他們兩位都是很敏感的讀者。

簡：這一本是你大學時代的筆記嗎？

郭：對，念存在主義的時候寫的，那時都自己念，讀的時候是滿興奮的，雖然表面上是不讀書不上課，在玩，可是碰到自己有興趣的東西還是會追。你看這個，海德格的《存有與時間》，不懂的英文從頭查到尾，硬啃進去。

我大學時代對希臘人物裡面那位阿基里斯（Achilles）最有興趣，全身刀槍不入，只有腳踝是他的弱點，我覺得從希臘時代這個人物身上就有虛無主義的原型，當初外文系教我們希臘神話的是一位愛爾蘭的神父，我就跟他提過這個，他說你要這麼去想也可以。

我如果不是後來有好幾年去搞保釣的話，這些哲學的東西，可能會有機會一本一本弄出來，不會像現在這樣，隔了幾十年，因爲你這次來找我，才有機會重新翻出來看。

文壇交遊、文學閱讀和創作

簡：你在保釣運動結束後，曾於香港的《抖擻》雜誌第 1 期發表過一

篇文章〈談談臺灣的文學〉，看到這篇時讓我非常訝異，雖然你那時人在美國，可是對臺灣文壇的脈動與脈絡，皆有驚人的了解，並對相關作家與作品提出詮釋與評價，可否聊聊這個部分？

郭：其實那時的看法，從今天來看，剛好是相反的，那時認為好的，現在再讀可能不怎麼樣，那時被我批的，現在反而覺得不錯。以前覺得最好的是呂赫若，我看到他最早的譯本大概是 20 年前的遠景出版社出的那系列，他的小說讓我感覺到有魯迅的味道。目前看來，覺得臺灣文學裡頭成就最好的作家是七等生。

簡：你自己曾經和七等生有過交談或往來嗎？

郭：七等生在 1980 年代中期到愛荷華創作工作坊時，曾經到過紐約，我們曾於那時見面和聊天，他也是一位性格鮮明的小說家，那個階段我沒有真正認識他文學的價值，和他的談話似乎得罪過他，真正對他東西的認識是幾個月前重看他作品的時候。日據時代剛剛談過，比較佩服的是呂赫若，再加上鍾理和。

出國念書之後，我曾於 1969 年回臺探親，再來就是 20 年後，1989 年才有機會回到臺灣，那次只有停留兩、三個禮拜，因為九月聯合國要開議，我必須回來工作，所以只能短暫停留。那次可以回去，一方面是因為我有聯合國發的護照，加上距離保釣那段敏感的時間已經比較久，還有，在聯合國裡有個跟臺灣政府關係比較密切的人，他是沈昌煥的弟弟，叫沈昌瑞，如果不是當時中國大陸政府派人過來聯合國的話，他可能會成為我們這些在聯合國老保釣的頭頭，因為他的說情，解除了臺灣政府的疑慮，我才可以回去。要回臺灣之前，我在紐約的臺灣駐外單位辦簽證時，還被那些外交人員訓了一頓，用很粗魯的態度，說我們那時怎麼糊里糊塗，搞到中共那邊去了。當時回去是因為要參加父親的畫展，那次回臺灣時，李昂負責招待我們，也到過她位於淡水的住家，我和她姊姊施叔青認識較早，李昂是那次回去才熟的。

簡：我曾經在一個座談會上，聽過南方朔提及，戰後臺灣的知識分子

中，將西方的思想和左派的理論吸收得最好的一位是郭松棻，那也是我第一次聽見你的名字，你自己和他認識嗎？

　　郭：稍微認得，因爲我很好的朋友唐文標，回臺灣之後，也和南方朔熟識，1989 年那次回去，在臺大附近的一間小茶館裡，我和南方朔也聊了一個下午。後來就不曾見面了，再次看到他的名字，是他幫我在《中外文學》發表的〈今夜星光燦爛〉寫評論。《中國時報・人間副刊》從金恆煒擔任主編期間，就一直寄報紙給我，只有副刊的部分，我的〈月印〉（1984年 7 月）就是他在任時刊登的，到現在楊澤還會寄副刊給我。

　　簡：本來有聽說洪範出版社也想要幫你出小說集，這個計畫有繼續進行嗎？王德威在《奔跑的母親》前面的導論裡也曾提到，〈論寫作〉這個中篇，新版本會改名爲〈西窗紀事〉，這個版本是預計收在洪範版的集子嗎？

　　郭：〈論寫作〉是預計要改名成〈西窗紀事〉沒錯，可是內容還沒有真正修訂完成，因爲中風之後，我一直狀況不好，原本這一篇想要改寫成長篇，但還沒有機會實行，洪範版的暫停，是因爲麥田先幫我整理出版了《奔跑的母親》，他們覺得兩本所收的東西太接近，加上臺灣出版的景氣不好，所以這書就先擱置下來了，很可惜，因爲這個版本是我認爲校對最好的，我也把前衛版裡面覺得自己沒有寫好的拿掉，像〈姑媽〉這篇，寫殷海光那篇〈秋雨〉倒是有收錄進去，但又稍微修改了一下。原本他們是希望我如果有新作品之後，把裡面的〈今夜星光燦爛〉抽換掉，再幫我出，但不知道這個事情什麼時候會有發展，畢竟我這幾年健康狀況不好，一直到去年，連表達都還有困難，我現在跟你說話的狀況好多了。

　　1995 年我認識了一個臺灣文壇的朋友，就是林文義，他到紐約之後，自己跑來聯合國找我，幾天後也來我家吃過一次晚飯，那天晚上是 12 月，下大雪，我還記得他們的車很難開出去，那是我唯一一次和他見面的記憶，但他回臺灣之後，持續都有跟我聯繫，打電話、寫信等，我生病之後，剛開始無法提筆，後來慢慢復健的時候，有時就用左手寫幾個字在信上，寄給他，林文義也是在大稻埕長大，我們有共同的生活記憶，所以特

別有緣分的感覺。

簡：前衛版的《郭松棻集》是你在臺灣結集的第一本小說集，當初成書的經過是如何呢？

郭：應該是前衛出版社的社長林文欽跟我聯繫的，他那時跟我通過好幾次信，如果沒有他一再督促與鼓勵，我可能一輩子一本書都出不了，連去報紙、雜誌投稿都是只有一開始那個階段才進行的，那時金恆煒在《中國時報・人間副刊》當主編，我還有點意願給他稿子，他剛開始在幫余紀忠做事的時候，大概是 1972 年左右，我還在柏克萊，不過他後來想要自己創辦雜誌，就跑到外面另外弄了一個《當代》，余紀忠想要留他都留不住。

簡：那在《文季》發表的因緣呢？1983 年你重返文學，開始寫小說的時候，那幾個短篇都是在這本雜誌刊出的。是因為陳映真先生的關係嗎？

郭：應該是，跟主編尉天驄也在紐約碰過面，不過那次他來的時候，我的記憶中好像沒有和他熟識，也許他會覺得我有點冷落他。他跟劉大任比較熟，畢竟從《筆匯》時期就有往來了。跟陳映真認識則是在政工幹校當兵時，不過沒有深交，他有一回來紐約的時候，本來預計到家裡拜訪我，但那幾天不巧，李渝治療牙齒時出意外，伴在醫院裡，我在一旁照顧她，錯過了一次深談的機會，我相信他那次應該是住在劉大任家。大概是這些因緣的情況下，我才把那些稿子給《文季》。不過因為《文季》很快就停了，如果這雜誌有繼續辦下去的話，或許我會一直在那邊發表也不一定。

簡：那《九十年代》呢？〈奔跑的母親〉的初稿是在那裡發表的。

郭：《九十年代》之前叫《七十年代》，其實是同一本雜誌，本來 1970 年代過去之後，要改成「八十年代」，可是這個名字在香港已經被登記走了，所以只好用《九十年代》這個名稱。我想應該也是跟李怡這個朋友認識的關係，才把稿子給他的。

郭：不知道你有沒有讀過一本小說叫《流》？是辜顏碧霞寫的，她是

我媽媽的同學，年輕時長得很漂亮，是個才女，可惜她先生[7]死得早，三十幾歲就守寡了，呂赫若在戰後初期過世之前，曾經和辜顏碧霞有過一段往來，有一段故事是她曾因涉嫌幫助呂赫若，被判刑入獄多年，並沒收其經營的臺北高砂鐵工廠。我父親跟呂赫若也非常要好，他最後要逃亡之前，曾經把一串鑰匙交給我父親，後來就沒消息了，但我不曉得那串鑰匙是關於什麼的。那時我才小學三年級，這段記憶是我父親後來告訴我的。

郭：這幾天到書房去，我給你看幾個稿子，共有四篇。那些是前些日子李渝幫我找東西的時候發現的，也是寫在〈月印〉前後，我自己都忘掉了，有些初稿已經謄了二十幾頁，大概當時覺得仍不滿意，沒有收尾，就沒有發表。我真正的寫作大概是 43、44 歲左右才開始，那時才開始認真看《包法利夫人》，以前在臺灣時怎麼會看這個小說呢？後來在美國的書店買到李健吾的譯本時，才重新認真看。李健吾在文革後曾經重新改動他的譯本，但我覺得初版的文字還是比較好，臺灣的「文化圖書公司」剛出這個版本時，還曾經把這個書打官司的經過附上，很有意思。後來在紐約重讀這本時就被它深深吸引，覺得這書真好，從頭到尾像詩一樣。前面談過的紀德，他除了《偽幣製造者》我比較不喜歡外，其餘都很欣賞，他的思想也是忽左忽右，讓你覺得前後矛盾，我大概也是這樣的人吧。前面提到的，翻譯紀德的盛誠華，他也和紀德認識。

簡：是他出國期間認得的嗎？

郭：早期大陸出身的學者或譯者，都跟西方的作家有些淵源，不過這裡我突然想到吳魯芹，他曾經被發現有些作品是直接抄襲別人的，不是他的散文，而是有本訪問外國作家的書（《英美十六家》），其中有篇是和索爾・貝婁（Saul Bellow）的訪談，結果被發現跟外國的某篇一模一樣。但他的散文還是極好的，比如《雞尾酒會及其他》這本。我大四時曾經修過他的課，好像是文學批評，後來出國時需要的三封推薦信，有一封是他幫

---

[7]名叫辜岳甫，是辜顯榮的長子，辜嚴碧霞的兒子是辜濂松。

我寫的，他的課我只上過一兩次，但他對我很包容，可以理解我不想上課的狀態。

簡：你最近有新的小說寫作計畫嗎？

郭：我現在有一篇小說正在進行當中，李渝已經幫我打了兩萬字，大概會以四萬字左右的篇幅完成。我準備取名叫〈落九花〉。不知道你有沒有聽過這個說法？原先的含意，我母親是說，女人生產的時候，是很損身體的，就像一株植物落了九朵花一樣。這次不寫臺灣，寫民國軍閥時代的一個人物叫孫傳芳，他在那時期沒多久就失勢了，隱居在天津。他曾經吊死一個叫施從濱的，後來施從濱的女兒叫施劍翹，和她一個女性朋友共同復仇，殺死孫傳芳的故事。

這一篇其實是舊稿，是中風之前就有的構想，不過當時確定的文字只有三頁，其他都是未完成，這次想把它寫完。是由李渝幫我打字，我用口語唸誦的方式進行，很多情節段落需要重編。但這次敘事會比較按照事件和時間的先後進行，因為沒辦法用手寫，精神不濟，所以不太可能像生病前那樣的方式寫小說，很多人讀我之前的作品，都覺得故事跳接得很厲害，不容易看懂。

簡：從〈今夜星光燦爛〉到這篇〈落九花〉，感覺你後來有興趣的歷史階段與人物是在民國初年到戰後初期這段，是有什麼特殊的原因讓你如此轉變嗎？

郭：個人的興趣和關懷當然是有的，不過這只占了寫小說時的一半，另外一半不見得跟歷史有關。我另外想寫的一篇，是一個年輕人，他上到家裡面的閣樓之後，就不想下來了，這個閣樓的空間與環境是像我在日據時代的舊家一樣，是從家後面的院子爬上去的，梯子很窄，大部分臺灣人都把家裡不需要的雜物堆放在閣樓裡。這個年輕人到後來連吃飯都不下來，非要家人給他端上去，否則寧願餓死。這個小說的名字，我本來暫訂為〈閣樓春秋〉，是很早就開始進行的一篇，筆記已經進行了六、七萬字，可是一直沒有整理出初稿，我寫小說很常這樣，當一篇還沒有完成的時

候，新的故事和興趣又來了，就轉移目標去追新的東西了。這樣的東西大概有十幾篇。

　　有時候一篇小說初稿的進行，從第一個字下去，到真正完成，要花很長的時間，像〈今夜星光燦爛〉大概是花了半年的時間，但是故事構想可能是更早之前就在醞釀與準備了。在寫這篇的時候，手邊胡蘭成的《今生今世》有兩本，因為第一本已經被我翻爛了，書裂成好幾個部分。我迷他迷了好幾年，大概是 1990 年代初期到寫〈今夜星光燦爛〉這期間，尤其是有段時間又患了失眠，當時只看得下這本書，朱天文的《花憶前身》裡有說到這段經驗（頁 63），是沒錯的。甚至最近偶爾也會拿出來翻翻。

　　李渝起先也滿喜歡的，後來她覺得胡蘭成對人的欺騙性很大，用情不專，尤其是跟他在一起過的女人，對張愛玲也是，在《今生今世》裡這樣的女人有五、六個。

　　簡：除了《今生今世》以外，還有沒有什麼作家或什麼書是會一直讓你翻看的？

　　郭：就是福樓拜，尤其是李健吾翻譯的這幾本，《包法利夫人》、《聖安東尼的誘惑》、〈簡單的心〉等的三個短篇，李健吾在三十幾歲時就寫了《福樓拜評傳》，那時在書店看到兩本，就都買下來，後來一本送給莊信正。

　　我一直覺得用文學流派去評價文學的特色是不對的，什麼現代派，後來統統沒有，作品的好壞才是重要的。我看過鄭樹森寫的文章說，現代主義的兩個重要源頭，一個是珍・奧斯汀（Jane Austen），另一個就是福樓拜，不過這也不是那麼重要。我一直覺得喬伊斯和吳爾芙這兩個作家以後會下去，但是福樓拜不會，《包法利夫人》隨便哪一頁，我都看得津津有味。這本書李渝在大學時期就很喜歡了，是聶華苓教他們的，我在大學那時是看不進福樓拜的，杜斯妥也夫斯基比較對我的味，法國我一定看巴爾札克，這種現實主義可能跟我當時的生活比較貼切。

　　我到紐約之後兩、三年，才真正開始看《包法利夫人》，其實，我的文

體很受李健吾影響。法國的戲劇家莫里哀（Moliere）也全是李健吾翻的，因爲這位戲劇家和福樓拜的風格很不同，所以李健吾的譯筆也隨之改變，我也曾經買過他一本評論集，他的專著就是那本《福樓拜評傳》，不過我不喜歡福樓拜的《情感教育》，毛姆在晚年曾經選出過世界十大小說，福樓拜他選的就是《包法利夫人》而不是《情感教育》，爲什麼呢？他說《情感教育》裡面幾個角色寫得太平凡了，在那個巴黎公社動盪的前後時期只選上了這幾個人物來寫，不夠精彩。

　　福樓拜的另外三個短篇小說，我覺得最棒的是寫傭人那篇〈簡單的心〉，另外一本我看得津津有味的就是《聖安東尼的誘惑》，我手邊這本中譯本是謝里法送給我的。這小說不太有人看得下去，有一次，我一個聯合國的同事，他是大陸來的，年紀比我輕，喜歡哲學，跟我一起通讀過黑格爾的《精神現象學》，賀麟翻譯的中譯本，有兩本，這個書我以前就念過了，可是因爲他說想念，我就跟他又通讀過一遍。前年吧，他跟我說想開始讀一點文學的東西，我當時精神有點恍惚，本來介紹他讀《包法利夫人》，後來不知怎樣他選了《聖安東尼的誘惑》，他看兩頁就看不下去了。這個小說其實只是在寫一個晚上的故事，主角是基督教裡面的一個聖徒，叫聖安東尼，這個小說福樓拜也是寫了二十幾年，他的小說經常這樣，一篇還沒寫完，就又去寫別的，於是一個小說就反反覆覆修改，寫了一、二十年。《情感教育》也是寫過兩次。

　　我最佩服他的一點，就是他不想成爲專業作家，可能是他家境不錯，父親是 19 世紀的外科醫師，福樓拜一開始是學法律的，但是書念不下，大學沒畢業，福樓拜的哥哥繼承父親的職業，所以在父親和哥哥的眼裡，福樓拜是很不成材的。雖然家裡有錢，可是到五十幾歲的時候，錢也給他用光了，是靠政府補助才能生活。不過他的手稿有被留下來，前幾年還有展出，也是一大堆沒有寫完的東西。他最後想寫的一本是人類的愚蠢史，用兩個主角的名字當書名，可是只有寫到一半沒寫完。

　　郭：黃錦樹說我的〈今夜星光燦爛〉裡的材料，是參考李敖編的三本

關於陳儀的書，其實不是，我參考的是大陸編的一本叫《陳儀生平及被害內幕》。[8]

剛剛說到正在請李渝幫我打的是〈落九花〉這篇，另外有兩篇也是想寫的，其中一篇比較短，比較像卡夫卡的小說那樣，非現實的，是關於戰爭的題材，一旦發生戰爭，就脫離現實，這篇在生病前已經謄了八、九頁的稿子，可是一直還沒找到好的結尾方式。還有一篇也是跟陳儀有關的。他當福建省主席時，當時蔣介石的特務頭子叫戴笠，我這篇想寫他，寫戴笠和陳儀之間互動的故事。也已經寫十幾頁了，大概是預計兩、三萬字的篇幅。這篇開始寫的時期跟〈今夜星光燦爛〉差不多，那篇戰爭題材的則早一點。

（我們在書房、臥房中翻看郭松棻未完成的一些文稿和早期的哲學讀書筆記。）

簡：你每一個進行中的小說，就用資料夾一個一個把資料和稿子收起來？

郭：對，不過有些東西比較多的，就要用好幾個夾子。你看到底下的這一疊，預計是〈月印〉的接續，不過就不叫〈月印〉了，會有幾個新的角色進來，我想寫一個戀愛的故事，原本裡面的楊大姊，會跟一個大陸過來的軍官在一起的故事，這個本來預計要寫成長篇。〈論寫作〉也是預計要再改寫成長篇，這個規模對我會比較輕鬆，會比目前中篇的篇幅更容易處理。

我的寫作形態是這樣，都是先寫個一頁、半頁，塗塗改改，然後積起

---

[8]黃錦樹這篇論文叫〈詩，歷史病體與母性——論郭松棻〉，公開出版過兩次，一次是在《中外文學》第 33 卷第 1 期（2004 年 6 月），一次是修改後收入他的專著《文與魂與體：論現代中國性》（臺北：麥田出版公司，2006 年 5 月），修改版的註 25 出現了這樣一段話：「本文發表後，得讀張富美教授〈陳儀與福建省政（1934—1941）〉，詳細回顧了 1980 年代後兩岸新發表的陳儀資料，如頗為罕見的《陳儀生平及被害內幕》（1987 年），即被李敖抄襲為《二二八研究・三集》。此或為郭松棻寫陳儀之所本。」黃錦樹並未向郭松棻真正求證過這個問題，但根據這個訪談紀錄，顯然他的推斷是正確的。大陸這本《陳儀生平及被害內幕》是一些單位共同彙編的，包括「全國政協文史資料研究委員會」、「浙江省政協文史資料研究委員會」、「福建省政協文史資料研究委員會」這三個單位，出版則是由北京的中國文史出版社。

來，一個小說要寫上兩個星期左右，大概的輪廓才會跑出來，先有句子，才有故事。

你來的前一天，李渝幫我找到這一篇〈驚婚〉，稿子寫得密密麻麻的，一頁大概等於兩三頁，我根本忘記這一篇了，這篇應該很早，可能是 1980 年代初期，〈月印〉出來前後寫的，依稀曉得小說一開始是在一個結婚典禮。還有這幾篇，〈第三隻手〉、〈夜笑〉、〈盛開的千重菊〉、〈軀體的演義〉，也不知道要寫什麼。

這邊還有一篇更早的，最初想寫的，如果當時有寫出來，會比〈月印〉早，但是是那種政治不正確的，寫我了解的外省人的生活。還有一些論文的草稿，各種材料，興趣太廣了。這個抽屜裡都是哲學筆記。我喜歡一個俄國的哲學家，叫別爾嘉耶夫（Nicholas Berdyaev），後來流放到巴黎，他也曾經寫過一本書，關於杜斯妥也夫斯基，孟祥森也翻譯過。[9]

簡：你曾經想過替自己寫下自傳或回憶錄那樣的文字嗎？

郭：沒想過，如果是由我自己來寫那更是百分之一百不可能，由別人寫呢，也不想，就從我的小說來了解我就好了。像張惠菁替楊牧寫的那本，我雖然沒有看過全部，可是它部分在報紙刊載的時候，我有看到，其中有些段落，和我了解的不太一樣，不知道是楊牧的記憶還是張惠菁的處理有落差。

簡：所以你也讀現代詩嗎？我覺得你文字的氣質也滿適合寫詩的，曾經寫過嗎？

郭：現代詩當然讀啊，還讀滿多的，羅智成和陳義芝的詩我都滿喜歡的，可是自己不寫。

簡：音樂你聽嗎？

郭：我聽古典音樂，可是我沒有音樂細胞，高中時，本來是我們班上

---

[9]那個譯名是目前比較通用的，孟祥森翻譯時，譯名叫貝德葉夫，這本書資訊如下：《杜斯妥也夫斯基》（臺北：時報文化出版公司，1986 年）；別爾嘉耶夫另一本有名的書叫《俄羅斯思想》（北京：三聯書店，1995 年）。

唯一可能可以得獎學金的人，但音樂成績太差了，只拿 20 分，就沒辦法得了。最後比較常聽的是馬勒，但聽得最熟的是布拉姆斯，貝多芬當然也聽很多，年輕時極不喜歡的是莫札特，覺得沒深度，只聽得下他一些比較晚的鋼琴協奏曲、單簧管協奏曲，死亡的影子全出來了。《馬勒交響曲》的第一、第二號、第三號的後半部都喜歡，第四號最輕快，第五號後半部還可能，曾經有一度很喜歡他的第八號，各種版本只要看到就去買，〈大地之歌〉不是特別喜歡就是了。

簡：請問你對西方當代文學的閱讀與接觸爲何？

郭：依我的認識和感覺，美國這邊紅過一時的後現代作家，現在的浪潮也是下去了，反而是南美洲的兩個作家，一個是馬奎斯，一個是波赫士，他們兩個在美國這裡大概是 1980 年代前後紅極一時，他們的英文譯本我那時在二手書店都可以用很便宜的一、兩塊美金買到。波赫士我尤其喜歡，那個高度是我永遠趕不上的。美國這邊，那時有一個很紅的小說《Catch-22》（《第 22 條軍規》）[10]，後現代的經典，中國大陸那邊介紹得很早，是把它歸入成熟的現代主義，不過我始終看不進去。義大利的卡爾維諾，我大部分都可以進去，但是《如果在冬夜，一個旅人》則沒有太多體會，《阿根廷螞蟻》我很早就看，很喜歡，他本來要到哈佛大學講學一年，可惜臨行之前就生病過世了，爲了這次講學寫下的文稿，後來編成的《給下一輪太平盛世的備忘錄》是很深刻的文學思考。

簡：你會閱讀當代大陸作家的作品嗎？

郭：莫言看得比較多，但談不上有什麼深刻的體會，像他的成名作《紅高粱》，我覺得前半部很好，後面就差了一截，日軍出現之後就是敗筆了。賈平凹、李銳、王安憶多少都看一些，但認識都還不深。蘇童剛出道時的幾個中短篇我則很喜歡，像〈一九四三年的逃亡〉這篇，真的有讓我驚爲天人的感覺。我還喜歡一個叫張承志，是回教徒，最好的是他的《心

---

[10]作者是 Joseph Heller，寫於 1961 年，作品主要精神是嘲諷戰爭的荒謬，形式上沒有完整的情節，也沒有主要的角色，充滿混亂、瘋狂、喧鬧的氣氛。

靈史》。

簡：你可能對大陸早期，大概是 1930 年代的文學更為熟悉，比如魯迅和沈從文他們的作品？

郭：是，茅盾的東西也還算喜歡，最不能忍受的是巴金，老舍也看了不少，像《老張的哲學》、《駱駝祥子》這些書都是大一在哲學系的時候，有個同學是馬來西亞的僑生，他從那裡帶過來的，否則這些書那時在臺灣都還是被禁的。

簡：你的魯迅是什麼時候開始接觸的？

郭：初二時家中不知為何出現了一本他的精選集，還是人家給我的，就開始看，我樓下書庫魯迅全集有兩套，他的雜文厲害得要命，他的翻譯是梁實秋說的硬譯，確實是不太容易看得懂，和他的小說和散文文字差很多。我自己也曾經翻過別人的東西，確實翻譯時整個人會像傻瓜一樣，語言文字好像不是你能掌控的。我想總是有一兩個你應付不過來的範疇。

簡：他的小說你最喜歡哪一篇？

郭：〈故鄉〉、〈孔乙己〉，有一個名記者叫曹聚仁，他也曾經到過臺灣，1947 年左右，也寫了不少書，魯迅的書兩大本，在他的書裡面追溯過一段記憶，因為他和魯迅也很熟，他說魯迅自己非常喜歡〈孔乙己〉，我曾經在我的小說〈雪盲〉裡提到過這篇〈孔乙己〉，多數的人讀到的「孔乙己」這個人物的形象與解釋是過氣的，落伍的，偷書啊，一個負面的人物，我覺得大家都不了解他，小說裡的孔乙己是酒樓裡唯一會跟小孩（魯迅的化身）說話的，很可愛的，也不拖欠跟酒店的帳。《故事新編》、《野草》都是可以一看再看的，魯迅應該是和我最貼近的作家了。

簡：這幾天這樣一路和你對談下來，感覺到似乎無法明確地說明你的書寫風格，你的文體主要是受到哪一個作家的影響，因為你的經歷、閱讀真的滿曲折與複雜的。

郭：當然啊，我相信影響我的是很多很多，從文體來看，川端康成、芥川龍之介應該也是都影響過我的，芥川龍之介的精緻是我非常欣賞的，

他的小說短篇居多，很精鍊、曲折，很合我的興趣。另一個作家叫中島敦，他的文學很多是改編自中國古代的人物與歷史，也是我喜歡的作家。我有一個疑惑，如果臺灣的作家是像中島敦這樣寫作，小說都是其他國家的材料，那還會被稱為臺灣文學嗎？會有人看嗎？芥川龍之介也好多是改編中國的東西。

簡：你在寫作的時候，有沒有設定讀者群？我指的不是商業的考量，而是比如說，你在美國生活這麼久，但是小說的背景、時空幾乎都還是以臺灣為主，這是因為你主要還是想跟臺灣的讀者交談與對話嗎？

郭：沒有，美國社會其實我很陌生，第一代移民大概都是這樣，只有我兒子才可能變成美國人。也許少數題材、人物是跟美國有關，但主要的想法都還是跟臺灣有關的，像〈草〉那一篇就是。像現在正在進行的〈落九花〉這篇，人物雖然是設定大陸的，但絕對不是跟當時的中國有什麼深刻的思想與情感連結，至於是不是跟臺灣有關，我也不曉得。黃錦樹的論文裡說，〈今夜星光燦爛〉裡面我也許在模仿浙江人的口吻，事實上什麼是浙江人的口吻，我也不知道，這個部分是沒有的。

我覺得在這樣的時代，電腦、網路如此發達之後，文學會走上衰弱甚至消失的道路，文學藉由電腦的幫助之後，真是太容易了，不管是打字，找資料，速度都快很多，像我這樣一個字一個字去寫的，文體這麼注重的方式，在這個時代已經沒有人如此了。另外一個我一直沒有跟你表達清楚的想法是，我一直覺得真正的文學是不可能的，不管再怎麼努力，都是在表面觸來觸去而已，達不到的。

簡：那這樣你為何會一直想繼續寫下去呢？

郭：別人的情況我不曉得，我的話，老實說，就是我什麼都不會，其他興趣很窄，以前就是養養魚，經常有很強烈的無能感，覺得自己沒有本事。我前幾天跟一個學物理的朋友大發謬論，也是在談這個問題，然後他跟我說，那你以為一個物理學專家或教授有什麼了不起的本事嗎？所以追到最後，也許每一個人都是很有限的，很無能的，很無奈的。最後就變成

哲學、形上學的問題了。關於出版，其實我也一直是有自閉的傾向，老大不情願要出書，出版幹嘛呢！說來說去，這些都牽涉到我整個人的哲學傾向，覺得這些都沒意思，做這些對於生命能夠安頓的想法，一直非常稀薄。如果最後，能夠有一兩個讀者，是我文學的知音，那我就滿足了。

——選自郭松棻《驚婚》

臺北：印刻出版公司，2012 年 6 月

齎恨含羞的異鄉人
評郭松棻的小說世界

◎吳達芸[*]

　　寓居紐約多年，出身臺大外文系，與王文興、白先勇、陳若曦、歐陽子同學的郭松棻，曾在美國加州大學修習比較文學博士學位，未能完成。放棄博士學位的主因，據其自述，乃是由於「太熱衷於政治運動（保釣運動）而放棄了學業的」。[1]去國多年，沉潛多年後，有人以爲他在「八四年復出文壇，連續有中短篇小說在《文季》雙月刊、《中國時報・人間副刊》發表，頗受注目。是八四年臺灣最有成績的小說家」。[2]其實他在 1983 年起便在《文季》發表了幾個極短篇，如〈青石的守望——旅美小品三則〉（包括：〈向陽〉、〈出名〉、〈寫作〉）及〈三個小短篇〉（包括：〈含羞草〉、〈第一課〉、〈姑媽〉）等，因都使用「羅安達」的筆名，所以當時並未太引起讀者的注意。在之前，他也曾以「夢童」爲筆名發表了〈秋雨〉。除此之外，據說，還有〈奔跑的母親〉、〈草〉、〈月嗥〉、〈那囁嚅的腳步〉諸篇，筆者迄今並未見著。由於並非統一使用本名，所以直至最近筆者才有機會將手邊所能蒐集到的郭松棻的作品做一整體的欣賞，發現郭松棻是一個有心強烈塑造自己特色風格的作家，他一直不斷在尋覓、變換、找尋自己的語言表垷技巧，由最初極短篇的簡樸平淡、〈月印〉的細密綿美，到〈雪盲〉、〈草〉[3]的澀鬱頓挫，他一直專注在他的文筆風格裡，要求以精緻完美的藝

[*]發表文章時爲成功大學中國文學系教授，現已自臺南應用科技大學幼兒保育系教授職退休。
[1]據郭松棻 1992 年 11 月寫給前衛編輯林秀梅的信中所言。
[2]唐文標主編，《一九八四年臺灣小說選》（臺北：前衛出版社，1985 年 2 月），頁 175。〈月印〉前郭松棻之生平介紹。
[3]原名〈含羞草〉的小說，郭松棻共寫了兩篇，筆者本篇論文的初稿，將前一篇發表的作品稱爲

術技巧，真誠具實的呈現他的思維感情，甚至可以感覺出來，他一切以藝術表現爲前題，至於是否能讓讀者接受，似乎只好暫置度外了。

〈月印〉是筆者接觸的郭松棻第一篇作品，他那端淑緩柔的敘述語調，對人間細膩寧靜的觀察，以「用勁但不帶力痕而又曲折地把歷史寫入一個人的生命中」[4]的表現手法，著實深深地吸引了我。然而接下來讀他的〈雪盲〉、〈草〉就不那麼容易了，初讀兩篇都有如墜五里霧中的經驗，可說是以極端強制的耐力逼迫自己讀下去的，不知是否自己過於愚鈍？由於旁枝歧節頭緒繁多，閱讀常如走入一片泥淖叢林，固然觸目所見，多的是奇花異卉，多的是豐繁驚奇的景象，但是密葉遮覆，茫然不見天日的感覺也令人產生焦悶之心。如此勉強讀畢還抓不著頭腦。尤其作者原先是以同名〈含羞草〉爲題，間隔三年，處理同一題材、相同角色，竟用了長短兩種篇幅。而前篇〈含羞草〉的淺明直接，與後篇〈草〉的曲拗迴折簡直有天壤之別，對照兩篇的內容、角色，甚至情節、字彙、意象，發現雷同之處甚多。一個如此講究文詞技巧的作者，何以對這題材如此執意？相隔數年，耽嗜同一題材，卻做不同表現手法的文人，古今中外都有，自有他們偏愛的原因[5]，而郭松棻的這番心情又該如何解說？是一直困住我，亟思解開的謎。

終於，在反覆閱讀多遍之後，自以爲掌握了通往郭松棻小說之路的指標。由於懷著「詩家總愛西崑好，獨恨無人作鄭箋」的想法，以及在詮釋能通之後，讚歎郭松棻對語言藝術的堅持，這篇「評論」若竟寫成像「導

〈含羞草（一）〉，後一篇稱爲〈含羞草（二）〉做爲分別。但在本書《郭松棻集》結集出刊時，郭氏又將〈含羞草（二）〉更名爲〈草〉。筆者獲告後，已將原論文中的分別記號消除，稱前篇爲〈含羞草〉，後篇爲〈草〉；如本集所錄之二篇篇名。但是筆者必須指出，作家原先兩篇同名，卻短長簡繁對比的〈含羞草〉，確是筆者進入作家小說世界的解讀鎖鑰之一，在篇名更改後，這樣的線索唯恐因此消散，日後無跡可尋，筆者特予詳細註出以備稽察，並以解釋本篇論文之篇名擬定及析理發展的原因。

[4]唐文標，〈無邪的對視──「月印」評介〉，《一九八四年臺灣小說選》，頁 270。

[5]例如，湯顯祖以唐傳奇中〈霍小玉傳〉爲藍本，先後創作了《紫簫記》及《紫釵記》兩齣傳奇。前者爲其入仕之前的戲劇代表，後者則幾乎是他任官南京時的代表作。兩劇之創作相距十餘年，也是由詩人之劇邁入劇人之劇的階程表現。

讀」一樣的文字，實在也是勢之所趨。以下便由郭松棻小說中異鄉人情懷
的探討出發，進入郭松棻的小說世界。

　　一個寄寓海外多年，深愛鄉國，卻早已將異鄉當作安身之地的臺灣
人，到底是怎麼活的？這應是郭松棻小說中非常重要的主題。〈秋雨〉中的
「我」揣想老師殷海光先生對他們這群留學生可能的想法時說：

> 倘若他果真對我們這群從臺灣出出進進而終於快要變成觀光客的，有所
> 非難的話，我卻一點也不想去申辯。

「一點也不想去申辯」也者，實因事實俱在，百口莫辯，卻也隱含有不得
不爾又能如何的無奈。

　　流落躑躅的異鄉，在郭松棻的小說中迭次以沙漠的形象出現。異鄉，
又是沙漠，生活起來的荒涼空寂不適人居是可以想見的，但小說中的人物
卻「在亂石中建築起來的城鎮中，你學會了忍耐」（〈雪盲〉）；可想而知這
樣的忍耐當然是極卑懦、極鴕鳥式的。「你準備在風沙中沉入……沉到底，
沉入睡眠，養養你病弱的腦筋」（〈雪盲〉），所謂沉入……沉到底，沉入睡
眠，自然是指放棄奮鬥、放棄掙扎等，只餘妥協因循；「已經 17 年，母親
提醒你。在這沙漠裡，你卻沒有走出一步的跡象」（〈雪盲〉）似意指人生的
理想和奮進在這異鄉都已消磨殆盡，生活有如一盞點飲多次早已淡乎寡味
的茶水，飲之已然無趣，卻又不忍捨棄：「你得安於這個小鎮，畢竟這是消
磨了這輩子不少時光的所在。這樣的流落異地，無論如何，再也不能說是
生命中的一次意外了」（〈草〉），而這樣的說法，與其說是一種自我安慰，
毋寧視為一種自暴自棄還更為恰切。

　　為了具實呈現這種與現實處境彼此分離的鬱卒心結，郭松棻乃透過各
種語言表現的經營、透過所營造出來的人物內心的荒疏心境，將齎「恨」
（遺憾）含「羞」（因郭松棻原先兩度以「含羞草」為題，寫異鄉人情懷，
故如此說）勢將老死他鄉的異鄉人情懷，細膩入微的表現了出來。

　　〈孔乙己〉是魯迅《吶喊》集中的一個短篇小說，諷刺一個學不能用，在現實生活中挫敗頹敝的讀書人悲慘的一生。由於他對人說話常是之乎者也的做作，於是眾人便從描紅紙「上大人孔乙己」的詞中給他取了「孔乙己」這綽號。孔乙己好逸惡惰嗜酒，因此竟而斯文掃地淪為竊賊，後因被失主打斷了腿，只能每日爬行街鎮之間行乞，備受人們羞辱，最後甚而至於不知所終。

　　〈雪盲〉中那在美國警察學校任教的臺灣教授幸鑾，十幾年來都以開授「魯迅」且給分甚高以招徠學生選課，以維持教職。雖然他明知這些學生：「他們六男一女。個個碩壯的體格。他們每天要做 50 個俯地挺身，20個引體向上。畢業以後就被分配到平地的賭場去當警衛」「他們原無需魯迅。其實他們連一句簡單的中文都說不好。也許學生早已風聞這門課容易拿 A 而來的。」而「幸鑾」竟選擇將中國讀書人在現實中挫敗的諷刺故事〈孔乙己〉教給這些身材壯碩的賭場警衛——他們的職分並非捍家衛土，純是為閒富之人維持賭場秩序——這樣的對比本身即已荒謬絕倫，課堂上學生表現出的蠢笨（一句簡單的中文都說不好）與工於心機（選「魯迅」可拿高分），以及與悲慘人生（如孔乙己的遭遇）該寄予同情，卻完全不相襯的身分（賭場警衛）等，都使這個情節顯得乖訛滑稽可笑。而對臺灣教授言，在沙漠中教授「孔乙己」，毋寧也具有雙關的諷刺象徵——生命的虛耗，有如對牛彈琴一般，自不待言。而有家不歸、空具懷鄉之情，忘卻壯志、在此苟且偷生，豈不正像學不能用行乞受辱的孔乙己？於是乎這位教授，內心便永遠遵循著一條慚愧莫名的心理軌跡循環不已：

　　　　你追隨著一條軌跡。每次教完了〈孔乙己〉，你好像患了機能障礙症似的，腳突然失去了作用。你想像以孔乙己的身姿，用滿是污泥的手爬出了教室，甚至讓自己的腿斷去，坐著走向停車場。你忘不了南方澳的那次旅行，不管母親怎麼罵你，你還是屈身蹲在車廂的地上。讀著你的魯迅，讓自己在站客不斷搖晃的腿腳之間沉落。……現在沙浮動著，碎成

千萬粒刺眼的細光。視線模糊了。夏日的風比雲還稀罕。學期的最後一
課已經結束。向著停車站走過去的胸臆及時萎縮如孔乙己，準備迎接在
風中連綿幾百英里的晶瑩閃亮的沙粒。

作者將孔乙己這種斷腿爬行的畸零身姿，與異鄉羈旅懦順卑瑣的苦難悲情
結合在一起，成為一個生動深刻的象徵。

　　事實上〈雪盲〉中的人物，個個都具有這般畸零的身姿與落難的悲
情。性情天真行為稚拙的校長與他的身分之間造成的乖訛反諷，是又一種
畸零的身姿——「校長……告白似地說，自己終其一生都將是一個喑啞的
人格」，而他之不諳世事變局，只顧埋頭努力，最後只有淪落到漁港討生
活；「校長。一生的熱情。站在月臺上。像戰前一支悲傷的歌」。美麗清純
腳著紅鞋的米娘，像被人性欲望魘住的少女一般，滿鎮飛舞招搖著她的愛
情與青春，最終卻淪落到「你怎麼也不肯相信坐在路邊的那個一身破爛滿
臉污垢的女乞丐就是米娘」、「她已經生了好幾個小乞丐圍在她的身邊」。醫
科實習生的校長亡兄，剛上完接生課，一下子精神崩潰了，留下一句話：
「想不到生小孩是那麼醜的事情」，在海灘留下一本魯迅著作跳海自殺
了。……這些種種人生面貌，都蔚成一種荒腔走板的荒謬人生基調，促使
承傳魯迅一書的幸鑾（你）儼然也及早背負起這種落難悲情，將世情看透
而自甘沉淪……〈雪盲〉中藉著為病怏老母買豆腐卻被憲兵當街掌摑的 校
長的情節，反襯那個社會的顛倒謬悖，而那正是光復初期的二二八時期—
—是「曲筆」的寫法，與文中類似「沉到底……到底」的重複短句結合，
成為一種短誦旋律，蔚成為幸鑾這個「異鄉人」的心靈主調。

　　異鄉生涯愁思縈懷，生命了無遠景，則其原先的志向抱負如何？自是
讀者關切於心的，也只有由此掌握，才能對比出其失落者為何？「立志這
件事，對你是抽象而陌生的。小學的作文課上，在『我的志願』的題目
下，你總是慌張得不知如何下筆，抬頭會突然面對一片深不可測的空白。
你在邊疆屯墾員、工程師、飛行員或鄉村教師之中任擇其一。而為了表示

你的認真,無論你選擇了哪一樣身分做爲你的志願,在文章的最後,你寫下如宣誓般莊嚴的一句話,做爲你立志的一部分。那就是,願在明年的國慶日,把一面青天白日的旗插在南京的城頭上。」(〈雪盲〉)這樣的立志,當然是架空凌虛無根源亦無倚傍的,甚至充滿反諷,異鄉人在羨歎校長亡兄對其終身的影響之餘,「終於了悟到你一生缺乏的就是一位亡兄。好讓他把痛苦分享給你,使它成爲你生活的一部分。……那白日哭喪的魅影在狂風中及時爲你目擊,鑄成了你日後幸福的佐證,領你走向立志的道路」。這是何等怪誕而又荒疏的心境!海外沙漠的歲月,只是一片茫然的存在,往昔的「志向」既虛幻不真,當然亦不曾爲之付出努力心血。如今的存在,在自覺的慚愧中也只餘無力改變的無奈,〈雪盲〉的結尾是這樣的:

> 你不想花時間去搬家。何況房東太太已經答應為你換一牀新的席夢思。在一年中最冷酷的暑期,當人人都逃離炎陽,你準備在風沙中沉入睡眠。養養你病弱的腦筋。你唯一期待的是,在暝暗中,能夠沿著少年的那段河堤奔跑,迎來成群成群的蝙蝠,在夏日雲霞燦爛的天際喁喁地飛翔。在這海拔五千公尺的沙漠上,在這美國的警察學校裡。

存在本身只剩下另一種形式的生命的埋沒,既飣餖庸俗,又晦暗無望,其間沒有希望、沒有尊嚴,真可謂「齎恨含羞」的活著;只「活」在追憶少年期的自由無憂,「活」在當時對未來的歡樂憧憬中,則現實的鄙瑣酷陋荒寂似的存在,對幸蠻而言,就儼然可以藉此逾越了。

郭松棻的「異鄉人」主題在原先題名〈含羞草〉的兩篇同名作品的寫作中,有更值得探索的線索流露。

原先題名〈含羞草〉的兩篇作品,一僅三千五百多字,一則長達一萬四千字,現改名〈草〉。題材完全相同,卻做了兩次小說藝術處理,作者對這個題材的情有獨鍾,是一件頗值得玩味的事。對照一短一長,發表時間前後相距三年的兩篇作品,其最大差異在敘事口吻的改變上。

〈含羞草〉是以寫實平易的追憶口吻，敘述一場生命偶然的邂逅。兩個男人的友誼是以樸素自然的方式增長的，對方是一個「因患嗄嚨（氣喘），不適留居臺灣」的神學院研究生，害羞而又沉默是他的特質，彼此生命的碰觸似乎已至相知。後來多年不見，至終情節戛然結束在：「我」竟在臺灣來的陳舊報紙上讀到對方「因涉嫌叛亂，被判刑入獄」的不顯眼消息那一刻。

如果說〈含羞草〉的創作旨趣還停留在對生命中偶發意外事件的敘述興味上，以及對人物「知人知面不知心」的唏噓感喟中的話，到了〈草〉，其創作旨趣便產生了明顯的質變。完全一模一樣的人物事件，情節的線索脈絡也毫無更動，內容幾乎雷同，有些語句意象幾乎還原封不動，但實質上，敘事口吻卻截然不同。這樣的截然不同，特別凸顯在敘事觀點的不同上。〈含羞草〉所採取的是冷靜客觀的立場，以第一人稱講述別人的故事，敘述者雖採局內（internal）觀點；即「我」的口吻來敘事，但「我」純係旁觀，只是目睹者、觀察者，觀察對象「他」的生命與「我」的生命即使邂逅相遇，甚至曾經相熟，但卻是兩個不同個體，彼此生命自是毫不相涉的。

相較之下，〈草〉所採取的觀點卻是實驗性質非常濃郁的第二人稱「你」。打從小說一開始，「你」就出現了：

> 看見他，好像被記憶打動了，只覺得似曾相識，在什麼地方……什麼時候……。有那麼一種人，未識以前你早已在夢裡相會了。你不由自主，逆著河上落日的金光，一步步走近了他。
> ……第一次遇見他，就在那密西西比河上。
> 你有意攀談。而又苦於思鄉的惶惑在自己的注視中過早洩露。他剛踏上了這塊新大陸。……

通常我們在敘事對談中，採用對「你」說話的口氣時，「你」的存在勢

必引來「我」的面對。即,唯有「我」才會正在對「你」說話,「我」要告訴「你」一件「我」所知道的事。「我」告訴「你」我心中所思所感,希望「你」能了解共鳴。而此刻「我」正在告訴「你」的是一件有關「他」的故事……。可是搜揀全篇,在〈草〉中並沒有「我」這個字眼出現,但「我」的存在應是無庸置疑的事。於是乎閱讀者便會努力的在閱讀過程中,尋找並組合「你」、「他」以及「隱形我」三者的關係。但是有趣及深刻的是,我們耐著性子鍥而不捨,一遍又一遍的反覆閱讀,終於攻破作者所砌起的文字謎牆,進入小說文脈的曲徑迴廊之後,才赫然發現「你」就是「隱形我」。不錯,是「隱形我」在跟「你」說話,讀者這才不禁感歎一聲,何以開始閱讀的幾遍中,完全無法進入這個小說世界裡?因為我們完全沒有想到正在閱讀的是一篇道道地地的「自言自語」。

這是一種十分特殊的表現手法,因為「自言自語」式的自白小說,如杜斯妥也夫斯基的《地下室手記》,採用的是如下的口氣:

先生,我要告訴你──不管你喜不喜歡聽──為什麼我不能變成一個蟲豸。我可以莊重地告訴你,曾有許多次我確實想變成一個蟲豸。但連蟲豸我也不配。

──水牛出版社,1969 年 2 月初版,頁 5

乃是以第一人稱「我」向另一位先生說話;此處的「你」是他人。而王文興的《背海的人》則是:

菸,與酒──爺兩種都來地,兩種一起來。爺還特愛濃茶,要濃濃濃濃釅釅苦苦的,一個茶杯裡頭滿滿的泡堆著高達捌分杯的茶葉……就抽菸來講最好最有效的時候應當屬勞力的時候,在那樣的那一個時候你深深長長的吸進一口子,然後施施悠悠的噴牠給噴個出來,你那存在身體裡頭的疲倦就像因趁著這一股子菸吐抒排除了出來。……

——洪範書店，1981 年 1 月初版，頁 32

　　「爺」是這個主角，即說話人「我」的自稱。全書中極少時刻有「你」字的出現（譬如此段），但也只是在說話時，爲了引起聽者同體共鳴，做比方時使用的自然口氣。事實上，全篇仍是以「我」向不知名的聽者（事實上即讀者）披露心事，透明化自我的敘事方式呈現。（在《背海的人》中，此「我」有如「露體狂」般，以暴露自我隱私，不假隱飾爲趁心快意之事，由文中洋洋得意於性事上的描繪及滿口三字經的胡言穢語可證——而這正是《背海的人》中「我」的塑造所欲達成的效果。）

　　但是郭松棻卻與前兩者不同的選用了「分身式的自言自語」，即「你」的第二人稱來自白。自敘一段發生在「你的生命」中「他」的事件。正如前面所引的全篇第一段文字所見，透過「你」的稱呼所展現的世界，多是心靈世界，是屬於冥想的世界：「有那麼一種人，未識以前你早已在夢裡相會了」、「你有意攀談。而又苦於思鄉的惶惑在自己的注視中過早洩露」、「河水在他的腳下殷勤起伏，唯有這個時候，你才了解，那柔弱的水流全是爲了安撫失意的夢想家的」、「這樣的影子，你有印象。中學時代　一現在你產生了記憶——你躺在病院曾經見過的那個實驗醫生」……徵集檢驗「你」句出現的時刻，予以分析，可以這麼說，與《地下室手記》、《背海的人》……等等自白小說不同之處，郭松棻企圖進入的是一個「自省」的世界，是一個人在時移事異之後回頭觀照，一邊回想，一邊自我觀察當時自己內心的所思所感，將它揉和一處，所呈現的文體。有如靜觀默想一般，當時的「我」只是此刻敘述的「我」眼中的被觀察者；正如王國維先生詩句：「偶開天眼覷紅塵，可憐身是眼中人」所描寫的意境一般，當時的「我」（也就是敘事時稱呼的「你」）只是滾滾紅塵中的眾生之一，「你」是「我」分身出來所看到的自己。「我」對「你」的直陳：我描述「你」、分析「你」、看穿「你」，乃是將敘事的立足點提升到一個較高的超越的位置，企圖打破「我」執——打破以「我」敘事時，依照自然法則，必有的

桎梏限制。比如「我」原先只能知道自己當下的或過去的心事，無法預知未來的想法，所以若要含括歲月流走時各階段的想法，回憶中的口吻，勢必得將不同時空做分明的交代。而此篇中的「隱形我」凌空宏觀「你」在一個超然的位置，便可有如下的敘事口吻出現：

> 他開了一天一夜的車子來到你的住處，為了擺脫雪天想必加倍糾纏的那女生，你這樣猜測。
> 幾個月不見，他又怕生了。眼光從你的視線避開，像躲避一根針。
> 他找不到地方放兩隻手。他把手藏在褲袋裡。每次伸出來，那手就要翻倒身邊的什麼。他用手指這裡碰碰那裡碰碰。於是每樣東西都等著被碰成碎片。每樣東西都沾了他手指頭的水印。他的手總是泛潮，即使大白天，也像夜裡盜汗那樣。
> 日後的記憶裡，你將會看見在空中翩翩飛起來的一雙原是俊美的手。

在這樣的敘述中，時空的分明已經不再有什麼意義，他的言語形貌從容地在「你」的心靈世界中自由馳騁飛翔擴散，加上深沉的省思，乃將我的心靈和他的心靈複沓疊印在一起，「你」因此得以深入「他」的內心去體現「他」這樣的深情：

> 每次他爬上後山，為的是要將自己的視線釋放。站在曠野的前面，相互輝映的空無在擴大。他的灼視和景物正在交錯。流光消逝。眼前的田地為他無聲地伸展、綿延……直到一無隱蔽。秋日的曠朗和靜肅統御著空間。他知道什麼時候爬上後山，就可以看到一無人跡的田莊。現在他驅策著自己的眼睛在秋野裡注入期待。而眼前的風景就會款款臨摹著他孤獨的形影。
> 就在那個秋天，在晌午的無言中，你無意間感到自己已經成了他的朋友。

在這裡「你」與「他」並無主賓之分，由於隱形我的宏觀，「你」得以順理成章的深入知鍥之友的心中去思想感受，單一的個人生命得以豐饒富麗起來，人與人之間的交感共融，彼此影響感染、互相滋潤，生命的繁複也具體生動的顯露出來，於是乎「你」和「他」的生命乃能「交疊」。

由另一個角度思考，由於以「你」來稱「我」，「我」乃分身為二，即「我」在省察過往歲月中的自己，一個「我」便剖分為主客二體：高處此刻的我在透視眼下過去的我（「你」），這樣的「分離」，使「你」、「他」在「隱形我」之前乃能獲得「一視同仁」的看待，使我對於「你」的心理描述乃能規避自憐自怨，或自大自滿的陷溺，進入洞察觀照的超然視野。在隱形我敘事的此刻剎那，過去、現在、未來也都一律平等地疊現在一起，呈露真切的「寫實」景觀。而也因為在隱形我凌空觀照下，每一個角色都不分軒輊的各自具有重要性，在觀照洞燭之下，即使往昔隱晦不顯的吉光片羽都纖毫畢現深具意義起來。並且還能穿透角色之間的自然「藩籬」，予以交揉融合，最終對「我」產生價值及意義。這情況就如：「在我中有你，在你中有我」一般，人我之間靈魂的交感默契達到一種微妙的境界，能超越時空、形體，而蔚成一個「命運共同體」，這於生性敏銳善思易感的人，原是時常有的生命體驗。郭松棻便企圖將這樣的情境，藉著敘事觀點的藝術技巧展現出來。〈草〉中「實習醫生」一角的塑造便可以以此觀點來考察。而「實習醫生」這一角色也是〈含羞草〉中原先沒有，到〈草〉才加進來的成分，可以說是作者將同一題材經過三年的思慮後，所填入的質素，想必有其用心之處，值得我們考察。

這實習醫生是「你」童年時住院遇到的，深具憂鬱氣質、心思純潔，而情感灼熱的年輕醫生（正如〈雪盲〉中校長亡兄，那醫科實習生的翻版）。「你」坎坷的童年歲月中家庭的不幸，引得實習醫生出手援助，這醫生對病人死亡的自責：「每次醫院死了病人，生命就在他蒼白的體內耗損」，「而青年的實習醫生已經到了非自毀不可的地步」，以及孤獨凝望欄杆的形姿：「每當夕陽西下，他會倚在走廊的欄杆，一個人凝望著樓下。青年

的實習醫生熱愛著醫院牆角的一片空地」，都給「你」留下深刻的印象。神
學院研究生的出現，勾起了「你」對實習醫生的回憶，因為他們二人的氣
質十分相近（沉默、凝望、孤獨及一顆熾愛的心），喚起童年記憶中，有關
實習醫生印象的思索及體悟，而也因此使「你」對研究生產生親切感，從
而對研究生的生命形態較能了解。「你」這樣的描繪實習醫生：

> 他，剛剛茁出細髭的實習醫生，隨時喘著一口粗氣，在自己的臉前，呵
> 成一團一團的白霧。他緊緊啃噬著自己。他會突然揹負著一雙熱狂的眼
> 睛，沿著病院的通道，急急離去。那變得絲毫沒有疑慮的腳步，好像要
> 奔過去迎接痛苦。生命像一陣風，不經意就吹落一把嫩葉。
> 日後你會知道這樣的一個人，做為醫生是不能勝任愉快的。你也會知
> 道，這樣的醫生，就是做為一個人，也還是不可能勝任愉快的。
> 偶爾推算起來，這個醫生，倘還在人間，早已是過了五十的人了。他早
> 該是人家的父親了。每一想起，你就對自己說，他，此時此刻，正在泅
> 渡著他的生命。正在演算著眼前的一道難題。他的一生，註定要比別人
> 渡得格外艱辛。他那麼熱愛著牆角的一片空地。

神學院研究生，一樣也具有一副充滿沉思凝望的眼睛：「他所有的語言，都
凝聚在他那雙黝黑的眼睛裡……他的眼睛都能夠為他道出內心的一切……
那深切的凝注……眼神就可以把你牢牢牽走。」「他對窗外的凝注，分明是
他身體無法負荷而溢出的思慮。」他也有一顆慈悲易感的心：「你突然在長
途電話裡聽到了他的聲音。一窩鳥在他窗口的冷氣機裡孵出來了。『怎麼
辦？怎麼辦？』他慌張地噎著氣。那是什麼鳥呢。『會是候鳥嗎？』他的失
措，就像你打開了一本形上學。」他的慈悲易感，使他具有「一雙曾經在
那一年的夏天從冷氣機釋放了一窩小鳥的手。」而同樣的實習醫生「他也
有十隻白皙而修長的手指，拿在手裡的聽筒是顫抖的，彷彿是用來傳達他
自己的跳動。」……種種特徵，很容易使實習醫生與研究生的形貌重疊在

一起，並且還產生互補作用。

　　如前所述，實習醫生是童年回憶中的存在，所以他的一生，似乎已然發生，已然定型，雖然「你」不知道實習醫生後來的故事，但在此刻「你」的追憶中，似乎他的一生都朗然若揭。研究生是「你」成長後的所識，他的未來，卻都是未知數，「你」無法洞燭機先。但是因為兩人的生命形態是如此類似彷彿，以至於研究生的後來行徑和命運，可以自實習醫生的已然生命中獲得翻版。於是乎，在〈含羞草〉中戛然而止的結局：研究生「因涉嫌叛亂，被判刑入獄」；在該文中找不到任何前因或內在線索可尋的情節，在〈草〉中則埋伏了內在的肌理脈絡可尋，也就是說，透過實習醫生的行徑去思索研究生的抉擇。

　　筆者這麼推測：〈含羞草〉的情節何以如此安排設計，有其特殊用意。因為〈含羞草〉所採第一人稱口吻，本來就企圖給人「所言屬實」的效果，而其結局之突兀，又絕不符合一個非常講究藝術技巧的小說家，在處理其作品情節時的構想；因為小說若是一個有機體的話，後果的發展得有一個前因可循，但此研究生之竟會「涉嫌叛亂」，居然於情節中毫無半絲線索可尋。作者似乎企圖藉此證明「現實的情節往往比小說更荒謬」這一說法，乃以荒謬的小說情節來反證現實，企圖給讀者留下震撼。

　　然而做為一個重視小說的藝術性及美學結構的作家，想必對此種小說設計不自滿，想對此類思想深沉、為世俗人罕於知曉的人物角色內心加以剖析、加以洞察。於是乎經過三年的醞釀，終於改寫並且解析了如神學院研究生這樣的性情，走上這一條「叛亂」之路的勢所必然。為了加重加強這個生命發展的必然性，在研究生身上既然已是無情節可為，乃加入與之神似的實習醫生角色，冀望讀者在重疊複沓的兩個角色塑造中，尋覓出研究生生命抉擇的可能性。

　　至於「你」這異鄉人，乃得以在對前述二人生命的了悟體會下，將自己的人格觀在此移情作用中得到擴大，將自我卑瑣或混昧的生命，有如獲得救援一般轉化昇華，在同其情的了解下提升了自己的精神層次，乃得超

越現有的狹隘處境，獲得「生命共同體」的共融滋潤。因此〈草〉的結局處便有了這樣的片段：

> 他離去以後，你才想到要學著用他的眼睛來凝望世界的盡頭。……
> 你耐心的等待著景致在你面前徐徐展開，有如他的記憶。
> ……你才恍然，無事流眄風景要比生活本身更為重要。……你和他匆匆幾次的相會，如今已成為往昔豐盛的歡宴；使你在入冬的獨身生活中聞到了節日的薰香。……你突然灼見了他那一向都是憂鬱的瞳眸，原是飛躍著開滿了家鄉五月桃花的斑彩。這樣的驟醒，宛如自天而降的喜悅，耀眼欲眩。……這時雲空是多餘的了，一切變成記憶般在起伏。這酣醉有如千年的祝福。而他在神學院苦苦追逐的莫非就是這個形上學。你興奮之餘，自以為已經了解了他一向的懷抱，直到那一天……
> 你接到妹妹從臺北寄來的食品……包裝的報紙……撕下來的一塊報紙上，在一個不顯眼的角落裡，登著他的一則消息：他因涉嫌叛亂，被判刑入獄。

雖然結局處仍是一個令「你」無法了解的意外，然而閱讀〈草〉的讀者已經不必著急，因為既然「你」自認為已能逐漸「了解了他一向的懷抱」，而「你」的思維體驗既是晚於「他」、追隨於「他」之後；乃是在「他離去以後」的春去冬來，則「你」之於他的後續行動，如「涉嫌叛亂」之事的了然於胸，也便只是早晚之事了——因為他們生命中的精神層次已然暗合。如果「他」之終究走上「涉嫌叛亂」之路，乃是真正實踐「他」普救眾生的手段的話，不啻意味著這位齎恨含羞，於國於鄉了無貢獻的「異鄉人」，於內心深處，實對採取實際手段的知識分子寄予同情與共鳴，雖其己身不能亦不為，而這種同情卻也足以使其由局限卑瑣的困境中擴大超拔了。若然，我們對作者之情有獨鍾這個題材的意圖，也可略微揣測一、二了。

　　以上對郭松棻兩篇〈含羞草〉的不同創作設計做一剖析，指出其採用

分身式自省觀點的特殊用心之處，因爲這正是進入其小說世界的鎖鑰。在
〈雪盲〉中，也採用了，並且小學校長、日本教授，孔乙己都如同〈草〉
中的實習醫生、神學院研究生一般，是一個「我」的分身千萬，或在千萬
人中皆有的「我」。展現《六祖壇經》中所謂「一念思量，名爲變化」的
「千百億化身」的心靈實相。可以說，郭松棻藉著獨特的美學轉化手法，
企圖將人性的深邃細密幽微複雜刻畫出來，也就是將人際之間性靈志趣的
相互感染神通契合表現出來。這是一個充滿挑戰性的企圖，同學輩多是現
代主義派作家的郭松棻，在創作手法上也力求創新，不惜棄簡易而就繁
難，這樣的創意及努力是值得肯定的。

　　但是我們也不得不指出在閱讀之初，由於意象、情境、人物的歧出交
揉，使讀者在線索紛雜、理不出頭緒之下已覺眼花撩亂，獨特的「你」的
敘事口吻又參差其間，更形紊亂，容易造成閱讀的障隔，使人不易進入其
小說世界，獲得閱讀的興趣。尋找知音、期待有耐性的讀者，大概是這一
類作家預先就有的心理準備吧。

　　郭松棻對小說語言的自出機杼別出心裁，由其每篇小說題目的擬定也
可看出。除了幾個短篇小說的題目是平實易明，內容與題目聲氣相通之
外，他的小說題目的設定，可說多是逸乎小說脈絡之外的另生歧意。似乎
企圖在小說情節之外，另行引動一支超乎文本之外的線索，又彷彿告訴讀
者，你透過文本所能掌握的其實不只這些，作者另有一層深意，等待你去
挖掘。例如〈月印〉之於一對亂世夫妻的生死纏綿，「月印」意義的有待掌
握。例如〈草〉（原名〈含羞草〉）之於一個沉默的神學院研究生最終的涉
嫌叛亂被捕，全篇並無「含羞草」意象出現。例如〈秋雨〉之於描述一個
自由主義的思想家至死不渝的信仰堅持，事件發生的季節是夏季。例如
〈青石的守望〉之於三則短篇，其間找不到青石及守望的意念。〈雪盲〉之
於一個異鄉人荒謬苟活的生涯，而他又身處在沙漠地帶，毫無下雪的跡
象……種種題目的擬定，都非產自小說情節中自然湧現的寓義，或拈出小
說中已經使用的意象，予以象徵性的凸顯。作者題目的設定看來是如此天

馬行空漫無邊際，或如羚羊掛角無跡可求，似乎更是提供我們去反省語言
意義的虛多實少。

　　語言是由傳統和習慣組成，像自然屬性一樣，作者使用它純屬自然而
然的流露。文體卻專屬於一個作家，作家由於「需要」而予變形或轉化，
它像作者的氣質、性情、才具一般，理該人各一面。然而有些作家，或許
為了安全起見，寧願選擇保守傳統的藝術表現，不願風格獨幟，但對語言
藝術格外看重的作家而言，他迫切需要在寫作中掙得一片自由創造的天
空。郭松棻便是這樣的作家，在他的作品中，甚至可以找到這種觀念的提
出：

　　她在看一本婦女雜誌，回味著六十年代美國如火如荼的婦女運動。他把
　　手上的《語言與自由》放下來，感到問題過於糾纏。日常語言是畸型人
　　格的塑架。誰要獲得自由，誰就得從日常語言裡解脫出來。
　　話雖這麼說，然而我們還剩些什麼可說的呢？我們用什麼語言來闡述事
　　件呢？
　　他把書放下來，心裡暫時不去理會這個問題。
　　　　　　　　　　　　　　　　　　　——〈向陽〉；〈青石的守望〉之一

　　為了掃除日復一日拖沓造成的懊喪，你整天守著打字機，「在多義性的文
　　脈中試圖以單一的視點去完成詮釋的工作，毋寧是……」暮靄已臨，最
　　後的日光照進書房。寂靜凍成冷瑟，占據了這一住就是十年的單身公
　　寓。在論文斷續不能成章時，你經常想起了妹妹的一些話。
　　　　　　　　　　　　　　　　　　　　　　　　　——〈草〉

　　郭松棻兩篇小說中的兩段引文，乃強調文脈的多義性，不得以單一的
視點去詮釋，而更極端的指出單純盲昧的使用日常語言的畸形不健全，提
出自日常語言的習慣桎梏中解脫出來，才是自由自主的人格表現。我們乃

知曉郭松棻的文字風格是刻意的追求文字的多元變化，在語言藝術中，嘗試多元的實驗，甚至可以說，他乃視故步自封的使用習用語言爲失去自由的畸形、奴化表現。

　　檢視前述逸乎小說脈絡之外的題目擬定，譬如「月印」，若欲詮解，似出自佛法。然則「月印」一詞又似前無所本。但是高貴華美的月，常被佛家喻爲宇宙至真、至善、至美的本體，可以照徹天心。引領向道的話語被比爲「指月的手」。寒山詩中，自比心靈如月：「吾心似秋月，碧潭清皎潔，無物堪比倫，教我如何說？」永嘉玄覺禪師說：「一性圓通一切性，一法遍含一切法，一月普現一切水，一切水月一月攝」，所謂水中之月乃譬喻法之無實體，而月的孤卓高超，可在一切虛幻的諸法中反射倒映出來。至於「印」，是「妙法真實，不動不變」之意，又「妙法如王印，通達無礙謂之印」。因此，諸佛諸祖互相印可，心心相傳之法，叫「法印」。《智度論》第 22 章說：「佛法印有三種，一者一切有爲法，念念生滅皆無常。二者一切法無我。三者寂滅涅槃。」所以結合「月」與「印」的意義，似乎告訴我們：高掛天空皎潔的明月，是人世一切無常的見證。又似說：人世的一切虛幻無常是可以站在如月的高超角度來體現而予以化解超越的。思慮及此，大約已能掌握「月印」的深意。郭松棻在〈月印〉中以文長近七萬字的篇幅描寫光復五年的大混亂時期，無怪唐文標評曰：

> 歷史上我們看到日本人大撤退、看到大陸人在臺灣力求適應、看到內戰所引起的社會不安，看到二二八時代的大動、看到知識分子被赤色感染後的瘋狂、看到整個民族在國家長期不安中的無可奈何……這些戰後臺灣的經驗，郭松棻用他的小說輕輕的說出來，甚到不帶一絲毫火氣，因爲他面對的已不只那一段歷史，而是時間和人，他可以將人提高，遠過歷史，高過境遇。[6]

---

[6]同註 4。

　　在這樣的尺度下，人間男女的愛欲情仇，人性之間的是非恩怨，便都可以慈悲的心靈予以包容了。文學作品的美感，與意義是密不可分的，文學作品若能真正體現生命存在的意義，它便具有無上的價值，且能完成一切的功用。正如唐文標所述，〈月印〉中的敘事風格果然是不帶一絲毫火氣的，處理敏感的題材，在那尚未解嚴的年代，毋寧是引領反對的勢力，站在一個更高遠、宏觀的角度來看世情，堅守文學作品應是客觀呈現的立場，不該具有任何主動強導的企圖。這樣的堅持，也自有其難能可貴之處，引人深思。

　　〈月印〉的解題，在拆碎破解的過程當中，充滿解難的樂趣，然而其餘諸篇的解題，便似不太確定、順利。「雪盲」似乎描繪雪地中的一片白色，反光很強，以致視覺易受干擾，往往睜眼卻無法辨識眼前景物。而〈雪盲〉中的「你」（隱形我）卻似乎在回憶的此刻，往昔許多不解之處都──紛理繁解，終獲了悟，則「雪盲」一詞反倒似是正言若反的一種反諷？而「含羞草」是否以之象徵神學院研究生的生命形態？但此草之一觸即縮的特性，卻又與主角絕不相類。「秋雨」乃意指殷海光先生在「一個單薄孤立的家庭被整肅的期間」，如「烈士」般的殉身死亡，如「秋風秋雨愁煞人」的秋瑾嗎？似又不盡然。因為文中分明是指出「本就是齷齪、無情」的「家鄉」中，烈士身殉之徒勞。甚至以「老殷開過一畦不通水的池子」（蓮花池），來「配合殷師的性格」反諷其道之不通。

　　但無論如何，在文本之外，延展語言的藝術興味到題目之上，使題目的意義成為一個開放的空間，這些都增加了語言的自由向度，使語言的義涵盡量擴大，而這些，可以說都蔚成了郭松棻的文體特色。

　　總之，身為一個血濃於水的臺灣作家，半生以上遠居異國，與臺灣時空環境的疏離，造成郭松棻小說中的異鄉人情懷。然則這樣的異鄉人情懷與其說是地理上的異鄉人（離鄉背井），不如說是精神上的異鄉人；也就是在精神上走一條自我放逐的路，讓心靈的困窘在沉落中獲得平衡。他的作品傾向收斂細膩內省式的表現風格，試圖將心靈的曲折、憂悒苦澀一言難

盡的衷情，以頓挫複沓的敘事口吻，和支離重疊的意象情境敘寫出來。壓
抑了感傷自憐的情緒，代之以冷靜的凝視與剖析，爲齎恨含羞的異鄉人尋
求一條自我救贖之道。不走簡明流暢容易爲讀者接受的路，勇敢的忠於自
我對藝術的執著，他的寫作不是爲達到什麼社會運動的目的，也沒有反抗
的情緒，只爲了一寫心中的孤憤鬱結及寂寞感懷。其敘事口吻雖然逐漸偏
向晦澀拗折，但他配上一副畫家賞物的眼光來看世情，於是眼下萬象皆是
流動絕美的生意盎然——父親郭雪湖先生爲日據時期即嶄露頭角的臺灣元
老畫家，自是其所承襲的氣質淵源——以致於他的小說天地，別具一種細
緻柔婉的姿致，以及曲徑通幽的深邃風情，十分耐人尋味。

——選自林瑞明、陳萬益主編《郭松棻集》
臺北：前衛出版社，1993 年 12 月

流亡的父親‧奔跑的母親

郭松棻小說中性別烏托邦的矛盾與背離

◎許素蘭[*]

> 野地匍匐著滿天星。從葉腋裡密密扎扎開出了一地的小白花。花不停爆
> 開，哥哥說。
>
> 哥哥莫非是做了夢？
>
> 伸手摸了摸他的額角。燒爬得很高。「野花劈劈啪啪全爆開了」。
>
> 哥哥滿身滲著汗珠。夜半驚醒了過來。
>
> ——郭松棻，〈那噠噠的腳步〉

五日節前後，臺北竟夜綿綿密密下著雨。

雷雨聲中，夜夢醒來。

一道閃電劈下，映出窗外一角黝暗的天宇。

牀頭的《郭松棻集》，在黑暗中閃著冷光。

比睡眠更深更遠的夢境，自醒後的雙瞳漸次延伸……

無法回神的身軀，被囚禁在書頁間；

無法釋放的沉重，在心口……

一

1945 年，二次大戰結束，臺灣從「殖民時代」，進入「後殖民」，同時
也是「內部殖民」的「再殖民」時代，不同的殖民文化在島國人民身上交

---

[*]發表文章時為臺灣基督教會聖經學院兼任講師，現為國立臺灣文學館研究典藏組研究助理。

錯顯現；初始以爲是「回歸祖國」的「認祖歸宗」，在一連串政治、經濟、社會……的風暴之後，臺灣人民逐漸陷入國族認同、文化歸屬、民族意識……之迷霧森林；然而，戰爭剛結束，廢墟中的家園，猶自等待浴火重生，在殖民統治之下，蟄伏已久的熱情，以及戰爭中離亂的人心，逐漸蘇醒，逐漸收攏；男人與女人，各自勾畫著家國重建的「烏托邦」，而燃燒著理想的熱望。

　　然而，長期因性別而受不同文化制約，思考方式、活動空間、生活焦點……等各方面都有著鉅大差異的男、女兩性，其對「烏托邦」的想像會相同嗎？男、女兩性可以攜手重建廢墟中的家園？或者，彼此對於家國前景的期待與努力，會是相互矛盾、背離，終至要互相傷害的悲劇呢？

　　日據末期，出生於臺北市的郭松棻[1]，在多篇以終戰前後、白色恐怖年代爲背景的小說中，曾以女性期待「幸福家庭」的人生願景，對照男性建構「理想社會」的生命追求，敘寫「家庭」與「國族」，在兩性之間形成的矛盾、衝突，不僅反映戰後初期，臺灣知識分子徘徊日本文化、中國情結、臺灣意識三叉路口的「民族」迷思，也呈顯男性天空下，女性烏托邦幻滅與失落的性別矛盾，文本中隱含的性別、國族議題，引人深思。

　　做爲一位男作家，郭松棻一方面以相當細膩的文字，書寫女性內心取象於現實生活的幸福憧憬；另方面，又以幽暗陰晦的筆調，曲寫混亂、離散的年代，男性徨惑，被壓抑、曲折的國族想像，使得其文本敘述，同時並置「他者」（男性）眼中的女性議題，與「後殖民」論述中的國族認同，這樣的文本脈絡，與女作家文本中經常出現的女性議題與國族認同（或鄉土認同），正呈現反向思考的興味——亦即女作家文本中的女性議題，乃透過女性自身發聲，較具現實意義與真實成分；而由於長久以來，女性一直是「國家邊緣人」，國族認同薄弱，其國族認同往往「想像」多於真實。

　　相反地，男作家文本中的女性議題或女性形象，乃「他者」（男性）眼

---

[1]郭松棻父親郭雪湖先生，爲日據時期即已成名的臺灣畫家；母親林阿琴女士，日據時期高女畢業的臺灣女性知識分子，都是受過日本教育，深受日本文化薰陶的臺灣人。

中的圖象，詮釋意義或想像成分居多；而國族認同、國族議題，傳統上，則是以男性爲中心的大敘述，男作家透過其文本，反映的也正是男性自我觀點——正因爲這樣的反向論證，做爲女性的我，也就特別興味於從男作家文本中，找尋男性意識裡的「女性想像」，並且探索男人將女人排除之後，如何在現實世界，建構以男性爲中心的國族主義。

這也是我選擇郭松棻的小說，做爲討論「女性議題」與「國族主義」之文本對象的動機之一。

二

郭松棻第一篇短篇小說〈王懷和他的女人〉，於 1958 年發表於彼時其所就讀的臺大校內刊物《大學時代》[2]；之後，直到 1970 年，在美國獲得比較文學碩士學位的隔年[3]，才又於與唐文標合編的《大風》雜誌創刊號上，發表紀念殷海光先生的小說〈秋雨〉。

1971 年，「保衛釣魚臺運動」發生，郭松棻放棄正在攻讀的博士學位，專心投入保釣運動[4]，並於 1974 年，與曾經一起參加保釣運動的劉大任，同往中國大陸。自大陸返美之後，郭松棻除了在香港的《抖擻》雜誌，與臺北的《夏潮》雜誌，陸續發表多篇論述之外，並未有小說創作發表。

直到 1983 年，仍然居住美國的郭松棻，才以羅安達筆名，在臺北的《文季》發表六個短篇[5]——這一年，似乎才真正是郭松棻小說創作的起點；雖然這六個短篇篇幅都很短，其中〈論寫作〉、〈含羞草〉兩篇，卻是其重要的同名作品的雛型[6]；尤其是從原先的八千多字，發展成六萬字中篇

---

[2]據李日章老師口述，郭松棻於 1957 年，就讀臺大哲學系一年級的時候，即開始嘗試小說創作。而郭松棻的高中同學陳垣三先生則說在高中時代郭松棻即開始寫作。

[3]郭松棻於 1966 年出國留學，就讀美國加州大學；1969 年獲碩士學位。

[4]請參閱前衛版林瑞明、陳萬益主編《臺灣作家全集・郭松棻集》（臺北：前衛出版社，1993 年 12 月）之〈郭松棻生平寫作年表〉（方美芬編；郭松棻增訂）。

[5]詳細篇目請參閱註 4。

[6]〈論寫作〉改寫的年代尚未求證，不過當在 1993 年，前衛版《郭松棻集》出版之際；〈含羞草〉

的〈論寫作〉，型塑了瘖啞、說不出心頭苦、神形分離、戰後臺灣人的「流離」圖象，更是一篇值得再三閱讀的作品。

如果說，吳濁流《亞細亞的孤兒》裡的胡太明，是日據時期臺灣孤兒的典型；那麼，郭松棻〈論寫作〉裡的林之雄，則是在比日據時期更錯亂、更複雜的歷史時空中誕生、流著浪子血液的戰後孤兒。

林之雄，也完全不同於張系國小說中，澎湃著中國民族主義血潮、花果飄零的近代華人，而是揹負著戰後歷史暗影與政治夢魘的臺灣浪子——原來在三重埔的裱背店畫觀音，卻也立志寫作的林之雄，從臺灣到紐約，原以為「世界的遠處埋藏著意想不到的訊息」（頁 389）[7]，富裕、自由的美國將有助於寫作，最後卻成為得了失語症的精神病患——林之雄在異鄉「失語」與「發瘋」所蘊含的象徵意義，更充滿「後殖民」色彩。

林之雄其實是一位離開家鄉之後，就把心魂留在家鄉的人，其視覺殘留一直定焦在故鄉某一圳溝旁邊，一排違章建築的某一個窗口，這個窗口，每天早晨在固定的時間，總會有「一個女人探出頭來，把一桶不知是什麼的髒水倒進圳溝」（頁 394）——窗口，以及窗口的女人，不僅是立志寫作的林之雄創作的原點，同時也是流浪的林之雄，召喚故鄉記憶的源頭。

然而，對於林之雄，這卻也是找不到出口的，想像的膠著，更是其多年鬱結，終致成瘋的病灶。

直到多年之後，林之雄的母親，接到美國療養院的通知，從遙遠的臺灣迢迢去到美國探望林之雄，林之雄才發現；「母親的臉——漸漸嵌入了那開啓的窗口。『媽』這一顆抖驚叫衝破了重重的迷障而在空中飛蕩著清脆的人間的聲音。」（頁 475）——母親的臉，終於取代窗口陌生女子的臉，成為林之雄突破心智迷障的召喚。

則在 1986 年，將篇幅從原先的三千五百多字，擴展成一萬四千字，以〈草〉的篇名，發表於美國刊行的《知識分子》第 3 卷第 1 期。有關〈含羞草〉與〈草〉的文本分析，可參閱吳達芸〈齎恨含羞的異鄉人〉，文收前衛版《郭松棻集》。

[7] 引文見前衛版《郭松棻集》。本論文引文只標頁碼者，皆引自《郭松棻集》，不另加註。

　　然而,「母親」果真是林之雄「多年來書寫欲望追尋的影跡,(中略)原來窗口上那一名倚窗嫣視的女子所浮現的笑蕊,就是母性意象綻放。」[8]嗎?或者,原來窗口女子的臉,只是林之雄多年追尋的幻影,林之雄「一生鑄成的大錯就是在那窗口徘徊太久」(頁 475),而母親,則是林之雄異鄉流浪多年,走出想像意欲重返的真實世界,母性意象所綻放的,並非窗口女子的笑蕊?!

　　如果是這樣,在〈論寫作〉裡,郭松棻所揭示的並不是作家想像中,特意塑造的、理想的女性原型;而是以喑啞的聲音,試圖召喚人間真實的母親。

　　亦即,「母親」雖未必是郭松棻小說中理想的女性形象,郤是郭松棻文學中真實的人間圖象。

　　也因此,在郭松棻的小說文本中,我們經常可以看到不斷為現實生活、為建構家園烏托邦倉惶奔跑的母親;而母親之所以倉惶奔跑,則多半由於她們在某種意義上,都是失去丈夫的女性。

　　她們為何失去丈夫?如何失去丈夫呢?

三

　　1984 年發表於香港《九十年代》的〈奔跑的母親〉,寫的是在戰爭中失去丈夫的女性。

　　小說中的母親,是日據時代高女畢業的「知識女性」,由於戰爭而失去丈夫,必須獨力撐持整個家庭,其「腋下挾著麵粉袋,像蚱蜢一般,一躍就跳上了徐徐駛開的卡車,去外鄉買黑市米」的決絕的影子(頁 11),竟至成為敘述者「我」(在文本中,有時是以第二人稱「你」,代替「我」),從幼時、少年時代,一直到中年,始終無法擺脫,充溢著無聲的恐懼的夢影——母親向前奔跑而去的決絕身影,彷彿意欲將「我」留在黑夜的這一

---

[8]李桂芳,〈終戰後的胎變——從女性、歷史想像與國族記憶閱讀郭松棻〉,《水筆仔》第 3 期,(1997 年 9 月)。

頭，不僅讓「我」有著失去母親的恐懼，同時也感受了「生活」的可怕。

另一個讓「我」覺得可能失去母親的恐懼，則是祖父對母親的逼婚；母親雖然不願意，但是對於祖父的父權，卻無力反抗，因此，「你」只能「用眼睛審視著美麗而勝於美麗的那即將重做新娘的母親，一步一步迎向你一步一步離開你」（頁 17）。

「我」，或者「你」的恐懼，不也是當年母親的恐懼嗎？當男人為了「民族」，或「國家」存亡的冠冕理由而出征，而陣亡，女人不僅必須獨力維持生活，同時也陷入「為丈夫守節」或「服從父命」的男權道德制約下的兩難，亦即在男權（或父權）龐大的壓力下，女性雖有獨自生活的能力，卻依然無法取得身體的自主權——孤獨而缺乏自主性的女性，借用郭松棻的句法，其內心不是時時存在著「恐懼而勝於恐懼」的暗影嗎？

而男人發動戰爭，為的是結束紛爭，或是製造人間更多的不幸？

同樣是高女畢業，〈雪盲〉裡的母親，則是一位在殖民者話語中失去丈夫的女性。

〈雪盲〉表於 1985 年 1 月，在美國刊行的《知識分子》第 1 卷第 2 期；以第二人稱「你」，代替第一人稱「我」的敘述觀點，使這篇小說明顯地有「以今日之我審視昨日之我——你」的內省意味；而交錯著臺灣、日本、中國、美國人文內容與地方色彩的文本書寫，更隱隱指向作者郭松棻複雜的文化背景與曲折晦暗的國族認同。

如前所述，郭松棻原本出生於日據末期的「日本化」家庭，從小即深受日本文化薰陶；而據李日章老師口述[9]，郭松棻大概在中學時代即已接觸過中國 1930 年代新文學作品，甚至左派理論之類的書籍，其大一時代未發表的習作，即明顯受到 1930 年代中國作家，尤其是魯迅的影響。

少年郭松棻，或許恰如〈雪盲〉裡的「你」，在即將進入高中那年的夏

---

[9]李日章老師為郭松棻念臺大哲學系時的同班同學，兩人的住家僅隔一條街，學生時代兩人來往密切；郭松棻出國之後，與李老師仍維持聯繫；今年（1999 年）5 月 4 日，筆者曾在靜宜大學拜訪李老師，請教有關郭松棻的生平種種；本論文所引李老師口述部分，即根據當日的訪談錄音書寫而成。特此感謝李老師。

天，從曾經是鄰居的老校長手中，得到臺灣總督府監印的《魯迅文集》之後，即深深「戀著手上那本舊書」；「在奔馳的火車裡，……你連身邊的母親都不想理會了。你但願自己再也站不起來。讓雙手沾滿地泥，甚至讓自己的腿斷去。跟著手上的這本書一起沉下去……沉下去」（頁 147）。

　　然而，郭松棻，或者〈雪盲〉裡長大後在美國沙漠講授魯迅的「你」，對於魯迅筆下的中國，或者現實裡的中國，甚至文化的中國，會是如張恆豪所說的「一往情深」，而「充滿中國意識」嗎？[10]

　　〈雪盲〉裡的「你」，孤獨地在美國生活多年之後，終於領悟自己一生所缺乏的就是一位可以引領自己走向「立志」的道路的「亡兄」。雖然「你」曾經從校長手中承繼了其「亡兄」遺留下來的《魯迅文集》，並且思慕擁有這本書的校長的亡兄，然而，多年之後，「你」才領悟校長的亡兄，畢竟還是無法成為自己「立志」的榜樣，於是，「你」在心中不斷地對自己說：「太遲了！太遲了！」；甚至回憶起小學的作文簿裡經常寫的：「願在明年的國慶日，把一面青天白日的旗插在南京的城頭上」，你也覺得「太遲了。太遲了」（頁 184）。

　　是什麼「太遲了。太遲了。」呢？是從對中國的迷戀中醒悟得太遲了？或是年長後，才要為自己尋找一可以仰望的人格者，畢竟是「太遲了！太遲了！」

　　正如李日章老師所說，郭松棻對於自己的國家認同、意識形態，事實上是很模糊的，不僅無法定位，甚至連要找出基調或主調都很難；同樣地，在〈雪盲〉裡，郭松棻也沒有為「你」的國族認同描繪出清楚可辨的座標；然而，小說最後，當「你準備在風沙中沉，……沉到底，沉入睡眠，養養你病弱的腦筋」時，心中依舊放不下的，竟是「在暝黯裡，你總是看到自己——那揮之不去的允諾——沿著少年的那段河堤在奔跑，……」

---

[10] 張恆豪，〈二二八的文學詮釋——比較〈泰姆山記〉與〈月印〉的文學觀點〉，「第二屆臺灣本土文化學術研討會」論文，臺灣師範大學主辦，1995 年 4 月。另外，李桂芳也對張恆豪此一論點提出質疑。詳見註 8。

（頁 185）

　　如果，故鄉的記憶，是揮不去的允諾；如果，昔日的「你」之願與
《魯迅文集》，與古老中國一起沉落的執念，是一種「雪盲現象」；郭松棻
爲「你」所描繪的國族圖象，不是隱然可辨嗎？

　　自 1966 年離開臺灣之後，郭松棻至今依舊住在美國；解嚴之前，更因
爲曾經前往中國大陸，被冠上「郭匪松棻」的標記而無法返臺，因此，其
小說幾乎都是在美國寫作完成。然而，儘管其小說文本，經常交錯著美國
與臺北的空間敘述，但是，文本中對於美國的描寫，總是粗略而模糊；對
於臺北則是微細而深情。例如，在〈奔跑的母親〉、〈月嗥〉、〈雪盲〉、
〈草〉、〈月印〉、〈那噠噠的腳步〉、〈論寫作〉……等作品裡，郭松棻屢屢
寫到終戰前後，仍然保留著日據時期殘影的臺北迪化街、後車站、圓環、
淡水河水門與河堤……，以及當時臺灣人的日常生活、飲食內容……等—
—如果說，作品反映的是作家心靈的面影，是作家內心深藏的情感祕密，
那麼，身在美國，被禁止歸鄉的郭松棻，多少年來，其心魂是否時時徘
徊、往返於故鄉臺灣，終至如其小說中的人物那般，神形分離呢？

　　〈雪盲〉中，那沿著河堤奔跑而去的少年——「你」，日夜所召喚，揮
不去的允諾，不也正是少年郭松棻遙遠的鄉土記憶？「你」的父親、贈書
給「你」的校長，不也就是郭松棻少年時代經常看到的，跨越兩個不同政
治世代的臺灣知識分子？校長、以及「你」的父親，戰前、戰後，各自爲
不同的殖民者語言而費心學習，反映的不正是臺灣知識分子，從「殖民」
到「再殖民」時代，一再重複的語言困境嗎？

　　「校長扭開了收音機。聽著廣播劇。學著用純正的北京話從嘴裡發出
心底的思想。黃昏降臨。凝聚在巷子裡那股令人懊喪的惡氣，是光復以後
一直沒有消散的」（頁 169）——在〈雪盲〉裡，郭松棻將戰後臺灣人跨越
語言障礙的痛苦，轉化成企盼溝通的需求，似乎有意淡化臺灣人語碼轉換
過程的「殖民地傷痕」，然而，校長之努力學習北京話，正如其在戰前，必
要時，「還能說上一口上品的日文，比任何殖民地的文官都不差」（頁

138）；同樣都是爲了進入殖民者國家機器運作的軌道——立志做一個小學校長，教育臺灣人的下一代。

雖然「教育」是提升人民知識水準的手段，是「現代化」、「現代性」的一部分，但是，在臺灣，從日據時期到國民政府時代，「教育」卻同時也是殖民者推動其殖民政策，甚至是奴化政策的工具；〈雪盲〉裡的校長，努力學習殖民者語言，立志成爲一位教育家，雖然強韌地展露了臺灣人（或漢人）昂揚向上的意志，卻也無形中（或無意中）成爲殖民統治的共犯。

當校長——男性，以行動（學習殖民者語言）進入國家體制內——學校（成爲校長或督學），向殖民者表達其國家認同時，做爲校長太太的女性呢？

——高女畢業的校長太太，終究是無法理解戰後站在已成荒涼田道的迪化街，出神望著秋陽的校長，內心暗醞的風暴，心裡記得的竟是「戰前迪化街的熱鬧。亭仔腳水貨堆積如山。唐山來的。金鉤蝦，江瑤柱混著麻油香」（頁 136）另方面，則擔心校長與對面的米娘暗生情愫。

校長太太仍然過著尋常日子，有時「手裡捧出了一籃豌豆。準備在陰涼的門口拆絲。」（頁 135）；有時，由於嫉妒，校長太太會在推車出門的校長背後，潑上一盆餿水。雖然，校長太太終究還是把丈夫留在身邊，維持婚姻的完整，但是，彼此的內心卻是疏離的，在某種意義上，她也是失去丈夫的女性——在丈夫以殖民者話語爲象徵的國家認同中失去丈夫。

做爲男作家，郭松棻在〈雪盲〉中，關注的是同爲男性的校長在時代轉換之際，國家機器的暗影，在其內心形成的陰鬱；而女性則成爲爲了固守婚姻，而終日倉皇的「小婦人」。

四

如果，〈雪盲〉裡努力學習北京話，終於在終戰後不久即當上小學校長的「校長」，代表戰後臺灣知識分子無意中被國民政府「收編」的類型之

一；〈月印〉[11]裡的鐵敏則是戰後懷抱著重建家國熱情、對社會主義，甚至遙遠的中國充滿憧憬，走上「叛離」國民政府的「左傾」之路的「叛亂」類型。

〈雪盲〉裡在終戰後始終心情暗惡的校長，直到接獲教育廳派任校長的聘書，終於才「笑開了憂鬱的臉」（頁 139）；而〈月印〉裡，終戰之際患者嚴重肺病、癒後仍鬱積著懨懨病氣的鐵敏，則是結識一批大陸來的朋友，暢談社會主義理想、懷想大陸美好江山……之後，整個人才「變成一隻會跳的蚱蜢」[12]，積極而充滿知識的熱情。

鐵敏的熱情與積極，讓人想起池田敏雄在戰後初期所遇見的呂赫若：「呂兄，正陶醉於亢奮中，與過去的他大為不同。」[13]雖然池田敏雄遇見呂赫若的時間，與〈月印〉裡鐵敏結識大陸朋友的時間稍有出入，但是，終戰，以至於「二二八」前後，臺灣知識分子從日據末期，皇民化的壓抑之中解放，並且走出戰爭的陰影之際，心中天真地洋溢著再造理想社會的熱情與亢奮卻是相同的。

然而，天真的熱情，與烏托邦式的理想社會，終究是如夢幻泡影般，易碎難成──〈月印〉裡的鐵敏和他一群左翼同志，終於在鐵敏的妻子──文惠，一次無心的舉發中被逮捕，並且被槍斃了。

文惠的舉動，被認為：「只因她想擁有俗世小我的幸福，反而鑄成無可彌補的大錯」[14]；「是她虛幻的想像力挫敗了她，將她艱苦締造的美滿家庭毀於旦夕」。[15]

是這樣嗎？鐵敏的死，果真由於文惠的無知與嫉妒嗎？[16]

---

[11] 〈月印〉發表 1984 年 7 月 21～30 日《中國時報》副刊，後收錄於唐文標主編《一九八四臺灣小說選》（臺北：前衛出版社，1985 年）。

[12] 引文見唐文標編《一九八四臺灣小說選》頁 242，下文若有引用《一九八四臺灣小說選》者，直接在引文後面註明「小說選」字樣及頁碼，不另作註。

[13] 池田敏雄著；張良澤譯〈張文環兄及其周邊的事〉，《臺灣文藝》第 73 期（1981 年 7 月）。

[14] 同註 10。

[15] 董維良，〈小說初讀九則〉；文見前衛版《郭松棻集》。

[16] 張恆豪、董維良都有類似的看法，詳見註 10、註 15。

在那樣的年代，不僅是文惠，恐怕連鐵敏本身，都沒有想到只是藏有一箱「紅書」，就罪至於死吧？如果文惠「無知」，當時陷入「白色恐怖」羅網的臺灣知識分子，或許有很多人都是「無知」的吧？

在激烈「反共」，大力「清鄉」的當時，即使文惠不向警局舉發，鐵敏等人就能平安無事嗎？

挫敗文惠、摧毀其美滿家庭的，是文惠「虛幻的想像力」嗎？難道不是政治鬥爭的惡勢力，不是箝制人民思想的國家機器嗎？文惠失去丈夫，不是由於男性虛幻的烏托邦夢想嗎？

一位女性，當她以全部生命能量，將自己的丈夫從疾病的死亡邊緣挽救回來，而冀望「擁有俗世小我的幸福」，是不可原諒的錯誤嗎？女性，都要像《寒夜三部曲》裡的燈妹「由賢妻而好母親，由一家之私情而爲土地之大愛」；「而到達觀音大士普渡眾生的形象」，才算是「提升自己」[17]，而值得稱揚嗎？

文惠雖然是日據時代高女畢業的「知識女性」，但是正如楊千鶴〈花開時節〉[18]，或辜顏碧霞《流》[19]所描述的，當時受過高女教育的臺灣女性，通常出身於經濟較富裕、觀念保守的家庭，其受教育往往是爲了締造美滿的家庭生活[20]，因此其思想觀念很難超出「家庭」的範疇，反而不若未受過太多學校教育的女性，之較具逆叛精神與革命熱情，勇於投入社會運動[21]；因此，即使受過新式教育，其所期望於將來的仍是平平靜靜地，相夫教子，過傳統的家庭生活。

---

[17]陳萬益，〈母親的形象和象徵——《寒夜三部曲》初探〉，《于無聲處聽驚雷——臺灣文學論集》（臺南：臺南市立文化中心，1996年）。

[18]楊千鶴〈花開時節〉，原作日文，刊於1942年7月《臺灣文學》第2卷第3號，中譯本有二：一爲陳曉南譯，收於鍾肇政、葉石濤主編《光復前臺灣文學全集・卷八・閹雞》（臺北：遠景出版公司，1979年7月）；一爲鍾肇政譯，收於施淑編《日據時代臺灣小說選》（臺北：前衛出版社，1992年）。

[19]辜顏碧霞《流》，原作日文，1942年9月初版，中譯本由邱振瑞譯，1999年由草根出版社出版。

[20]參閱楊翠《日據時期臺灣婦女解放運動——以《臺灣民報》爲分析場域》（臺北：時報文化出版公司，1993年）。

[21]郭松棻小說中，日據時期受過高女教育的女性，也都有這樣的傾向，除〈月印〉裡的文惠之外，還包括〈奔跑的母親〉、〈月嗥〉、〈雪盲〉裡的女性。

文惠的心願,反映的不正是時代觀念對於女性的設限嗎?

郭松棻沉靜、細膩、詩化的文字,所營構文惠的生活內容,深具遁世的田園情調;相對於鐵敏所熱望的社會主義烏托邦之以群體利益(或階級利益)為追求目標,文惠的世界或許是狹窄而不具社會性的。

然而,當她和鐵敏夏天在碧潭釣魚,從碧潭旁的山頂俯瞰臺北市;傍晚時候「好像揹著一天的陽光」,騎腳踏車回公館,「風吹在他們的臉上。幸福的生活從他們的車邊拂身而過」(「小說選」,頁 251)的感覺卻是真實可以觸摸的。

至於鐵敏和他的中國朋友所熱切談論的政治現狀、社會主義,以及中國大陸,對於文惠卻是空洞而飄忽的,尤其是中國大陸;當從大陸來的楊大姐說:「文惠,你不認為那塊地方是我們大家的嗎?」的時候,文惠卻錯愕地意識到:「她從來沒有過這種心思。大陸,只是她夢中一塊美麗的土地,她從來沒想過那是誰的。……然而怎麼才算是大家的,她卻沒有想過。現在經楊大姐這一問,反而糊塗了——」(「小說選」,頁 237)

從文惠的立場,鐵敏所追求的,不是反而是一邈遠、不切實際、空泛的夢想嗎?

男性汲汲於建構所謂「國家」或「民族」的理想世界,在女性眼中,恰似一則荒誕的神話。

與文惠類似的女性觀點,也出現在郭松棻 1997 年的作品〈今夜星光燦爛〉[22]裡;只不過,〈月印〉型塑的是臺灣女子的纖細、哀婉、柔弱中強韌的生命力;〈今夜星光燦爛〉,表現的則是中國女性粗礪生命的朗落性格。

〈今夜星光燦爛〉雖以陳儀為素材[23],而且小說的主要場景是 1950 年代的臺北,然而小說內容對於陳儀與臺灣「二二八」的關係,卻完全「無視化」;如此的處理方式,南方朔從歷史意識加以詮釋,認為郭松棻「乃是

---

[22] 〈今夜星光燦爛〉發表於 1997 年 3 月《中外文學》第 25 卷第 10 期。
[23] 據李日章老師口述,在一次晤面中,郭松棻曾表示正在寫作一篇與陳儀有關的小說;之後即有〈今夜星光燦爛〉出現。

企圖對近代臺灣歷史上最具爭議的前臺灣行政長官陳儀重新定位；……企圖藉著文學的重組和虛構，爲歷史尋找新的救贖源頭」[24]——〈今夜星光燦爛〉真是郭松棻對於陳儀的「精神的傍觀與慷慨」嗎？或者，郭松棻藉著臨刑前，陳儀對自己在戰爭中競逐權力的一生的反省，所欲詮釋的是生命的荒涼與戰爭的誤謬，而未必是爲歷史重新定位或尋找救贖？

「男人家出門讀書仕宦，乃至奔竄天涯，都說是爲了天下的太平，可我看你們是打仗打出了興頭，連年不斷，只怕要造成幾代的惝惶不能終日」[25]；「戰爭，都是你們男人家玩出來的把戲」[26]——〈今夜星光燦爛〉裡，主角的妻子，在家書中向主角所表露，女性對戰爭的看法，不正赤裸裸地揭露了戰爭的謬誤嗎？

一生歲月都在南北轉戰中度過，縱使曾經雄姿英發，曾爲將軍，曾爲省主席……到最後唯有通過死亡的窄門才能重生的生命，真的是荒涼有如南方朔所說的「廢墟」；郭松棻對於歷史是慷慨，或是嘲弄呢？

更諷刺的是，男人爲了所謂「天下太平」，而四處奔走，女人卻在男人的權力競逐中失去丈夫。

五

行至中年，回頭再看，生命所追求的，無非是夏日微風輕揚的黃昏，與相愛、相惜的男子，攜手走在遍植茉莉與玫瑰的小徑，或溪頭銀杏默然飄落的林間，以及讀喜歡讀的書、寫想寫的字，偶爾教一點書，與愛文學的朋友相聚……。

這樣的想望，或許正如〈月印〉中文惠揚起手中的茭白筍，對鐵敏說：「這是戰後第一次看到的茭白筍」；或者從牆外水溝中撈起——湯碗的

---

[24]南方朔，〈廢墟中的陳儀：評郭松棻〈今夜星光燦爛〉〉，《中外文學》第 25 卷第 10 期（1997 年 3 月）。
[25]同註 22，頁 51。
[26]同註 22，頁 75。

大肚魚、從胭脂擔子買了一碗茶油；甚或是文惠握著鋤頭，在泥地上開闢菜圃，而「被一種生活的意念支配著，安詳、穩定而又充滿了迎接的熱望」（「小說選」，頁 212）；也恰似〈今夜星光燦爛〉裡，主角的妻子在丈夫連年奔波用兵、謀權圖勢之際，信上所寫也無非是在後院建闢花園、兒女成長、親朋婚喪……等尋常家事──真實、具體、簡單而向未來延伸的日常生活。

只是，女人所追慕的尋常生活，在亂世中終究是難以成全的。

文惠以為，只要鐵敏病好了、健康了，「時間平空蹓轉了一圈，又回到他們做學生時的那種生活」，幸福總會降臨；〈今夜星光燦爛〉裡的妻子，也認為雖然「戰爭誤事，不過勤謹過日，在你解甲歸鄉之前，想必可以完成你夢想中的家園草堂」[27]；然而，懷抱著改造社會的熱情而成為紅色青年的鐵敏，在國、共相爭中犧牲了；〈今夜星光燦爛〉裡的將軍，也以「通敵叛國罪」被槍斃了──男人死亡，宣告的卻是女人理想的幻滅。

或許，女人無法了解的是，男人為何不能好好守住家園？為何男人一生追求理想，卻反而招致家庭破碎？

女人對於世事的不解，或許也正是郭松棻小說文本內蘊的矛盾、衝突：男性在國族烏托邦的追尋中成為流亡（流離、死亡）的父親；女性為建構家園烏托邦而成為倉惶奔跑的母親；不同性別的烏托邦建構，終究是無法交會的矛盾與背離。

──原刊《文學臺灣》第 32 期，1999 年 10 月

──2013 年 3 月修改

──選自郭松棻《奔跑的母親》

臺北：麥田出版公司，2002 年 8 月

---

[27]同註 22，頁 75。

冷酷異境裡的火種
郭松棻的創作美學

◎王德威*

> 現在你在臺北很難找到這樣燙手的心了。
>
> ——〈向陽〉[1]

　　1950 年代的臺大外文系，曾經是臺灣文學現代（主義）化的重鎮，作家如王文興、白先勇、陳若曦、歐陽子、王禎和等，都出身於此，日後也都自成一家。與這些作家所得到的重視相比，郭松棻毋寧是寂寞的。這也許是因為郭在 1966 年赴美後，基於種種原因，少與臺灣文壇聯絡；更可能的是，他一向惜墨如金，非有佳作，絕不輕易出手。但在新世紀回顧過去數十年的臺灣文學版圖，郭松棻的作品早已成為重要座標。

　　郭松棻的創作始於 1958 年。在臺大期間，除了浸潤於歐美文學外，他顯然深受存在主義的影響。之後他參與劇場、電影活動，也曾涉獵藝評。他對文學、藝術的熱愛當然反映了個人才情，而他的家學淵源——父親郭雪湖先生為臺灣畫壇前輩——想來也有以致之。即在此時，一脈不安的、反叛的衝動，顯然已積蘊在作家心中。1966 年郭松棻赴加州大學柏克萊分校攻讀比較文學，數年之後，他投身保衛釣魚臺運動，夙夜匪懈，終致放棄了博士學業。

　　今天臺灣的政治如此正確光明，當年海外的民主鬥士，多已修成正

* 發表文章時為哥倫比亞大學丁龍講座（Dean Lung Professor）教授，現為哈佛大學東亞語言文明系 Edward C. Henderson 講座教授。

[1] 郭松棻，〈向陽〉，林瑞明、陳萬益主編《郭松棻集》，（臺北：前衛出版社，1993 年），頁 38。

果。相形之下，另一批為了愛中國而保釣，不惜孤注一擲的異議分子，才更有無可如何的蒼涼吧。那場運動來得急去得快，當新中國的政治急轉直下，當新臺灣的前途躁動喧嘩，這些曾懷抱理想的運動者，回首前塵，要怎麼樣清理他們的心事？我在他處（〈秋陽似酒〉，《眾聲喧嘩以後》），曾經提過，保釣運動也許使日後留美學人錄上少了幾個名字，但卻成就了一批極優秀的作家。郭松棻，還有劉大任、李渝等，正是其中的佼佼者。由絢爛歸於平淡，他們將過往的政治激情化為紙上文章，其跌宕沉鬱處，非過來人不能及此。更重要的是，藉著文字的淬鍊，他們展顯一種老辣內斂的美學。這一美學兩岸的作者無從比擬，因為包含太多海外的情懷因緣。也藉著這一美學，他們以往激進史觀、抱負後的幽微面，才漸漸顯露出來。

1983 年起，郭松棻開始推出一系列的作品，從短篇如〈向陽〉、〈含羞草〉初篇、〈機場即景〉等，到中篇如〈月印〉、〈月嗥〉、〈雪盲〉等，頗得行家好評。郭行文運事凌厲精準，〈月印〉、〈雪盲〉等作構思繁複，寄託深遠，但修辭上的寡談骨感卻一如電影劇本的分場鏡頭。尤其可以注意的是，他的作品絕少提到釣運種種，有的反而是臺灣早期的歷史創傷，或浮世人生的倫理糾結。彷彿經歷了一場大考驗，他反能從其中抽離出來，轉而思考更曲折廣闊的生命面相——事過景遷，一切盡在不言之中。比起兩岸各色傷痕反思文學的涕淚吶喊，郭松棻的選擇，仍有他毫不妥協的姿態。

郭松棻對他自己創作的期許與警醒，在中篇小說〈論寫作〉（新版改名為〈西窗紀事〉）裡表露無遺。這篇小說的主人翁原是個年輕的畫師，因為瞥見一個窗口內婦人的容顏，而觸動寫作的靈機。他日夜琢磨，一無所成，哪裡知道這才是劫難的開始。由臺灣到美國，由勤奮到淪落，由青年到中年，作家矢志「把生命剔出白脂，苦心尋找著一種文體」。他歷盡千言萬語，但那至美的文學窗口不曾為他打開。他終於患了失語症，並住進精神病院。這篇故事於是有了寓言義涵：創作是畢生的折磨還是聖寵？語言是一種玄機還是一種咒詛？小說高潮，作家的母親出現。在母子相認中，

那久久的擁抱到底帶來狂喜的真相，或是絕望的最後徵兆？

〈論寫作〉的內容當然遠較此複雜，而郭松棻前此已以〈寫作〉為名，寫了一則類似短篇，故事中的作家對寫作的我執，與寫故事的郭松棻對敘事形式的斤斤計較（剔除白膩的脂肪，讓文章的筋骨峭立起來！）[2]，形成後設的對應。篇名「論寫作」也因此有了自我反射的意義。不錯，以寫作「論」寫作，郭松棻剔脂除肉，他所追求的就是禁欲的絕對的精氣神。「一個標點符號放對了位置，就會令人不寒而慄。」[3]當寫作直指本心，它其實已是帶有宗教意味的考驗；當寫作排除人間煙火，它召喚形銷骨立的純粹美學，或更詭異的，召喚為求全而自毀的沉默——與死亡。

我因此認為郭松棻是少數中文作家中，如此生動體驗現代主義「骨感」美學的能手。那位談論「沒有主義」的高行健，其實還差得遠。寫《家變》與《背海的人》的王文興才堪與郭相提並論，而我仍要說郭的「潔癖」更較王有過之而無不及。1983 年以後，郭松棻也推出不少有關歷史與倫理變相的作品，如〈向陽〉與〈月嗥〉寫婚姻關係與暗潮，〈奔跑的母親〉、〈那嗒嗒的腳步〉、〈機場即景〉寫親情感應與變調，〈月印〉寫二二八與白色恐怖，〈草〉及〈雪盲〉寫異鄉感時憂國症候群等。其中尤以〈月印〉及〈雪盲〉揉合了幽遠的家國情懷，存在主義式的荒謬衝動，還有精緻的意象、修辭架構，最值得我們的注意。〈月印〉中的少婦在荒蕪的殖民歲月裡照顧孱弱的丈夫，無怨無悔，卻因為戰後的政治風暴，斷送了丈夫的性命。〈雪盲〉中流浪的知識分子，不能忘懷終戰後的啓蒙歲月及鄉土深情，卻以極盡自虐的姿態，選擇寄身異鄉沙漠中的警察學校，「在風沙中沉落，……沉到底」。[4]

郭松棻筆下的人物有求仁得仁的原道意志，但他（她）們自暴自棄的勇氣同樣驚人。兩相拉拒，在在使我們驚覺人之所以為人的堅韌與不堪。

---

[2]郭松棻，〈論寫作〉，《郭松棻集》，頁 397。
[3]同前註，頁 398。
[4]郭松棻，〈雪盲〉，《郭松棻集》，頁 185。

究其極，這些角色耽於，或困於，一種決絕的生命情境，與〈論寫作〉那位失敗的作家並無不同。他們都在用肉體銘刻殘酷美學，遐想秩序的（不）可能。不論外表多麼冷漠寡歡或溫良恭儉，他們的內裡是熾熱的，充滿危機意識的；他們是一群生活裡的恐怖分子。用〈向陽〉裡的話說，「他們要活得像一場暴政。他們都有一顆滾燙的心。他們對自己，就像對對方，都亮出了法西斯蒂」。[5]這應當是郭松棻寫作美學的黑洞吧。他的政治立場是一回事，他最擅經營的其實是一種法西斯蒂的冷酷異境，狹小如〈機場即景〉中窒礙的機場，浩瀚如〈雪盲〉中的美西沙漠，郭松棻的世界是天地不仁的世界，人與人間艱難的找尋溝通，最終必須退縮到蠶蛹般的自閉空間，一逕蘊積著救贖的絲／思索，百不可得。〈草〉裡那個緘默的，流落異國小鎮知識分子，蹉跎歲月；他最後參與家鄉的抗議活動，卻以身陷囹圄收場。〈秋雨〉側寫殷海光在世最後的日子，郭筆下的自由主義大師竟有了魯迅憤世者的身影，一抹犬儒的微笑死也不能讓人忘記。當然，誰又能忘記〈月嗥〉中的婦人與丈夫作了多年美滿夫妻後，在他死後才了解一樁背叛的祕密——而她積極守靈，以幾近戀屍的姿態執行法定未亡人的義務，不，權力。郭松棻的人物憑凜然不可侵犯的意志來掩飾無可挽回的絕望。他們的極端表現一方面顯有存主義式的，擇荒謬而固執的堅持，但另一方面也洩露一種「無限上綱」的法西斯蒂狂熱。

而我以為郭松棻最好的作品不斷回到這一難題。他用冗長的篇幅來寫寫作的不可為（〈論寫作〉），用深情關照人間世的無明（〈月印〉），用最理想主義的浪漫筆觸堆砌理想的虛無（〈雪盲〉）。他（及他的人物）所面臨的必然挫敗成為他美學的根源；一股頹廢的美感因而生起。做為冷酷異境的播火者，郭松棻其實很令我想到寫《野草》的魯迅：

　　當我沉默的時候，我覺得完美；我將開口，同時感到空虛。

---

[5]同註1，頁38。

過去的生命已經死亡，我對這死亡有大歡喜，因為我藉此知道牠曾經存活。

死亡的生命已經朽腐。我對這朽腐有大歡喜，因為我藉此知道牠還非空虛。[6]

　　而在〈今夜星光燦爛〉裡，郭松棻似乎有意為他這樣的僵局打開一條出路。故事裡的將軍曾闖蕩大江南北，親臨無數殺戮，卻也曾有過奇妙的頓悟機緣。晚年的一場政治事件使得將軍失勢成為階下囚，終被處死。這是一個極其肅殺的故事，寫盡歷史的不義與背叛。然而在等待行刑的最後日子裡，將軍思前想後，對家鄉、對妻子，甚至對他所不動於心的事物，生出款款柔情。遲來的了悟，使百鍊鋼化為繞指柔，將軍終能從容赴死。但與其說將軍與他的環境妥協了，更不如說他把畢生嚴整的紀律發揮到極致，因能轉為對生命——哪怕是生命最殘酷的部分——的包容。這包容需要多大的堅持！〈今夜星光燦爛〉一說是以二二八事件的「禍首」陳儀為原型。果如是，小說對法西斯蒂政治及美學的反省辯證，就更為耐人尋味。有關二二八的寫作已成了老生常談，但像〈今夜星光燦爛〉那樣逆向操作，而得出更為寬廣的歷史視野的作品，尚不曾見。

　　1997 年夏，郭松棻突然中風，復健的過程緩慢，他何時能夠再執筆為文，還是未知之數。回顧所來之路，郭松棻可曾想到他筆下的情景：那黃昏河堤上迎向滿天蝙蝠的少年；那月夜看守亡靈的婦人；那陰陰冷笑著的垂死教授；那總是向後奔跑的母親；那羈留在荒漠中的知識分子；那等待死亡的將軍；還有那不斷的寫也寫不出來的作家……。他會感歎吧：「現在你在臺北很難找到這樣燙手的心了。」[7]郭松棻的美學曾召喚過萬里江山，他卻終在方寸之間，找到最艱苦的挑戰，與最可珍惜的寄託。

——選自《聯合文學》，第 210 期，2002 年 4 月

---

[6]魯迅，《野草》題辭，《魯迅散文選》，楊澤編（臺北：洪範書店，1995 年），頁 95。
[7]同註 1。

追憶似月年華

◎李順興[*]

　　《雙月記》由兩篇小說集結而成，屬 1980 年代中期舊作，分別取名〈月印〉和〈月嗥〉，皆挑選戰後初期已然成熟的臺北女性做爲故事重心。兩名女主角性情陰柔服順，彷彿由同一模子發展出來，這或許呼應著小說以月爲題的陰性隱喻。

　　沒有張愛玲女性角色的心機城府、不見鄉土小說女性角色的潑辣蠻勁、缺乏白先勇女性角色的遲暮浪漫，《雙月記》的女主角反倒像極了我們一般刻板印象中所認知的日本傳統女性。如果小說的紀實性有某種程度的可信，對照今昔以探求女性的差異，同屬臺北都會的米亞（朱天文，〈世紀末的華麗〉），何其自由與放縱。兩種女性行爲思想在傳承上的斷裂如此之大，印證臺北本身文化地層的劇烈變動。

　　終戰初期的臺灣，政治事件一波接一波，陰霾遍及社會各層面，政治自然而然成爲文學想像的核心議題，〈月印〉自是不能免俗，唯其書寫形式獨具一格。較之於吳濁流《亞細亞的孤兒》的直接控訴，〈月印〉的政治關懷顯得低調而且內斂，起先只是一條敘事支線，以側面寫法來呈現，最後才與女主角所代表的主要敘事發生糾纏，進而造成悲劇收場。〈月嗥〉轉而處理丈夫婚外情對女性心理的衝擊，筆調則仍是極其壓抑，到了篇末才揭顯女主角悲恨心情起伏的緣由。

　　《雙月記》最明顯的藝術成就在於敘事時間的設計。誠如書背評語所指出的，作者擅於「刻畫人性的深邃細密幽微複雜」，這類型的內容傾向於

---
[*]發表文章時爲中興大學外國語文學系副教授，現爲中興大學外國語文學系教授。

在小地方極盡文字拖延之能事，普魯斯特《追憶似水年華》爲其中翹楚。普魯斯特另在敘事時間的結構上安插複雜的曲徑，用以容納大量獨立敘事片段，譬如說，在倒敘中，嵌入前瞻，或顛倒過來，在前瞻中，夾入倒敘，甚或在一節敘事中將兩者多次交叉混用，造成敘事時間的難分難辨。《雙月記》並沒走上這種挑戰讀者理解能力的極端路線，作者適可而止，因此敘事時間結構雖然雜衍蔓續，但不至於混亂失控。〈月印〉的主要敘事時間由終戰後的婚事開始，一直到丈夫涉及判亂被槍斃，時間長度大約是終戰後最初幾年。〈月嗥〉的主要敘事時間是從第一次在殯儀館觀看丈夫遺容到最後一次爲止，時間長度約四天或更多一點。透過長篇幅的描述，各種回憶或過往事件，零零碎碎，都能恣意地鑲入主要敘事時間的空縫，長短相間，忽前忽後、或深或淺，整體敘事時間也隨著曲曲折折，宛如空間迴廊，轉彎處寶藏無盡，這就是《雙月記》妙用敘事時間所創造的結構之美。

倒敘或前瞻，勢必造成敘事時間的跳越，作者在時間轉折點的處理，都有相當刻意卻不著匠氣的經營。有些轉折勉強類似電影蒙太奇，例如，〈月印〉中的一段有關文惠和鐵敏去釣魚的倒敘，回家路上文惠「第一次強烈地想要一個自己的孩子」，接續下去的另一個倒敘，內容是幾年後楊大姐的來訪，文惠的第一個動作是「目不轉睛地將楊大姐端詳起來」，想「看看她那麼艷麗照人是不是跟生過小孩有關」，小孩這個意象遂成爲兩則不相干敘事片段之間換檔的潤滑劑。〈月嗥〉也不乏精采例子，其中一幕，太太瞧著棺內丈夫的臉龐，發現「即使丈夫躺下來，臉上也帶著生前孤兒的寂寞」。這裡的視角是太太的，然而緊接下去的視角立即切換成丈夫的：「一起站在旅舍的兩簷下，他記起了小時候（母親剛下葬時）墳上的星光。八歲當了孤兒……」。這兩段視角不同的片段，轉軸點正是孤兒意象。

前衛出版社早先出版的《郭松棻集》已收錄〈月嗥〉一篇，集後的綜合評論，對〈月印〉與〈月嗥〉都有一番著墨，其中引古典詩及佛法以解「月印」之題、以希臘英雄阿基里斯的弱點闡釋完美婦人文惠的嫉妒、太

太向棺槨裡的丈夫宣戰，比之唐吉訶德挑戰風車，都是相當精采的解讀，
可做爲進一步的研究參考資料。

　　　　　　　　　　　　　　——選自《中國時報》「開卷」，2001 年 3 月 4 日

月印萬川，星光燦爛

◎梅家玲*

「方向與時機，經常是倒置錯亂的。」

「該向你跑來的，她卻離你而去，該離開你的，卻又要奔跑而來」

　　這是曾經出現在〈奔跑的母親〉一文中的對白，但卻似乎可以概括
1980 年代郭松棻小說創作所反覆隱現的某些重要精神內涵：歷史的錯置、
命運的無奈，造就了人物的恓惶流離，無所歸依。而這，當也不無他特殊
個人經歷的投影吧？出身臺大外文系的郭松棻，原是白先勇、王文興、李
歐梵等人的同班同學，當年皆為現代主義文學的創作中堅。然而，留美時
義無反顧地投身保釣運動，使他放棄了柏克萊大學的博士學位，落得為黑
名單上的異議分子。長年羈旅海外，天涯漂泊，文學志業，反成為政治激
情過後的美學寄託。

　　不過，正是身心曾輾轉於翻天覆地的政治動盪，入而復出之餘，郭松
棻的小說，遂既有做為海外知識分子的憂憤心事，也有對歷史創傷的鑑照
關懷，彼此磨礪感盪，箇中曲折，莫不藉由幽深內斂，委婉蘊藉的敘事手
法來體現。《奔跑的母親》一書所收的五篇作品中，〈奔跑的母親〉牽纏於
童年時母子親情的微妙感應，〈草〉感喟於異國流落時的偶然邂逅。重點都
在著墨海外遊子的流離身世。〈雪盲〉更進一步，點出魯迅精神對少年成長
的自我啟蒙，卻又反諷地讓成年後的知識分子飄零海外，成為另一個沉淪
自棄的孔乙己——「太遲了，太遲了」，方向與時機的錯亂，終不免要促發

*發表文章時為臺灣大學中國文學系教授，現為臺灣大學中國文學系與臺灣文學研究所教授。

更多的吶喊與徬徨。

　　無疑地，故鄉情懷，過往記憶，一直是貫串遊子離憂，知識分子孤介不遇之情的主旋律。然而，另一方面，疏離於海外的邊緣身分，卻又使郭松棻在省視故鄉土地上的歷史創痕時，能夠以超然悠遠的視角，鑒照其間的幽微曲折。如同樣以二二八及白色恐怖爲主題，〈月印〉的筆觸溫婉細緻，由夫妻尋常生活入手，訴說溫柔又剛強的妻子，悉心照料衰孱病弱的丈夫康復，只不過因爲希望擁有完整夫妻生活，不願他參加組織活動，懵懂地至警局檢舉，反致親手枉送了丈夫及同黨多人的性命。文中不見激情控訴，然而政治的殘暴，歷史的無明，歷歷盡在其中。

　　而更值得注意的是〈今夜星光燦爛〉，它以工筆鋪敘一位將軍自被囚禁到臨刑前的心路轉折，其以陳儀爲原型人物的用心，呼之欲出。只是，小說不僅略去了最具爭議的二二八事件敘述，並且，讓先前曾是異鄉遊子傷痛根源的故園記憶，成爲將軍生命最後歲月中，自我身心安頓與救贖的契機——正是那後院桃樹下的妻子，那桃花柳絮的江城，那夢想中的家園草堂，召喚出將軍內心深處的柔情與寬容。於是，從容地鏡前佇立，自我省察，取代了過去小說中不斷出現的流離奔跑，方向與時機的倒置錯亂不再，反倒是月印萬川，星光燦爛，「鏡中人走出了鏡子」。從恓惶掙扎到貞定自持，這一自爲境界的開顯，正所以成就了郭松棻小說中最動人的篇章。

——選自《中國時報》，2002 年 12 月 8 日，34 版

當代臺灣小說中歷史記憶的書寫

以郭松棻爲觀察主軸

◎陳明柔*

前言

> 小說家既不是歷史學家，也不是預言家，他是存在的勘探者。
>
> ——米蘭・昆德拉，《小說的藝術》，1993 年，頁 36

在 1970 年代以「回歸鄉土、擁抱社會」爲號召，大規模的鄉土文學論述與鄉土書寫過程中，臺灣社會開始在官方的歷史建構之外，重思家國民族的相關議題。在這些書寫與論爭之中，其實寓託著召喚生長於斯之土地歷史的意圖與身分認同的焦慮。1980 年代臺灣的文化語境，正處於意識形態激辯的年代，「國族認同」與「歷史意識」的紛歧，使臺灣擺盪於不同意識形態的端點之間，在「臺灣意識」、「本土認同」日趨激越的時空中，重構歷史成爲重要的社會文化課題，臺灣對自我身世的追索與重構正在各個場域大規模地展開。在汲汲建構臺灣歷史、彰顯臺灣意識、確認臺灣主體性的同時，其中蘊涵的正是數十年來，在官方正統論籠罩下，對「臺灣（歷史／土地）」認識的淺薄，以及接續斷裂歷史的欲望。這種對於臺灣／本土意識的宣揚、對於歷史斷裂失憶的披露，毋寧是針對於過去社會現實中，不能被觸及的，更幽微的歷史記憶幽靈之召喚。對於臺灣歷史身世探

*發表文章時爲大學臺灣文學系副教授兼系主任，現爲靜宜大學臺灣文學系副教授。

索的意圖與焦慮，表現於文化論述的場域，乃是臺灣意識／中國意識的全面激辯。在文學場域中則被顯影爲對於臺灣文學主體性的積極建構，以及重寫文學史的欲望與實踐；至於文學論述的形構，具體化爲臺灣文學本土化論與第三世界文學的論爭；表徵於小說創作之中的，則是以虛構形式對失憶的過往的召喚以及集體記憶的重塑，甚而是對於文字載錄「客觀歷史」可能性的質疑。

1980 年代臺灣小說家，對於歷史記憶的召喚以及失憶的困窘與惶惑，著墨甚多。這自然得力於時代風氣漸開，創作者以其敏銳觀察力，嗅出了這個世代異於過往世代的特殊氣味。於是呼應著文化／文學論述場域，關於歷史記憶、國族認同、文化想像等命題，著力於召喚歷史記憶、重繪族群版圖，甚或是構築國族認同意識的小說文本，匯爲巨流，成爲自 1980 年代初即引人注目的文學新景觀。小說家們後設地詮釋既有的歷史觀點，並開始在小說中挖掘歷史的記憶與脈息，摩挲歷史的質地，試著以小說虛構的形式，填補曾經斷裂失憶的缺口。對於國家意識形態曾經營造出來，視之爲理所當然信以爲「真」的文化符號與意識形態，採取另一種角度重新審視。如此，則黃凡於 1979 年崛起文壇初試啼聲的〈賴索〉，實具有見證臺灣歷史轉型期與 1980 年代文學新景觀崛起的象徵意義。〈賴索〉的確是以一種闖入者的姿態，成爲討論 1970、1980 年代臺灣文學史時，無法迴避的小說對象。1970 年代末，鄉土文學論戰仍餘波盪漾，民族主義、尋根、社會關懷仍是知識分子熱切關懷的論題，黨外政治運動仍「帶著理想和批判的光環，而白色恐怖依舊恐怖」。我們並無法在外在環境中，找到產生〈賴索〉這篇小說的必然條件，但就在毫無預警的情況下，〈賴索〉闖入了臺灣文壇[1]，引發了連鎖的效應。在文學的場域中，若以黃凡的〈賴索〉做爲一個觀察的起點[2]，進入 1980 年代，小說中對於「歷史記憶」與「政治

---

[1] 參見施淑，〈反叛的受害者──評黃凡的小說〉，《兩岸文學論集》（臺北：新地文學出版社，1997年），頁 328。

[2] 林燿德以爲，黃凡於 1979 年初登文壇的力作〈賴索〉，正式開啓了 1980 年代臺灣政治小說史的序幕。見林燿德，〈小說迷宮中的政治迴路〉，收錄鄭明娳編，《當代臺灣政治文學論》（臺北：時報

小說」的書寫方興未艾。

　　對於曾經被封窒於黑暗角落的歷史禁忌，如日據時代臺灣歷史、二二八事件、白色恐怖等等塵封的記憶，1980 年代小說文本已開始鋪陳。一個個被塵掩於漫漶歷史記憶中的模糊面容，由於小說家或虛或實的繪構而重見天日。小說家通過文本穿虛入實敷演其事，以重塑歷史，以召喚人物精魂，以記憶對抗遺忘。1970 年代末政治風暴前夕，〈賴索〉的出現，其實與 1980 年代威權統治意識形態逐漸崩解的氛圍中，負載著歷史傷口與湮暈記憶陸續登場的角色，遙相呼應著——不論是曾淵旺（李喬〈小說〉，1982 年），蔡千惠（陳映真〈山路〉，1983 年），文惠、鐵敏（郭松棻〈月印〉，1984）年，太榮（蔡秀女〈稻穗落土〉，1985 年），顏金樹（楊照〈黯魂〉，1987 年），簡阿淘（葉石濤〈紅鞋子〉，1988 年），甚或與〈賴索〉相隔十餘年方才登場的李家正（朱天心〈從前從前有個浦島太郎〉，1990 年）……當這些角色幽靈似地，出現或隱沒於小說文本之際，我們不也從他們或佝僂、或衰頹、或倉皇、或哀淒的神色中，見及黃凡的〈賴索〉於風氣未開的 1970 年代末登場時，所預視的一個新的，容許重新認知、詮釋歷史甚或懷疑歷史的世代。

　　也就在前述的文化語境中，我們見及當代小說中大量書寫「歷史記憶」的意義與特殊性。而離鄉多年的郭松棻，於 1983 年以筆名「羅安達」於《文季》發表了六篇作品[3]，1984 年於《中國時報》連載了深受注目的〈月印〉、〈月嗥〉；此後他以其深具特色的書寫風格，陸續發表了許多以戰後臺灣社會集體情境與精神樣態為背景的小說。其曲折書寫「歷史記憶／失憶」的沉重課題、敷演「歷史集體情境／個體存在」交纏的繁複文本，至今仍是有待開發的沃土。筆者以為郭松棻小說，與 1980 年代以來大規模

　文化出版公司，1994 年），頁 144。
[3]郭松棻以「羅安達」筆名，於 1983 年《文季》第 1 卷第 2 期發表了以〈青石的守望——旅美小品三則〉為題，包括了〈向陽〉、〈出名〉、〈寫作〉三則作品，但這篇作品於目錄標題下，被註明為「散文」。另外，1983 年《文季》第 1 卷第 3 期，他接著以〈三個小短篇〉為題，發表了〈含羞草〉、〈第一課〉、〈姑媽〉三個短篇小說。

的歷史集體傷痛的書寫，其實可以互爲上下文，在其抒情潺緩的文字之間
所留白的部分，實際上可以通過召喚其他作家的小說文本（如陳映真、劉
大任、藍博洲、葉石濤、李喬、李渝、李昂、黃凡、陳燁、張大春、朱天
心……等人）予以顯影，並藉由小說家大規模的書寫及其取擇切入記憶缺
口角度的差異，而共振出一幅驚人的記憶圖象。因此，本文嘗試聚焦於郭
松棻小說中關於「歷史記憶」的書寫，及由此展開的「記憶／遺忘」等相
關主題，細繹小說家如何以幽微筆觸點描角色荒枯的心靈境地，進而摹寫
出一個精神殘缺瘖啞的時代。郭松棻的作品往往通過舒緩的文字節奏，不
斷地召喚著歷史記憶，而在追索歷史身世的過程中，郭松棻卻並不直寫歷
史巨大無情的力量，也不進行直接的控訴，反倒以其徐緩鋪陳的筆力進行
細節的點染描繪，進而側寫個體存在的扭曲與荒謬。於是我們見及他的作
品中歷史情境與個體存在價值的交纏，以及不斷迴旋於文本中的記憶與遺
忘的變奏。

歷史情境與個體存在的交纏

在郭松棻小說中，往往出現「個體存在」與「歷史集體情境」這兩條
交纏的軸線。而不斷迴旋其間的主題則是記憶追索，同時在追索記憶的過
程中，巨大的歷史集體經驗也浮現於文本之間。就郭松棻的小說而言，歷
史背景不僅是作者爲小說人物創造一種新的存在境況而已，歷史本身也成
爲文本凝視的焦點，同時做爲角色的存在境況而被理解呈現。[4]郭松棻的小
說並不直寫時代的苦難與歷史的錯謬，而是穿越個體的、小我的、瑣碎情
感的記憶書寫，負載巨大的歷史傷痕。歷史的沉重在每一折虛構的人物身
世中重新顯影出來，小說中的角色大都平庸無奇，或者深爲生活現實的課
題苦惱著，甚或有著深沉的精神創痛。那些消逝在歷史正文中甚少被注目

---

[4]米蘭・昆德拉曾在《小說的藝術》一書中指出：「歷史背景不僅應當爲小說的人物創造一種新的存
　在境況，而且歷史本身應當做爲存在境況而被理解和分析。」見米蘭・昆德拉《小說的藝術》，
　（香港：牛津大學出版社，1993 年），頁 30。筆者以爲這樣的見解，可以做爲理解郭松棻小說的
　註腳。

書寫的無名的個體，小說家通過虛構的文本，將之附貼在一個極其沉重的歷史語境中而成就角色意義的存在。而在這些小說中，當歷史情境通過角色情感層次而被構築時，呈現出何種集體經驗以及個體存在的虛無與挫折？

一、理想主義精神系譜的追索

郭松棻於文本中對於歷史集體記憶的書寫，並不是單純地挪引歷史事件，從而附貼角色於一個概念化的歷史背景中；而是更進一步將集體記憶本身，當作一種與人（角色）存在息息相關的境況。他大量摹寫著終戰前後臺灣社會的氛圍，以及 1940、1950 年代跨越不同語言文化的臺灣知識分子之精神樣態。因之，我們可以細細追繹的是：通過對特殊歷史過程積累而形成的社會集體情境的織捕，以及對活動其間的知識分子的摹寫，郭松棻想重構的歷史記憶指向何方？他的小說大量勾勒著日據時期以至 1940、1950 年代知識分子的精神圖象，而通過這些精神圖象想要追覓的又是什麼？

郭松棻自幼居住在繁華的臺北大稻埕一帶，父母親都受過日本教育，父親郭雪湖更是日據時代即活躍於臺灣畫壇的前輩，因此郭松棻對於日本的文化氣息以及受過日本教育的臺灣知識分子的精神特質當不陌生，而他的文本中也一再投射出受過日本教育的臺灣知識分子的身影。〈月印〉中對於左翼青年昔日身姿的追覓，不僅寫戰後的檢舉肅殺，同時也旁及日據時代在法西斯軍國主義的社會氛圍中，日本憲兵對於「紅色地下小組的追獵」（郭松棻，2002 年，頁 77），及其對具理想主義色彩的左翼青年的斲殺。戰前殖民政權對左翼思想的剷除不遺餘力，文本中的鐵敏在戰爭時期乃至二二八事件時因病得以倖活下來，然而病癒後終於還是在白色恐怖的全面肅清中，被捕殺槍決於跑馬町。郭松棻對於左翼青年理想主義形象的追撫，交織著戰後初期的臺灣社會語境，以及個體面對現實境況時生命細節的點染，其中對於那群在時代重壓下無路可出的躍動的心魂、浪漫理想主義精神的消散有著深深的追悼之意。而這樣的書寫，對於曾懷抱理想主義

並以無限熱情狂熱投入保釣運動的郭松棻而言，又何嘗不具有某種對理想
主義遠颺的自悼意味呢！

在〈雪盲〉追憶理想主義者的精神系譜，是以一本「臺灣總督府監
印」的《魯迅文集》做為傳承的象徵。文本中因無力承受現實醜惡實相而
精神崩潰的亡兄，留下了一本深具象徵意義的左翼作家魯迅的作品；而兄
長死前罩著醫科白袍的身姿，日後不斷翻飛在小學校長腦海中。那本在書
櫃裡被蠹蟲、蟑螂吃得書頁斑駁的冊子，是校長家中唯一的一本中文書，
以著「亡兄」遺物的形式，藉由小學校長的手，傳心於日後自我流放於萬
里外炙烈黃沙中的幸鑾。這一脈相承的精神圖象其實是：日據時代受現代
化教育懷抱理想主義色彩的知識菁英；以及處於歷史轉型期、跨越戰爭前
後兩種文化樣態的市鎮小知識分子[5]；乃至戰後受中國文化教育的臺灣知識
青年。對成長於戰後全面反共的白色恐怖氣息中的知識分子（如郭松棻及
其同世代者）而言，私密地閱讀左翼作家的作品，不僅是對威權禁忌的挑
戰，同時更是一種具批判思想進步的象徵。那麼，文本中那個離鄉漂流於
燠悶黃沙之地，教授魯迅小說的幸鑾，其自我流放所表徵出的荒蕪的精神
樣態，是否也可交互指涉出郭松棻及其同世代者的理想主義落空後的虛無
心境呢？[6]

二、殘缺瘖啞的個體

再則，如果〈雪盲〉中《魯迅文集》是具有傳承象徵意義的，那麼為
什麼被引用的具體文本是〈孔乙己〉而不是其他？文本中引用精神／肉體

[5]關於這類處於歷史轉型期的知識分子形象，陳映真在其〈試論陳映真〉的自評中所勾描出的市鎮小知識分子的形象特質：具有反思能力，卻因「行動無力及弱質」，而使「他們終於只能懷著自身的某種宿命的破滅感去了解新的生活和新的生命」。其實是可以頗為恰切地成為郭松棻筆下有菁英色彩卻又精神虛無的角色之註解。該文見〈鞭子與提燈〉，《陳映真作品集》卷九（臺北：人間出版社，1988 年），頁7。
[6]在郭松棻的許多小說中，對其角色心理狀態的凝塑，往往指向一個虛無孤寂的境況，筆者以為這樣的書寫，其實可以與郭松棻本人的家世背景、學思歷程及其久居異鄉的生活經歷相互指涉。然而具體的論證仍需通過對郭松棻本人的訪談求證，甚或對 1960 年代留學海外，積極參與保釣運動，對「新中國」懷抱浪漫想像的臺灣留學生進行訪談記錄，如此方可能對那一個世代滯留海外的知識分子的集體經驗與情感樣態有所掌握。

都傷殘難全的「孔乙己」絕非偶然。那個揹負著兄長亡靈，自承「終其一生都將是一個瘖啞的人格」（郭松棻，2002：180）的小學校長一生壓抑，與日後帶著「臺灣總督府監印」的《魯迅文集》漂流異鄉，教授中國文學的幸蠻，其實皆是精神癱瘓的「孔乙己」者流。於是那本《魯迅文集》傳承的心法，指向的竟不是充滿革命理想精神之所寄的光明所在，卻反將文本中對於現實無所著力的虛無荒漠心魂，推向更遠的漂流。如此，則場景被推向文革之後中國大陸的〈姑媽〉，切片地以姑姪重逢的情境，將革命理想的失落與虛矯淡淡點染其間。小說藉由姑媽的口說出革命的實情：「這些年大家忙著揭別人短，哪有時間做什麼事。」並截然地勸著：「千萬別回來。」（郭松棻，1997：253）而文中二舅在文革時被逼上吊自殺前，留下的四字絕命書：「死不悔改」，對於那個打算「回歸祖國」的「我」而言，更是個絕大的反諷與當頭棒喝，因為原來革命理想主義的色彩早已消逝，留下的真相竟只有「死不悔改」的絕命書。郭松棻本人亦曾懷抱熱烈的中國民族主義情感，在 1974 年赴中國大陸面見周恩來，但他在日後卻「清楚地表示不能認同大陸的政策、所走的路線，以及整個體制對人的束縛」[7]；這篇言論對應於小說文本中對於左翼理想主義者身影的遠颺，甚或著力於角色精神痼疾的描寫，又何嘗不是一種深沉的自我對詰？於是在追覓那一脈理想主義者的身影之際，那本由臺灣總督府印製的《魯迅文集》，不僅對於小說文本的意義建構而言，甚或對作者郭松棻本人，都顯得如此繁複多義！

　　在郭松棻的小說中，歷史現實的境況，往往不單只是做為背景而被鋪陳著，同時更是作家希望凝視的焦點。〈雪盲〉裡的小學校長，是可以「說上一口上品日文，比任何一個殖民地的文官都不差」（郭松棻，2002：178）的臺灣有志青年，光復後他孜孜矻矻地吃力地學著「國語」，在小學週會上認真地發出每一個捲舌音地唸著國父遺囑。而在〈月印〉中「對著

---

[7] 這段話為李日章口述郭松棻的說法，轉引自許素蘭〈流亡的父親・奔跑的母親〉文中對李日章訪談文字的引用，見該文頁 286。許文收錄於郭松棻《奔跑的母親》一書。

電臺勤練國語」（郭松棻，2002：82）期待著能以中文創作的鐵敏；以及〈月嗥〉中就著《國語日報》學中文，然後吃力地在講臺上用臺灣國語講課，並感歎著「如果可以用日語講課……」的法學院教授（郭松棻，2001：174）；這些角色同樣都是戰後臺灣知識菁英再次遭逢語言轉換／跨越困境時，艱辛身影的具象化。而〈雪盲〉中終身心慟追撫亡兄的小學校長，喝喝地說出：「自己終其一生都將是一個瘖啞的人格」（郭松棻，2002：180）。這樣沉重的告白，又何嘗不是在殖民體制中，被迫忘卻母語情境，接受日本現代化教育的臺灣知識菁英，戰後所共同面臨的歷史窘境與情感斲傷後的苦悶壓抑呢？

1940、1950 年代臺灣社會因統治政權的更迭，再度面臨語言切換與文化認同問題，集體經驗與情感結構的衝擊、苦惱，在文本中被推爲作品的前景，通過集體情境與個體存在困境的交纏，郭松棻於小說中交織出令人難以迴避的歷史記憶與重荷。而小說中對於語言學習帶來的價值落差與困頓，以及戰爭前後社會語境差異的細膩鋪敘，其實也承續著戰前臺灣知識分子面對殖民者語言時，糾葛難明的主體認同困境與苦悶的精神圖譜。自1937 年日本殖民政府禁止漢文，1946 年禁用日文，至 1949 年以意識形態的政治正確爲前提，對於本土語言的貶抑，臺灣社會在短短十餘年間經歷了最激烈的語文斷裂／轉換的困境。不同階段的政權，同樣地都運用權力架構出歷史文化認同的正確性，而在此種時代重壓下掙扎的卻是無數被壓抑、無路可出的苦悶心魂。郭松棻的小說中大量出現的苦悶無主的人物，當他們跨越了語言文化的再造過程，其實也同時遭遇了自我精神再造的撕裂與拉扯。而郭松棻在文本中想要追摹的或者正是在那樣重壓、個體難以作主的時代氛圍中，跨越了歷史斷層，面臨個體存在困境的心靈結構。

郭松棻筆下這些憂悒蒼白的知識分子面容，其實也讓我們聯想到日據時期龍瑛宗、翁鬧、巫永福、張文環等人筆下的角色，甚或戰後的陳映真

早期作品中市鎮小知識分子的身影。[8]在日據時代作家以其啓蒙者與改革者的姿態登上臺灣歷史的舞臺時，他們一則熱烈地召喚一個想像中的「新世界」的到來；一則又無可迴避於殖民地處境所必須面對的「既是階級對立又是民族矛盾的課題」（施淑，1997：153）。也就在這樣的歷史情境中，身處殖民地歷史情境中的臺灣知識分子，除了做爲與殖民者抗爭的改革前鋒外，實際上他們同時也遭逢著在殖民地高壓統治的情境中，無力於現實的內在焦慮。

根源於殖民地現實處境，臺灣人民被迫面對失去自我語言與歷史的窘境，由此而產生主體認同的焦慮與自我價值的破滅，成爲以進步改革形象登場的臺灣知識分子必然要面對的困境。於是，在日據時代的小說文本中，便出現了一批呈現著蒼白虛無思想特質的角色，這些角色往往以一種精神殘缺與自我放逐的形態而存在。通過這樣的書寫，日據時代小說家曲折地抵拒著無路可出的殖民地現實，而在這些角色身上，也表現出扭曲的殖民地歷史如何在臺灣人集體經驗中留下精神傷殘的印記。郭松棻作品中肉體殘病、精神畸零的角色，與龍瑛宗、翁鬧、巫永福、張文環等日據作家筆下以獸性、醜怪、殘廢的描寫與暗示，深刻地指向精神殘缺的內在書寫，實際上有著相承的脈絡可尋。這一脈相承的心靈圖象的具現，同時指向著存在感的疏離。日據時代臺灣作家作品中的疏離，來自殖民社會中信仰破滅時對自我存在感的質疑；而郭松棻的作品，則以後生之姿追覓著歷史前行者所遭遇的心靈撕裂，並以綿密的語感將歷史推至小說的前景，重新勾繪這一幅精神圖譜。

記憶與遺忘的變奏

郭松棻對於歷史記憶與集體經驗的挪引，乃是通過角色情感層次而被構築的。他的小說構圖，經常是在細筆勾描的充滿荒蕪沉重氣息的現實

---

[8]關於陳映真筆下市鎮小知識分子思想特質的探討，可參見施淑，〈臺灣的憂鬱——論陳映真早期小說及其藝術〉，《兩岸文學論文集》（臺北：新地文學出版社，1997 年）。

中，活動著被現實所困或苦於思索追尋的人物。因之我們可以看到如下的
主題：歷史集體經驗在情愛幸福的付出與破滅中被體現（〈月印〉與〈月
嗥〉）；記憶軌跡被推回戰爭前後的存在情境中，不斷往復於記憶與現實，
追尋出口卻又困滯萎頓的、「異鄉人」的精神樣態（〈奔跑的母親〉、〈雪
盲〉）；奔赴天涯漂泊羈旅的苦悶心魂，終於以繫獄故鄉作結的蒼白身形
（〈草〉）；現實語境被折射在孤兒／孤女的身世之上，破碎的意識與現實交
織，苦苦追索「父親」而不可得的虛無哀傷（〈那噠噠的腳步〉）；以「寫
作」為喻，以「失語」提出巨大疑問，從而指向「書寫」的虛構本質（〈論
寫作〉）；甚而是意圖超越歷史構圖之上，摒除事件枝節，對歷史本質進行
的哲思辯證（〈今夜星光燦爛〉）。也就在這樣的主題鋪陳與小說構圖中，作
者將角色的存在感凝集於臺灣特殊的歷史脈息中，並折射個體存在的挫敗
與虛無於歷史記憶的書寫之中。文本中以抒情筆致鋪敘而成被作者推為前
景的存在情境，於是與角色情節交揉成郭松棻小說特殊的敘事腔調。

一、推為前景的存在情境

　　也就在召喚歷史集體記憶與個人身世的交纏變奏中，我們見及〈月
印〉這一則亂世情愛傳奇的錯謬與荒涼。郭松棻以詩意的筆致、抒緩的節
奏，推演少女文惠滋長於烽火中的純摯愛情，將最私密的愛情糾纏於終戰
前後的歷史語境中。戰爭與文惠的最大關聯在於憂心愛人是否被送上火
線？處身漫天烽火中，個體其實無所逃遁，然而戰爭殘酷的毀滅本質，以
及戰時臺灣城鄉遭轟炸後的破敗，在此被作家聯繫於文惠一心無悔的愛與
母性的堅毅中。文惠面對鐵敏咯血時的驚恐，與二二八事件中現實氛圍中
的緊張窒悶交疊在一起，通過私密的愛情記憶，巨大的歷史幽靈逐漸現
身，終而籠覆在他們從此幸福甜美的想望之上，並破滅之。戰爭時鐵敏咯
血的手絹，被文惠偷偷珍藏著，上面的血印褪色「宛如一片片枯落的花瓣」
（郭松棻，2002：21）。那宛若落瓣的血痕，彷如一則關於死亡殞落的預
言，預視著癒後的鐵敏將無可避免地死難於歷史錯謬的意識形態暴力糾葛
中，留下文惠獨活的荒謬悲劇。

　　文本中蔡醫生、楊大姊等角色，映照著終戰後臺灣社會的現實情境，並且通過文惠對楊大姊的傾慕營構了國族想像的空間[9]。在文惠懵懂的認知中，楊大姊的風華使大陸成為一則美麗的想像，通過文惠的記憶，國族想像漸次展開。穿越終戰前後的動盪騷亂，被湮沒的歷史在一則亂世情愛中顯影，卻也凸出其錯謬的本質。對單純想挽留自己情愛溫存的文惠而言，百思不解的是：「她跑到派出所只不過告發他私藏一箱書而已」，竟而引致鐵敏和他的同志們被「槍斃在馬場町上」（郭松棻，2002：103）。因孱弱病軀逃過戰爭摧殘與二二八事件的鐵敏，終究死難於意識形態的檢驗下，歷史現實在此與一曲時代戀歌對詰著，終於變奏成成一首悲愴的安魂曲。個人無從扭轉的歷史集體經驗印記在文惠單純的愛情想望中，在歷史錯亂暴烈的衝擊下，最終文惠能留住的只有青春的殘夢記憶以及對時代無法理解的慟心。

　　〈月嗥〉寫婦人在丈夫死後面對棺木苦苦詰問丈夫情感的真相，其角色仍被安置在那段隱晦未明等待被追憶探詢的歷史時空中。通篇小說以「為什麼、為什麼、為什麼……」（郭松棻，2001：123）起始，巨大的疑問籠罩在對亡夫情感探問的懸疑中。臺北帝大文政部出身的丈夫因著戰爭爆發耽誤了出洋留學，直到光復後的十多年才又有了留日的機會，被戰爭打斷了生命途程的丈夫，再接續理想時已不復年少，而是肩背已彎的中年。也就在丈夫出洋的三年，夫妻之間「生活的線頭就戛然而斷，共同營造的幸福成了無法銜接的殘片」（郭松棻，1997：80），記憶在此留白成一段難以接續的停格，等待來日的探詢，直到丈夫死後方由來自異鄉的女了揭開記憶的真相。夫妻生活中遺落的三年，是幸福無法接續的斷片，而埋藏在深邃無可知記憶深處的，更是婦人無從理解的悲憤。郭松棻以淡筆寫

---

[9]關於郭松棻在〈月印〉中，通過文惠所展開的國族想像，論者張恆豪以為文本中出現的中國的人文風情與大陸人的舉止言談，都是優雅正面的，相對的臺灣人則顯得孤陋褊狹。針對張恆豪的觀點，李桂芳於其論文中曾提出其他的意見，許素蘭論文對此亦有所陳論。相關論點可詳見李桂芳論文〈終戰後的胎變——從女性、歷史想像與國族記憶閱讀郭松棻〉，《水筆仔 臺灣文學研究通訊》第3期（1997年9月），與註7所引許素蘭論文。

出在尋常夫妻生活的溫情與淡然之間，外在巨大的歷史推力，正如何不著痕跡地干擾著個體的生命。

二、孤兒身世與集體記憶

在〈那噠噠的腳步〉中，孤兒身世的艱難一直與殖民歷史、終戰後的社會語境交纏著，個人身世漂浮於集體記憶之上，歷史集體創傷穿越個人身世記憶的虛構不斷出土。文本中無所不在的腳步聲，不時響起於孤女的耳際，逃無可逃，綿密覆蓋著她生活／生命的全部，形成一種窒悶的氛圍，隱喻著孤女無路可出的現實語境。「那會是什麼聲音呢？總是由遠而近，筆直地傾了過來，毫不退縮。迎著風響起的聲音，急切而體貼。噠噠，噠噠，噠噠……不一會，它已經來到了這個家。沉靜的天空底下，那是唯一的聲音。」（郭松棻，1997：279）時代的重壓在此轉附於無所不在卻又無從捕捉的音聲之間，籠覆著孤女的現實生活與精神意識。通過記憶追溯，郭松棻的筆指向了戰爭前後被迫遺忘消音的歷史，同時也在記憶的追索中，顯現出曾被遺忘的部分竟如此巨大。也因此，當面對文本中集體身世之考掘與變形的呈現時，閱讀記憶本身成了最深沉的負荷。

於是在戰後窒悶的空氣中，〈雪盲〉以狂犬病為隱喻：在「狂犬病流行的臺北，每隻狗都帶上口罩，再也不吠了」（郭松棻，2002：196）。犬隻的病態，引致一種不自然的安靜，甚至連「走在地上的狗爪子都是默默無聲的」（郭松棻，2002：203）。由此郭松棻素描出一幅令人窒息的精神躁動的圖景：「安靜的午後，狂熱的夏，混亂的心。眼前一片扎眼的碎光。河上照上來的，多熱啊。喃喃不休的靜，煩人的髮的氣息，拂擦著，拂擦著。」而「凝聚在巷子裡那股令人懊喪的惡氣，是光復以來一直沒有消散的」（郭松棻，2002：196、203）。就是這一片靜默躁熱的景致與混亂的心神，交織出那個緘默無法發聲的時代氛圍，那一代的人被迫成為瘖啞的世代，而那正是小說中不斷以「孔乙己」殘廢形象做為折射的角色存在的語境。郭松棻在其文本中往往竭心經營著角色存在的外在景況，以與角色相輝映，如同繪構著一幅幅心靈浮世繪。

三、記憶與遺忘的辯證

　　同時，在郭松棻的小說中，對於記憶的追索，往往源自遺忘的恐懼或記憶的漫漶。郭松棻通過詩質稠密的語言，不僅構築了歷史記憶與想像的本體，同時也為人之存在提出了巨大的疑問與困惑。在追索記憶的書寫中，角色往往被推向更遠的漂泊，於是巨大的歷史課題與個人存在的本質有了某種辯證的關係。在〈草〉之中以第二人稱「你」展開的敘事中，對於自然景致即物寫生的書寫，穿錯於通篇文本，當那個羈旅漂泊的異鄉人不住凝望異鄉奪人眼目的景致時，實則已交揉著故鄉記憶於異鄉景物之中，此種筆致也同時營造出小說舒緩凝鬱的特殊美感。文本中記憶的探索同時指向了精神的放逐，當小說以「你」自以為灼見了「他一向都是憂愁的眼神，是飛躍著開滿了家鄉五月桃花的斑彩」（郭松棻，2002：164）而狂喜不已，彷彿為那個在異鄉憂悒愁思的「他」的存在做了註腳之際，卻於文本最末作者以「他」因「涉嫌叛亂」而繫獄故鄉作結，小說戛然而止。於是渙散著蒼白氣息、在異鄉沉默抑鬱的虛無者形象，在此有了更沉重的負荷。而小說這樣的安排，是否也投射著身處美國無法返鄉的郭松棻，心魂時時徘徊於故鄉的苦悶，一如論者許素蘭所言：「如果說，作品反映的是作家心靈的面影，是作家內心深藏的情感祕密，那麼，身在美國，被禁止歸鄉的郭松棻，多少年來，其心魂是否時時徘徊、往返於故鄉臺灣，終至如其小說中的人物那般，神形分離呢？」（許素蘭，2002 年，頁288）郭松棻在歷史與個人身世的交纏中，寫出存在的虛無，也在這樣的詩質語言中經營出特有的頹廢的美感。

　　同時，文本中對於記憶／遺忘主題不歇的追索與變奏，往往將人物推向一個更遠的漂泊，離鄉的熱望、離鄉後的失落與漂流，使這些角色成為無從著根的異鄉人。吳達芸曾指出，郭松棻小說中的「異鄉人情懷」，「與其說是地理上的異鄉人（離鄉背井），不如說是精神上的異鄉人；也就是在精神上走一條自我放逐的路，讓心靈的困窘在沉落中獲得平衡。」（吳達芸，1997 年，頁 542）在〈奔跑的母親〉、〈雪盲〉、〈草〉、〈含羞草〉、〈論

寫作〉這些小說中，關於故鄉的種種細節不斷往復於記憶漫渙幽微處，角色則往往以背離故鄉的姿勢抵拒記憶的重荷，而形成一種心靈漂泊與記憶回歸的矛盾糾葛。若說記憶的追索是為了尋找一個定位點，那麼郭松棻小說中的角色，卻往往在記憶追覓過程，引領自我的精神指向更無垠的漂流，成為一個精神與形軀雙重的異鄉人。在大規模的如詩的敘事結構中，郭松棻的文本，不僅指向了傷殘歷史的重構，更指向了心靈孤寂的維度。

做為一個致力於風格經營的作者，郭松棻詩質的敘事語言，以極其稠密的文字質地在意象經營之間留下罅隙，形成文字層疊繁複的多義性，造就他小說文本間虛實掩映，角色穿梭於記憶——記實與虛構想像之間，並且重思記憶考掘之可信可行。一如在〈論寫作〉之中，藉由因耽迷困陷於「寫作」而致精神分裂的寫作者，對書寫過程中文字多義性的反覆衍異，是否也反詰著大規模捕捉真實與虛構書寫之間可能產生的巨大落差？

而〈今夜星光燦爛〉中，郭松棻將記憶與遺忘的辯證，提高為救贖的根源。一如南方朔析論：「……就歷史意識而言……他的宏觀，則在於企圖藉著文學的重組和虛構，為歷史尋找新的救贖源頭。」（南方朔，1997年，頁 80）這篇小說被指為以前臺灣行政長官陳儀為原型，但文本擯落歷史功過是非曲折的捕捉，將書寫重心直指遍歷人事的將軍臨刑前內心的自省與了悟。在將軍多年征戰與主政的風雲歲月中，「他沒有一刻感到擁有自己的生命」，在囚身斗室時，自詰：「我是誰？」（郭松棻，2002 年，頁235）那是挺身對功過歷史做出的巨大質疑。而那面在文本中饒富意味的鏡子，照映的已不只是世間形軀的投射，更是將軍（作者？）意欲超越世間俗象的象徵。作者藉由將軍所揭示的：

> 試想幾千年的血淚從來都寂然不作聲，任其自然流化。此後勢必也毫無音響地匯入未來。他突然看見了自己正與眾人在不同的時空，咀嚼著同一枚苦果。一代代人都這樣，只圍於歷史的迴旋中，休想走出這循環的迷宮。

　　　　　　　　　　　　　　　　　　──郭松棻，2002 年，頁 242

　　這是對小我浮沉於歷史中的感歎，也是了悟。小說於將軍形軀死亡，卻
　　由內心重生一個「我」作結，在生命的最終程，將軍經由記憶與遺忘交
　　織辯詰的軌跡，獲得了生命最後的救贖與超越，而「那本厚厚的歷史，
　　任憑風去把它翻開，事物卻棲息在深沉的黑暗裡」。

　　　　　　　　　　　　　　　　　　──郭松棻，2002 年，頁 274

　　　通過文學的虛構進行歷史主體的追尋，在每一個小說角色存在的同
時，作者向被遺忘的歷史追覓記憶的可能，於是在角色（異鄉人／女性）
曲折的身世中，我們同時看到在瑣碎的生命記憶中浮現出歷史的殘骸，「集
體的歷史的境況」[10]成為個體存在無可置換的舞臺。在此我們看到的歷史不
再是以堂皇巨著的形式存在，而是做為人真實存在的境況而被呈現理解
的。傷痛的世代及其記憶成為郭松棻小說中無可置換的背景，卻也因其一
再的召喚，而使那一段集體創傷漸而浮現成為小說的前景。於此我們或者
可以說，對於郭松棻而言，寫作的意圖不僅停留於重構歷史，同時更是穿
越歷史的具體事跡，直探人的存在本質與歷史軌跡相互辯證的發現之旅。
面對過眼雲煙般逝去的歷史圖象，郭松棻嘗試在遺忘的罅隙中捕捉瞬間閃
現的意象與記憶，用以鋪陳於虛構的文本中。[11]一如唐文標所言，當郭松棻
以他的小說輕輕地說出那些戰後經驗時，「他面對的已不只那一段歷史，而
是時間和人，他可以將人提高，遠過歷史，高過境遇」（唐文標，1988：
269）。

---

[10]語見米蘭‧昆德拉，《小說的藝術》，頁 31。
[11]班雅明（Walter Benjamin）在〈歷史哲學論綱〉中曾指出：「過去的真實圖象就像是過眼煙雲，
　他唯有做為在能被人認識到瞬間閃現出來而又一去不復返的意象才能被捕獲。」「歷史地描繪過
　去並不意味著『按它本來的樣子』（蘭克，Ranke）去認識它，而是意味著捕獲一種記憶，意味著
　當記憶在危險的關頭閃現出來時將其把握。」（班雅明，1998：251）

母者意象的召喚

在郭松棻小說中對於記憶的召喚，往往是通過女性角色而完成的，「母親／女性」是一切記憶的根源，也是記憶的主體[12]，而其中同時投射著美好與幽黯的記憶。郭松棻對於「母者意象」的經營，往往附生著溫暖的愛與死亡的失落兩極的特質。在溫暖堅毅的母者特質勾繪中，郭松棻同時召喚著臺灣人的歷史想像與國族記憶，母者在其小說中往往是歷史的、情感的原鄉。「母者意象」反覆迴旋於許多文本中，成爲小說型塑歷史記憶的重要媒介。

在郭松棻的作品中，反覆出現的母親／女性形象，往往在記憶中散發出溫暖美好的氣息。而在歷史集體經驗與個體存在交織出的共同記憶之中，郭松棻筆下的男性往往在歷史國族記憶與孤兒／浪子身世的疊複之中，以缺席的形態占據歷史記憶的主體位置。但作家卻又以父親的缺席與孤兒的無依，塑造出反覆迴旋於文本中的「母者意象」主旋律，於是男性缺席之後的女性角色，又成爲文本中負載記憶的主體。

一、缺席的「父親」

當男性角色（父親）缺席時，文本中的許多女性角色便成爲記憶的主體。不論是被失怙的孤兒於夢中苦苦追覓，於現實中急欲逃離的母親形象（〈奔跑的母親〉）；或糾纏於潛意識中母親不絕跫音的孤女（〈那噠噠的腳步〉）；或茫惑於丈夫去國三年記憶真相的婦人（〈月嗥〉）；或親手斷送幸福，獨活世間的文惠（〈月印〉）；或在記憶中迴旋著米娘紅鞋足音，滯居沙漠異鄉的幸鑾（〈雪盲〉）；或那個在記憶中不斷追覓窗口女子形象，失心失語的林之雄（〈論寫作〉）；或在被幽禁等待行刑的將軍，死亡前幽幽浮顯於記憶角落裡的妻的影子（〈今夜星光燦爛〉）。這一個個或隱或顯的女性角

---

[12]關於郭松棻小說中「母親」做爲記憶主體的討論，前此已有學者論及，如張恆豪，〈二二八的文學詮釋——比較〈泰姆山記〉與〈月印〉的文學觀點〉（1995 年）；董維良，〈小說初讀九則〉（1997 年）；李桂芳（1997 年）；許素蘭（2002 年）；陳世忠，〈旅人的逃亡與記憶——談郭松棻的異鄉經驗〉（未刊稿）。以上幾篇論文皆論及「母親」做爲記憶主體的相關面向。

色，延伸往復於小說的敘事結構中，而做為記憶主體的「母者意象」，也就
成為深具意涵的象徵符號。因為通過母者意象的營構與記憶的追索，郭松棻
也勾繪著臺灣歷史的記憶，在此女性角色所共構出的「母者意象」不僅
是溫暖與愛的根源，也同時是作者召喚臺灣人歷史經驗時的記憶主體。

然而異於一般對於歷史重構：「因遺忘而追憶，因記憶而回歸」的軸
線，在郭松棻的小說中，通過「母者意象」召喚記憶的過程中，卻往往呈
現出「因遺忘而追索，因記憶而漂泊」的弔詭。[13]文本中「父親（男性）的
缺席」往往成為記憶斷裂的缺口，父親的缺席於小說中往往以未被書寫的
形式而存在。母親於是成為記憶的根源，孤兒們終究只能穿越母親尋覓記
憶的軌跡。小說中所有女性的悲哀似乎皆來自男性的沉默與缺席，然則負
載著男性缺席的歷史苦厄的女性形象，在小說中卻又往往成為「孺子」們
依戀孺慕的對象，同時也成為記憶召喚的主體；但通過「母者意象」所進
行的記憶召喚，卻又成為小說中主角漂泊的主要推力。

在記憶重構的過程中，〈奔跑的母親〉裡那個「美麗，而且勝於美麗」
（郭松棻，2002：124）的母親身影，始終往復迴旋在男子的夢境記憶。記
憶中母親的身影有著「鬆鬆如金魚藻的長髮」、「裙幅像海浪一樣飄起來」
（郭松棻，2002 年：122、124）的美麗形象。然而在那「憂愁的嗆氣」
（郭松棻，2002：120）的時代，附著在母親不老的有著飄飄裙裾形象之下
的卻是喪父的悲愴，以及母子可能分離的心理陰影，於是奔跑而去的母親
衍生出多重的形象意義。在郭松棻的許多文本中，「母者」的形象負載著記
憶的重軛，成為被追覓的對象，同時也是追尋記憶的主體。那個夢境中不
斷奔跑的母親，在她「像蚱蜢一般」（郭松棻，200：121）躍上卡車去外鄉
買黑市米的身影中，印記著丈夫／父親在戰爭一去不返的悲傷，以及終戰
後被迫改嫁的焦慮，這個身影終而成為男子潛意識中意欲逃離的夢魘。母
親的生命經驗被不可抗拒的歷史現實切碎，母親奔跑的身影烙印著終戰前

---

[13]對於筆者在此所論，關於郭松棻小說中記憶／遺忘／漂泊等糾葛的論題，楊翠前此曾提出十分懇
　切的論評與建議，提點筆者於思考相關問題時的疏漏，特此致謝。

後臺灣人的集體記憶。

也就在這樣的情境中,〈奔跑的母親〉中在錯亂的時局裡失去父親的精神科醫生,即使已然長成自立,但是「漠然穿越了時間,上一代的陰影盤踞在他的周圍」,而成為「整個家族的不幸和傷感的唯一倖存者」(郭松棻,2002:131)。而覆壓在「我」的童年的陰影,則是失去父親之後,母親被迫改嫁的分離的焦慮,於是不斷在夢中追逐奔跑的母親的窒息感,便成了文本的基調。而在記憶與現實的往復自剖中,「我」與「醫生」交映出的則是兩個自幼失怙的男子,在記憶追索的重荷中憂悒困窒的身影。文本中通過對夢境中的母親形象的剖析,牽引童年失怙倉皇不安的記憶,並以夢中奔跑的母親,以及在現實中逃離的卻是依戀母親的孩子,呈現出記憶/遺忘與追索的軌跡之弔詭。

在〈那噠噠的腳步〉中,「母者意象」衍異為母親與妹妹的形象。對於相依為命無以為家的兄妹,母親是他們家庭記憶的主要對象與內容。在父親缺席、母親瘖啞的家居中,妹妹是家中唯一健全者,但卻揹負著全家的畸病與記憶。文本中母親終於成了瘋婦,終於死了,她於是擔負起母者的責任,照顧病弱的兄長。母親在潛意識中化身為躂躂的腳步聲,如同揮之不去的幽靈,躂躂的跫音伴隨著孤女的成長,催迫著妹妹長大。妹妹獨自承負著對父親以及母親的記憶的重軛,她與哥哥在「光復以後,就四處找著父親的蹤跡。後來他們再也沒看過父親了」(郭松棻,1997:288),缺席的父親從此消失了蹤影。

至於〈雪盲〉中校長太太與米娘,其實是同時承受著終戰前後時代無情的重壓而致變形的兩個女性角色。校長太太是「吃了真珠粉長大的,一身細皮水滑的千金」(郭松棻,2002:176),下嫁給師範高材生,然而在生活重壓下終於成了滿臉皺紋的老嫗。而米娘的父親因受不了戰時 B-29 的日夜騷擾,上吊自殺了,戰後病重的母親也死了,米娘似乎在一夕之間「突然從一個公學校流著鼻涕的女生變成了羞澀的少女」(郭松棻,2002:173),並且成為日後幸鬘自我放逐於異鄉時,記憶中不時閃現的青春化

身。主角在沙地裡驀然警悟，原來自己終其一生追覓的是一個可以引導他的「兄長」，無時不在的「亡兄」以缺席的形式，成爲心靈的重荷；而電話那頭的母親卻是記憶中的存在，無論如何也牽引不回去鄉漂泊的浪子。在文本中，當女性的身世際遇與無從揮落的歷史傷痛疊合時，記憶便成爲角色無所逃的負累，如同幽幽的旋律不斷響在生命的深處，即使離鄉西行，即使放逐自己成爲一個異鄉人。

二、異鄉人的漂泊與虛無

　　〈論寫作〉[14]當中，角色林之雄在異鄉成爲一個失語的失心症患者，故鄉的某一個窗口，以及窗口的女人成爲故鄉記憶的原點，直到多年後，母親漂洋過海自故鄉來探望林之雄時，母親到來的訊息，「像一把刀，劃出了一道縫隙，有樣東西鑽進了絕緣體……驟然他看到自己又誕生了。看到自己咬破了密封的繭，毫不猶豫鑽進了世界。」（郭松棻，1997：474）母親的出現，成爲失心的林之雄甦醒的契機，就在母子重會的片刻，林之雄了悟到：「他一生鑄成的大錯就是在那窗口徘徊太久」，而「母親的臉——漸漸嵌入了那開啓的窗口」（郭松棻，1997：475）。在此，對漂泊異鄉的浪子而言，於戰爭中失去丈夫，早寡的母親成爲記憶所繫的主體。

　　至於〈今夜星光燦爛〉中，在將軍回溯一生戎馬時，不斷被召喚而至的是對於髮妻的牽念與溫情。文中藉由那個未曾現身的妻，作者說出了：「戰爭，都是你們男人玩出來的把戲」（郭松棻，2002：269），在勘破歷史的虛妄之際，厭戰的將軍心喜卻是尋常人家的有情歲月。而想望中尋常人家的生活，則寄託在與他結褵一生，「相處的日了總共不到三年」（郭松棻，2002：268）的髮妻，窮一生青春於故鄉爲他悉心經營，等待男人歸鄉，閉門耕讀的家園草堂。在此以男性爲主體的大歷史和默然的女性生命

---

[14] 〈論寫作〉一文，郭松棻由數千字的初稿，發展成數萬字的中篇；近日原將於洪範出版社出版，終而作罷的另一本小說集中，又將〈論寫作〉篇名改爲〈西窗紀事〉。這篇小說寓涵的問題向度極深極廣，以「論寫作」爲名，作者通過一個孜孜矻矻，潛心想要求索文學至美境地而不可得，終至失語的作家對於「創作」一事的反覆疏論。於其綿密細緻的文字結構中，作者想闡論者絕不只於筆者此處所揭「母者意象」與記憶覆疊之論題，其他相關問題希望留待他日另文處理。

有了對話。當男人風雷迅急地廝殺著彷若要銘刻自己於歷史巨石之上，女人則於歷史廢墟之中繼續經營著尋常生活。相對於其他篇小說中女性形象所負載的沉重記憶，〈今夜星光燦爛〉中穿越記憶而現身的女人，其汲汲經營的家常幸福，何嘗不是〈月印〉中文惠想要追求與掌握的呢？而以抒情筆致通過「女人」所鋪陳出的記憶的線索，又何嘗不是對於巨大歷史錯謬的辯詰！

在郭松棻的小說中，男性角色若不是畸病或死亡失蹤，便是漂浪天涯，留下守住孤兒、守住生活、守住故鄉的女人們，在無法被看見的歷史的角落，堅毅地成為孤兒們探尋記憶的主體。然則歷史終究是以男性記憶為中心的，文本中尋找父親，企求母愛卻又逃離母親的孤兒，最終仍是與缺席的父親同在的。通過母者意象進行的記憶追索的旅程，郭松棻往往將角色驅向死亡的邊界與不可解的謎霧之中。當文本徐徐帶領我們一同攀爬記憶高原之際，同時湧現的往往是死亡與恐懼的陰影。〈雪盲〉中幸巒循記憶的軌跡追覓昔日時，實際籠罩著他與小學校長的卻是在年少即投海，而僅在海灘留下一本《魯迅文集》的兄長死亡的身影。而夢中不斷奔跑的母親身影，也承負著父親死亡的重量。〈月嗥〉裡婦人對丈夫記憶的挖掘自丈夫死後方才開始，於是她注定要向空茫之中考掘記憶的印記，但得到的回應卻只能是亡夫音容宛在的一抹化妝後的笑意。

在〈那噠噠的腳步〉裡隱伏的更是死亡氣息的無所不在，將妹妹推向自毀的欲念之中，孤兒身世在死亡跫音中鋪展開來，無依的孤女最後終於「跟隨著那噠噠的腳步」（郭松棻，1997：389），與哥哥一同奔赴「沒有黑夜和白日」，「只有一片安靜」的死亡境地。而〈論寫作〉中將全幅生命貫注於以文字捕捉追尋窗口女子形象的林之雄，終於成為一個異鄉的失心症患者，但他的病徵卻引帶出精神醫師對自身父親死亡的追索。在〈今夜星光燦爛〉中將軍在等待死亡的過程中召喚幽微的歷史記憶，並將歷史想像與重構的沉重命題，推向更深刻的思辨的向度。同時小說中的男性角色多半有著肉體或精神疾病的徵兆，在這些男性角色病徵與個我身世、歷史災

難的交纏之間，歷史災難被體現在小說角色之中。至於是歷史經驗導致的生命經驗的錯亂，或因歷史災難而將個體導入一種無可選擇的新起點，作者在文本中進行了大規模的論辯。

　　郭松棻的小說中，不斷地將角色身世交纏於確然的歷史集體經驗中，如此召喚而至的是一種歷史的感覺，一種集體記憶的書寫，當作者通過角色虛構的個體經驗，與集體的文化歷史記憶疊加之際，即使作者的書寫再抒情、再隱諱，仍可重重地呈現出文化歷史記憶的重量。通過對遺忘的著墨，記憶才是最深沉的負荷。而如果遺忘是生命中難以承受的輕，那麼記憶的追尋，便是循著遺忘的軌跡探詢存在價值的沉重。

引文書目（依引文順序排列）

・施淑，〈反叛的受害者——評黃凡的小說〉，《兩岸文學論集》，臺北：新地文學出版社，1997 年初版。

・施淑，〈臺灣的憂鬱——論陳映真早期及其藝術〉，臺北：新地文學出版社，1997 年初版。

・林燿德，〈小說迷宮中的政治迴路〉，鄭明娳編《當代臺灣政治文學論》，臺北：時報文化出版公司，1994 年初版。

・米蘭・昆德拉，《小說的藝術》，香港：牛津大學出版社，1993 年初版。

・郭松棻，《郭松棻集》，臺北：前衛出版社，1997 年初版三刷。

・郭松棻，《雙月記》，臺北：草根出版社，2001 年初版。

・郭松棻，《奔跑的母親》，臺北：麥田出版公司，2002 年初版。

・陳映真，《陳映真作品集》，卷〈鞭子與提燈〉，臺北：人間出版社，1988 年一版一刷。

・李桂芳，〈終戰後的胎變——從女性、歷史想像與國族記憶閱讀郭松棻〉，收入水筆仔工作室：《水筆仔　臺灣文學研究通訊》第 3 期，1997 年 9 月。

・許素蘭，〈流亡的父親・奔跑的母親——郭松棻小說中性別／烏托邦的矛盾與背離〉，

收入於郭松棻《奔跑的母親》，臺北：麥田出版公司，2002 年初版。

・吳達芸，〈齎恨含羞的異鄉人──評郭松棻的小說世界〉，收入《郭松棻集》，臺北：前衛出版社，1997 年初版三刷。

・陳世忠，〈旅人的逃亡與記憶──談郭松棻的異鄉經驗〉，未刊稿。

・董維良，〈小說初讀九則〉，《郭松棻集》，臺北：前衛出版社，1997 年初版三刷。

・南方朔，〈廢墟中的陳儀──評郭松棻〈今夜星光燦爛〉〉，《中外文學》第 25 卷第 10 期，1997 年 3 月。

・班雅明（Walter Benjamin）：《啓迪──本雅明文選》，香港：牛津大學出版社，1998 年初版。

・唐文標，〈〈月印〉評介──無邪的對視〉，收入唐文標主編《一九八四年臺灣小說選》，臺北：前衛出版社，1988 年四版。

──選自《臺灣文學史書寫國際學術研討會論文集・第二集》
高雄：春暉出版社，2008 年 6 月

論郭松棻文本中文化身分的追索

◎魏偉莉*

一、在「敘事」與「文化身分」之間

英國的文化研究學者斯圖亞特‧霍爾，曾經如下解釋「文化身分」（“cultural identity”）與「敘事」之間的關係：

> ……文化身分既是「存在」（“being”）又是「變化」（“becoming”）的……，身分絕非根植於對過去的純粹「恢復」，……過去的敘事以不同的方式規定了我們的位置，我們也以不同的方式在過去的敘事中給自身規定了位置……。[1]

「文化身分」的流動性與建構性，以及「文化身分」和「敘事」之間的相互定位關係，在後殖民情境中尤為明顯。在殖民時代，帝國角度的歷史詮釋，形成一種「他者化」的敘事，造成受殖者文化身分的異化。而殖民者離去後，龐大的敘事話語仍遺留在殖民社會與歷史中，繼續產生影響。因此，在殖民者離去後，如何重新建構一套屬於自己的歷史敘事，就成為後殖民情境下，人們淨化被污名的過去、排除「他者」眼光、重新確立文化身分的重要步驟。

然而在臺灣，情況可能更為複雜。當日據結束後，生活在臺灣的人們

---

*發表文章時為成功大學臺灣文學系碩士生，現從事工業設計行銷。
[1] 斯圖亞特‧霍爾（Stuart Hall），〈文化身分與族裔散居〉，羅鋼、劉象愚主編，《文化研究讀本》（北京：中國社會出版社，2000 年 9 月），頁 211。

還來不及產生「敘事」之前，就要再度接受國民政府帶來的另一套文化體系。在日據時代，臺灣被日本帝國規畫爲「南進政策的前哨站」，進入國府時代，臺灣又被新政權定義爲「反攻大陸的復興基地」。戰前戰後兩度文化變身，以及戰後政治的高壓，文化的霸權，都使臺灣人無法適時重新思索自己的文化身分。

而正是這種歷史處境，使得「戰後第二代臺籍作家」與他們的前代作家開始有了不同。

「戰後第二代臺籍作家」指的是日據後期出生於臺灣，而且幼年期正逢二次大戰、光復、二二八事件……等政權交替重要時刻的作家，這些事件成爲他們童年記憶潛藏的一部分；然而在他們還來不及拼湊出這些記憶的意義之前，就進入國民政府的教育體系，接受中國文化、歷史、政治的意識形態話語。他們不像第一代臺籍作家那樣馬上在政權轉換之際產生認同衝突，而造成中國人、日本人、臺灣人的身分混淆，創作出像《亞細亞的孤兒》、《白薯的悲哀》這樣的作品。相反地，他們在教育體制下大部分都接受了中國文化認同。

他們是距離「臺灣人歷經二度認同轉換」這個歷史事件最接近也是最遙遠的一群人。接近，是因爲這個歷史事件以及隨之而來的政治效應、文化轉換，直接發生在他們的幼年時期，而成爲一種親身經驗；遙遠，是因爲他們成長在白色恐怖的政治氣氛下，沒有空間理解這個歷史經驗的意義。他們被包覆在大中華民族的宏大敘事中，對於文化身分的探索，要延遲到成長之後，才有機會重新揭開童年記憶的祕密。

而面對支離破碎的過去和業已裂變的身心，作家試圖藉由回憶的拼湊、歷史的補白，完成一段可言說的敘事，以恢復文化身分與歷史過去之間的連續性。同時，透過文學創作，作家得以用自我建構的「小敘事」，反身對抗充滿國家歷史神話的「大敘事」，從中界定自己的文化身分。

而在臺籍戰後第二代作家中，郭松棻特殊的政治際遇與寓居美國的生活處境，更形成他在這條回歸之路上迥異於其他同期作家的取徑，他在

1983 年之後發表的作品,沒有 1980 年代主流的政治小說的鮮明立場,相反地,以一種曖昧低迴的方式呈現出作家對於文化身分的思索。

以下本論文將先勾勒郭松棻在現實生活中的認同轉折與政治際遇;繼而透過文本分析,分別從「母親意象」及「離散("diasporas")[2] 處境」的角度,捕捉郭松棻作品中對文化身分的追索脈絡。

二、郭松棻 1983 年之前的認同轉折

郭松棻,1938 年,臺北市人,自幼居住在繁華的大稻埕。

郭松棻於 1945 年終戰前夕進入臺北日新國校就讀,二年級開始進入戰後國民政府的教育體制,1957 年考入臺大哲學系,次年轉外文系,1961 年畢業,在臺大擔任助教,1966 年赴美柏克萊大學攻讀比較文學碩士。1971 年,放棄博士學位,投入投釣運動,後列入黑名單,解嚴後始得返臺。目前旅居美國紐約,1997 年夏天中風,目前仍有復健中。

以下試圖對郭松棻在現實生活中的文化、國族認同轉折過程做一概略描繪,以利進入之後的文本分析:

(一)～1966 年:擁抱存在主義的文藝青年

郭松棻生長在文化素養很高的家庭。父親郭雪湖是日據時代有名的畫家,因入選「臺灣美術展覽會」,而享有「臺展三少年」[3] 的美譽,母親具有高校學歷,其姊郭禎祥爲彰師大美術系所的創辦人,可謂藝術世家。郭松棻出生時,郭雪湖已經舉辦過多次畫展,活躍於畫壇。由於父親的關係,培養了郭松棻濃厚的文化氣息以及對藝術的鑑賞能力。

除此之外,郭家居住在繁華的大稻埕。大稻埕,今屬臺北市大同區,自 1860 年代即爲北臺灣通商要地。日據初期,臺北市有接近一半的人口住在大稻埕。政商名流、文人雅士在此活動居住,富裕生活與文化鼎盛造就

---

[2] diasporas,一譯「離散」,又有譯爲「族裔散居」,意指某一族群由於外部力量的強制或自我選擇,而分散到世界各地的情形。

[3] 1927 年,郭雪湖與陳進、林玉山同時入選總督府官方舉辦的第一屆「臺灣美術展覽會」,當時三人均不滿二十歲,故「臺展三少年」美名不脛而走。

了大稻埕的獨特氣氛。

　　生活在這樣的家庭與地區，郭松棻有更多機會接觸到各種新穎的思想與文化。根據許素蘭女士的訪談，郭松棻在中學時就已開始接觸大陸 1930 年代的左翼文學及理論：

> 據李日章老師的口述，郭松棻大概在中學時代即已接觸過大陸 1930 年代
> 新文學作品，甚至左派理論之書籍，其大一時代未發表的習作，明顯受
> 到 1930 年代大陸作家，尤其是魯迅的影響。[4]

然而左翼文學及理論，並沒有使臺大時代郭松棻成為左翼青年。相反地，由於 1960 年代國內政治氣氛的彈壓，以及臺灣在國際社會的受挫，精神苦悶的環境下，存在主義與現代主義盛行於年輕知識分子之間。

　　關於郭松棻童年及臺大時期的相關資料很少，不過我們或許可以由他在哲學系的友人趙天儀處窺知當時同輩年輕人的生活斷面：

> 我（趙天儀）出生於 1935 年，截至小學三年級都是用日語，……戰爭結
> 束，當時臺灣民間不知道什麼叫中國，而稱之為支那，又念了兩個月日
> 文後才開始用臺語學漢文。……考中臺大哲學系，……其中殷海光的邏
> 輯實證論、羅素哲學、分析哲學及洪耀勳系主任的存在主義對我影響很
> 深。……對於現代文學、現代詩、現代音樂、現代畫，我們這一群朋友
> 都很狂熱，記得一次去看董華成的「大臺北畫展」，身為日據膠彩畫三少
> 年郭雪湖之子的郭松棻實在有點受不了，說：「哇塞！也有這樣的畫
> 展。」[5]

就讀臺大期間，郭松棻先考上哲學系，接觸標榜自由主義的殷海光以及當

---

[4]許素蘭，〈流亡的父親·奔跑的母親〉，《奔跑的母親》（臺北：麥田出版公司，2002 年），頁 285。
[5]趙天儀，〈讀書、寫作與生活〉講稿，《中央日報》「文學到校園系列講座」。

時流行的存在主義，之後轉到臺大外文系，在這個 1960 年代現代主義的重鎮，和白先勇、王文興同窗，但僅在 1958 年發表過一篇〈王懷與他的女人〉，除此之外，他沉迷存在主義、浸潤歐美文學、參與劇場、電影的演出、並發表關於沙特及繪畫的藝評。可說是一名擁抱存在主義的文藝青年。

（二）1966～1973 年：保釣運動、左傾、對共產體制的烏托邦想像

　　1970 年保釣前夕，郭松棻以「夢童」為筆名，在與唐文標於美國合辦的《大風》創刊號上，發表〈秋雨〉，或可從中窺知郭松棻當年的認同傾向。

　　首先，〈秋雨〉透露了郭松棻對「中國人」感到非常不滿與無奈：

> ……（在美國）待要領取機票的時候，這又看到真實的中國人了。排隊也乃是爭先恐後，半生逃難的苦楚又重新浮現在每個人的臉上。……在美國人的機場裡湧現了中國近代的苦難，毋寧叫人感到嘴裡又是一陣苦澀。……
>
> 到達臺北的時候，……從艙窗望出去，望臺上又菌集著另一批蠢動的中國人。[6]

在〈秋雨〉當中，郭松棻把華人都稱為「中國人」，與其說這樣寫作的郭松棻有什麼國族主義，還不如說這是一種泛中華民族的「同體感」——保釣前夕，全美各大學，尤其以柏克萊大學為主，來自不同政治實體的華人學生常常共組歷史討論會，其中大部分以討論日本侵華的歷史為主，例如在討論會上播放南京大屠殺的影片、報告蘆溝橋事變的史料等等。可能由於這樣的接觸，引起郭松棻心中對百年來各地中國人的苦難產生激憤的心情，與「一視同仁」的同行。

---

[6]郭松棻，〈秋雨〉，《郭松棻集》（臺北：前衛出版社，1993 年），頁 222。

　　然而，這樣激越的心情該如何實踐呢？在〈秋雨〉這篇記述殷海光去世前夕的小說中，可以看出郭松棻對殷海光一代自由主義大師的敬仰，但是也對自由主義在臺灣的政治受挫感到失望：

> 唯一一點和殷師不同的，我們不會再熱衷於空泛的自由主義的追求了。[7]
>
> ……待與權勢交鋒時，這只是維持在原則性主張的自由主義便一時暴露了它的虛弱，而一點也產生不了力量。[8]

除此之外，文中也一再提到陳映真被捕下獄的事情，當年這位年輕知識分子顯出頹喪的心情：

> 話題難免要轉到陳映真被捕的事件，也依然提不起什麼精神來，畢竟我們對這個問題都太隔膜，……這不啻更叫人感到無助。……倘若想找文壇裡的朋友談談，也實在談不起來，因為他們恐怕不是「形式主義者」便是很「現代」了的。[9]

不但右派的殷海光在政治上受挫，擁有「人道的、穩健的」[10]文體的陳映真也被捕下獄。政治高壓，左右碰壁，文壇人士紛紛遁入「形式主義」或「現代」，使當年的郭松棻對「家鄉」感到懊惱無奈：

> 「回到家鄉又如何？」自己這樣問的時候，彷彿終於又悟起家鄉本就是齷齪、蠻橫、無情，而自己的心也早就被控空……。[11]

---

[7]同前註，頁 230。
[8]同註 6，頁 229。
[9]同註 6，頁 226。
[10]同前註。
[11]同註 6，頁 237。

1970 年，由「抗議日本侵占釣魚臺」而興起的保釣運動，將美國來自各政體的華人凝聚成同一陣線，而 1971 年 1 月 29 日在舊金山舉行的保釣示威，則將這股特殊的愛「國」情緒推到高峰，這段過程，郭松棻沒有缺席，並且擔任領導角色。根據劉大任的回憶：

> 碰到「保釣」這個課題，他們（港澳學生）都堅拒領導的責任，理由直截了當：這個議題是臺灣同學從醉生夢死中醒來的機會，……你們必須站出來，跟你們的政府幹！
> 我跟郭松棻和其他人，便這樣給推上了「斷頭臺」。……那是他（郭松棻）第一次發表政治演說，講不了幾句，忽見他……指著臺下遠處樹影裡幾個鬼鬼祟祟的人物說：「你們這些特務，你要是有種，就給我站出來……」[12]

保釣運動的激越使郭松棻對「家鄉」的無奈、對「中國人」的同體感找到實踐的場地，也因而放棄博士學位。然而因保釣運動而凝聚起來的海外華人，也在這次盛大的遊行之後，漸漸走上分裂的命運，左、右路線的鬥爭，關於臺灣主體性的統、獨之爭，使保釣的凝聚力與熱情快速降溫。此時，郭松棻對文化中國的認同與強烈的左翼思想，使他對中國的共產體制產生烏托邦的嚮往，而成為海外左派論述的一支健筆。

至此，可以說郭松棻想像中的「文化中國」與「政治中國」合而為一。

（三）1974～1982 年：崩潰與沉寂

1974 年中，郭松棻、劉大任……等人終於有機會自美國前往大陸，會見周恩來，一探想像中美好的共產主義中國，然而這次的回歸之旅竟導致過往信仰的崩潰：

---

[12]劉大任，〈毀了兩個農業專家〉，《壹週刊》第 74 期（2002 年 10 月 24 日），頁 120。

> 從中國大陸回來後，郭松棻對大陸有很深的幻滅感，曾經很「清楚地表
> 示不能認同大陸的政策、所走的路線，以及整個體制對人的束縛。」[13]

這趟大陸行，不但使郭松棻變成黑名單上的「郭匪松棻」，而且也使他的信
仰面臨崩潰的危機。王德威在 2002 年的論點或許可以說明郭松棻後來的心
情與處境：

> 今天臺灣的政治如此正確光明，當年海外的民主鬥士，多已修成正果。
> 相形之下，另一批為了愛中國而保釣，不惜孤注一擲的異議分子，才更
> 有無可如何的蒼涼吧。[14]

以目前在臺灣掌握得到的資料看來，在這之後，郭松棻只有在海外發表左
翼論述，似乎沒有文學創作。

（四）1983～：回歸之路

1983 年，郭松棻重拾筆桿。首先，以「羅安達」為筆名先後在《文
季》發表〈青石的守望〉與〈三個小短篇〉。接著，1984 年直接以郭松棻
的名義發表〈機場即景〉、〈奔跑的母親〉、〈月印〉、〈月嗥〉。1985 年發表
〈雪盲〉、〈那嗤嗤的腳步〉。1986 年發表〈草〉。然後除了在 1993 年因為
出版《郭松棻集》而改寫過前述部分作品之外，要等到 1997 年，才發表近
來的新作〈今夜星光燦爛〉。

郭松棻這時期的作品已經和〈秋雨〉大異其趣，他注視的焦點從「中
華民族」轉移到「故鄉臺灣」。談論他寫作的場景設定何處，在文脈中記憶
鮮明的，總是故鄉臺灣；而隱現文本中的歷史記憶，也環繞著日據末期戰
爭、終戰、二二八事件這些發生在他童年時期，而他來不及記憶、了解，
就被戰後國民教育抹去的歷史碎片。

---

[13]同註 4，頁 286。
[14]王德威，〈序—冷酷異境裡的火種〉，《奔跑的母親》（臺北：麥田出版公司，2002 年），頁 4。

　　在 1983 年之後的作品中，論者許素蘭認爲郭松棻的認同位置曖昧，但時時在行文中透露故鄉臺灣的影子[15]，關於這一點，以下我們將分別透過文本分析，從「母親意象」及「離散書寫」的角度，觀察作家思索自我文化身分的精神圖象。

三、「母親意象」：臺籍戰後第二代作家的身分思索與回歸

　　郭松棻於 1983 年之後發表的作品，常常以作家童年的歷史經驗爲背景，思索戰後臺灣人的文化身分。其中「母親意象」往往是作家用來辨證認同取向的隱喻，以下藉文本討論作家的追索過程：

（一）對兩岸政治體制的失望

　　由於 1970 年代海外保釣運動的參與，使郭松棻走上左傾的政治路線，並對「中國共產體制」產生烏托邦的嚮往，這份熱情使他情願冒著流寓美國、不得回臺的政治風險，於 1974 年親身前往大陸參訪，然而這次的訪問卻造成過往政治信仰的崩潰。

　　在沉寂多年之後，郭松棻於 1983 年 8 月以「羅安達」爲筆名，在《文季》發表〈三個小短篇〉，其中第三部分〈姑媽〉道出中國共產制度下人性的虛僞與分裂：一路上強調著「黨的外交路線的勝利」的幹部特地營造出富足生活的假象，以及姑媽在人前人後截然不同的態度，使主角「我」對中國共產體制感到失望，而覺得「多姿的故鄉正浸在灰灰細雨中」。[16]

　　而在 1993 年出版的《郭松棻集》，郭松棻改寫之前創作的〈向陽〉[17]，在文本最後提到：

> 民國以來，各個黨派標榜的共和理想並沒有超過我們這幅冬暖圖。他們
> 半個世紀的爭戰，更沒有爲中國造就革正的共和，只白白流了老百姓的

---

[15]同註 4，頁 287。
[16]郭松棻，〈姑媽〉，林瑞明、陳萬益編，《郭松棻集》（臺北：前衛出版公司，1993 年），頁 255。
[17]〈向陽〉原發表於 1983 年的《文季》第 1 卷 2 期。1993 年《郭松棻集》出版，其中〈向陽〉一篇已經改寫，因此〈向陽〉改寫年代最晚應在 1993 年。

血，……。[18]

從 1983 年的〈姑媽〉到 1993 年改寫後的〈向陽〉，前後十年間的創作，都表明了作家在那次政治信仰的破滅之後，對過往信仰的失望，並拒絕再對任何政治體制投資認同的一貫立場。

越過政治信仰的激情，作家重新思索自我的文化身分，而呈顯出以下的心路轉折：

（二）「還是失敗了」：失去「立足之地」的主體

1983 年 6 月，郭松棻在離臺多年之後，再度在臺灣文壇發表創作。首篇〈青石的守望〉是由三個各自獨立的部分組成，其中第三部分〈寫作〉以「母親的臉」做爲作家在文化身上的隱喻。

〈寫作〉的主角是一位三重埔裱畫店的學徒阿雄，他追求一種純粹的藝術原則。首先，他在裱畫店裡學習描繪「觀音的臉」，致力避免「畫出贅肉來」；接著，他想用一種「將生命剔出白脂的文體」，描繪一張無意間從窗口看見的「女人的臉」，卻始終無法滿意。後來，他帶著這份未完成的作品，經用朋友的介紹，遠赴太平洋彼岸的紐約，卻意外開啓了一段文化身分的發現之旅。

阿雄到了紐約依舊繼續努力寫作那張「女人的臉」。期間，他參加了生平第一次的行動藝術發表會，由於「他是參加展出唯一的東方人，因此邀得了格外的注目」[19]，於是他一面叫嚷著從三樓一躍而下，因此摔斷一條腿，但他的朋友後來卻在醫院告訴他：「……他們不懂你在喊些什麼，只覺得那是作品的重點所在，當場要我翻譯。但是我也聽不懂，你喊的是臺灣話。」[20]

這場行動藝術發表會，讓阿雄認知到自己存在的異質性。

---

[18] 郭松棻，〈向陽〉，《郭松棻集》，頁 53。
[19] 郭松棻，〈青石的守望〉，《文季》第 1 卷第 2 期（1983 年 6 月），頁 82。
[20] 同前註，頁 83。

首先，來自第三世界臺灣的阿雄，和第一世界美國紐約在象徵體系上顯得格格不入：無論阿雄的行動或他叫喊的話語，其中所攜帶的文化符碼，既無法直接傳達給第一世界的觀眾，也無法通過同是東方人的中國朋友轉譯。

其次，在美國人眼中，阿雄因「東方人」的外表得到注目，然而也因「東方人」的外表而「失語」：因爲在他奮不顧身爲藝術跳樓的同時，他的中國朋友卻因爲聽不懂他用「臺灣話」表達的作品重點，而無法「再現／代表（represent）」他的意志，從而暴露出阿雄和這位朋友的不同。

這場發表會不只讓阿雄失去一條腿，也讓阿雄對自我主體的認知頓失「立足之地」，變成一個身心都殘缺不全的人。

於是阿雄在醫院的病牀上若有所思地說道：「還是失敗了」。

（三）從「自由神的火把」到「母親的臉」：臺灣人文化身分的發現回歸

在〈寫作〉中，郭松棻描述在同一場行動藝術發表會上，另一個名爲「花之聖母」的作品：年輕的金髮男子全身赤裸，面容「聖者得道的安詳」，全程不發一語地用刮鬍刀「迅速取下了他那繫著水仙花，而此刻已經償張的陰莖」，然後「……用手高高舉起仍然壯大的那物，向會場的眾人們無言的召示，宛如高舉著火把的自由神。」[21]郭松棻將「自由女神」的「女」字去掉，以「自由神」凸顯資本主義所散發出來的陽具特質。文本中，金髮年輕人以「償張的陽具」仿擬紐約地標──自由神手中的火把，以「自我去勢」的行動表現對陽具中心及資本主義的控訴。

另一方面，阿雄在行動藝術失敗後，重拾寫作，後來對文字的執著使阿雄得了「失語症」而住進精神病院。直到母親大老遠從臺灣跑到美國來探望，阿雄才恍然發現自己苦苦描繪追尋的竟是「母親的臉」。激動之餘他緊掐住母親的脖子，醫生、中國朋友忙著搶救，而使「母親的臉」逐漸被這三個男人合力撐起，於是「那漸漸升起來的某物，好像有三個人合成一

---

[21]同註 19，頁 82。

體正努力撐起一支火把」，那姿勢有如「那矗立在海港的自由神」。[22]

於是原本在文本中被用來象徵陽具中心及資本主義的「自由神的火把」，在文末被置換成故鄉的有如觀音的「母親的臉」。從「自由神的火把」到「母親的臉」，象徵的置換，標示著從西方價值體系的追求到母親所在的故鄉臺灣之間的一段回歸之旅。

沉寂多年之後，1983 年發表的〈寫作〉如此安排，無疑標示著郭松棻自 1974 年激越的政治情緒之後，多年沉澱下來的結論。

（四）「奔跑的母親」：回歸的渴望與抗拒

雖然〈寫作〉標示著作家的目光自西方、中國回歸到故鄉臺灣，然而回歸臺灣、探尋自己身為臺灣人的身世，就勢必要面對臺灣這個歷經殖民、政治傾軋的小島所背負的歷史傷痕，於是在 1983 年發表的〈含羞草〉中透露出逃避這個痛苦身世的想望：

> 小河童臨盆之前，父親就湊到母親張開的生殖器上，像通電話一般，對著母體裡的嬰兒，訴說他即將投生的那個社會的種種，然後徵求小河童的意見。投不投生全由嬰兒自己決定。……
> 他說，要是父親事先能夠給他通點消息，他就不想投生到臺灣了。[23]

重新思考自己的文化身分，作家既渴望心靈深處能夠有個美好溫暖的「安身的好所在」，又不得不面對這個「所在」不斷被暴力冷酷對待的真實過去，而產生抗拒的心理防禦機制。

這種既期待、又抗拒的矛盾心情，在 1984 年發表的〈奔跑的母親〉中，透過一個雖然期待母親的撫愛，卻又在現實生活中老是逃離母親的「我」而展開。論者陳明柔認同：

[22]同註 19，頁 86。
[23]郭松棻，〈含羞草〉，《郭松棻集》，頁 547。

　　……通過「母者意象」召喚記憶的過程中，卻往往呈現出「因遺忘而追索，因記憶而漂泊」的弔詭。……通過「母者意象」所進行的記憶召喚，卻又成為小說中主角主要漂泊的推力。[24]

　　在「我」的想望中，「母親」應該永遠是「美麗，而更勝於美麗」，並且是撫愛和幸福的所在；但是實際的經驗卻是，「母親」為了「生活」，變得「像蚱蜢一般，一躍就跳上了徐徐駛開的卡車，去外鄉買黑市米」[25]，並且在各種男性霸權的摧逼中逐漸蒼老：政權的轉換使母親失去丈夫而必須獨自面對生活、祖父的逼婚、寄居在舅舅家忍氣吞聲。「母親」揹負起男性家國歷史的苦軛，越來越不像「想像中的母親」，而成為惡夢中「奔跑的母親」：

　　　　我奔向母親的方向。

　　　　然而，我每跑一步，母親就退後一步。

　　　　母親好像決意離我而去，又好像在跟我捉迷藏。

　　　　……

　　　　「媽」。

　　　　我大叫了一聲。

　　　　母親乾脆跑了起來。她在馬路的中央奔跑。

　　　　……

　　　　她把我一個人留在黑夜的這一頭。[26]

在這個夢中，「我」害怕的不是「母親」本身，而是害怕一個被充滿男性暴力的歷史所「異化的母親」。這是一個關於後殖民主體重新思索文化身分、

---

[24]陳明柔，〈當代臺灣小說中歷史記憶的書寫〉，「臺灣文學史書寫研討會」，成大臺灣文學所主辦，2002 年，頁 13。

[25]郭松棻，〈奔跑的母親〉，《郭松棻集》，頁 11。

[26]同前註，頁 5。

面對創傷歷史的慘痛惡夢，也是郭松棻身為「戰後第二代臺籍作家」，在幾經認同上的波折，最後對於追求那個「安身的好所在」產生了既期待又抗拒、「該向你跑來的，她卻離你而去，該離開你的，卻又要奔跑而來」[27]的心情寫照。

（五）「母親意象」：後殖民主體痛苦的重建之路

「母親意象」是郭松棻作品中主體重建文化身分的重要關鍵。

在戰後臺灣人繁複的身世與多重的文化身分中，「母親意象」既是主體協商各種文化身分的基調，又是可能導致複雜的文化身分崩裂的危機點。「母親意象」在郭松棻的文本中，遂成為一把雙面刃，一方面，「母親意象」在主體自我想像的回歸過程中，淨化、排除、雕離其他身分雜質，使主體在想像中得以成為一個完滿、統一的整體；但另一方面，在現實生活中，「母親意象」卻總是揹負著「父親的陰影」，不斷提醒著主體勢必面對各種身分的重組、並將永遠無法回歸想像界的現象處境，而造成主體的悲傷與崩潰。

「母親意象」的「雙面性」，在〈奔跑的母親〉中表現的最為明顯，一方面，「我」從小到大都渴望著那位「美麗，而更勝於美麗」的「母親」，「母親」跨越了時空限制，在「我」的想像中永遠那麼美麗、撫愛、而帶來幸福；另一方面，「我」卻又看到「母親」在現實生活的催逼下，揹負著戰爭的陰影、祖父的逼婚、舅媽的嫌棄，而鍛鍊出蚱蜢一般的身手，因而使「我」產生「奔跑的母親」的惡夢。

拉康在解釋「伊底帕斯情結」[28]時，道出了母親與兒童之間關係。「伊底帕斯情結」是兒童形構主體（subject）的重要階段，也是兒童從「想像界」進入到「象徵界」的重要歷程。在伊底帕斯情結的第一階段，「兒童」與「母親」之間存在著一種未分化的關係，在這個關係之中，兒童把自己

---

[27]同註 25，頁 15。
[28]拉康的「伊底帕斯情結論」不是純粹指涉家庭中的兒童、母親與父親的角色關係，而是拉到「抽象層次」來解釋。

想像爲母親欲望之物,「兒童所追求的東西就是成爲母親欲望的欲望」[29],藉由母親想像自己,獲得初步的主體性;第二階段,「父親」介入了母子關係,父親「就是法規的持有者,這樣做不是以一種隱密的方式進行的,而是以一種以母親爲中介的方式進行的,因爲這時母親也接受了是由父親制定法規這一事實」[30];最後第三階段,兒童與父親競爭母親的想像結束,「不僅接受父親法規的象徵性,還賦予這種象徵性以普遍完滿的意義」。[31]

因此,在兒童形構主體的過程中,「母親」既是幼兒藉以想像自我的媒介,也是「父親的法規」的中介與服從者。反過來說,「母親」只是一種兒童形成主體的媒介,她從來就不是兒童的主體本身,因此,「兒童」與「父親」競爭的或許不是做爲中介的「母親」,「兒童」與「父親」真正競爭的是「兒童」對自己的主體的「詮釋權」。

〈奔跑的母親〉中,「撫愛的母親」與「奔跑的母親」兩個意象的分裂與交纏,都暗示了文本中「我」在想像界與象徵界之間的痛苦拉扯,也象徵了戰後臺灣後殖民主體努力衝破各種國家民族的大敘述,嘗試自我詮釋文化身分的痛苦過程。想像中「撫愛的母親」——那個完滿、統一的主體,只能變成一種無法滿足而終生苦苦追求的欲望;而「奔跑的母親」——她中介並服從於「父親的法規」,則時時提醒著「我」那個無所不在的「父親」;「父親」無所不在,他是戰爭、祖父、舅舅、國家、民族……的綜合體。

文本中,「我」一方面渴望著「母親」,一方面又害怕尾隨「母親」而來的「父親」,遂產生「我」在現實生活中不斷逃離「母親」的現象。

郭松棻特有的「母親意象」不只出現在「奔跑的母親」中,其他例如〈寫作〉、〈論寫作〉中「故鄉母親的臉」、〈雪盲〉中像「一段往事」一般的「母親的聲音」以及遺傳自母親的「頭痛」,皆是如此。

---

[29] 杜聲鋒,《拉康結構主義精神分析學》(臺北:遠流出版公司,1998年),頁139。
[30] 同前註,頁142。
[31] 同註29,頁143。

四、「離散書寫」：戰後臺灣人的旅美處境

「母親意象」是郭松棻思索、回歸其臺灣後殖民身世的隱喻，有了以上對文化身分的回歸作為基調，郭松棻也從自己不得已流寓美國的「美國人／華人／臺灣人」的離散經驗中，思索來自殖民地的移居者，在異地飽受各種文化身分交織割裂的問題。而這種的「身分離散」的思索，已經遠比 1983 年發表的〈寫作〉那種追求純粹的「剔除生命的白脂」的回歸更為複雜。

（一）刻畫臺灣戰後知識分子殘缺的精神樣貌

延續〈奔跑的母親〉既渴望又抗拒的回歸意象，郭松棻在 1985 年發表的作品〈雪盲〉中，描寫臺灣戰前戰後兩代知識分子的殖民處境，並以「孔乙己」的殘缺形象，象徵臺灣戰後知識分子的精神樣貌。

文本中，「校長」是戰前就成長起來的知識分子，由於立志當「校長」，他努力學習「上品日文」，並斷絕帶有「亞熱帶惰性」的檳榔，戰後他又認真學北京話，然而這立志的努力都在終戰第二年被「憲兵的掌摑」打消，從此校長開始嚼檳榔，最後無以維生，而成為一個失敗的漁夫，守著那本亡兄自殺的遺物——《魯迅文集》。戰前和亡兄一起立志的雄心，在戰後殘酷的政治經驗中瞬間坍塌。

然而面對歷史的磨難，校長由於有位亡兄引導他「走向立志的道路」，畢竟曾經懷有立志的夢想，而且實實在在為了這個夢想而努力過。相對於校長，身為戰後成長起來的知識分子「幸鑾」，由於缺乏這樣一位亡兄的引導，從小就不知如何「立志」，以至於他的志願只剩下作文簿上虛空的一段：「願在明年的國慶日，把一面青天白日的旗插在南京的城頭上」。[32]

戰後二二八事件及其後的白色恐怖，政治氣氛的緊張，使得「言論自由」蕩然無存，魯迅著書立說的左翼知識分子形象當然也不見容於當局：

---

[32]郭松棻，〈雪盲〉，《郭松棻集》，頁 184。

狂犬病流行的臺北。狗都帶上了口罩,在街上一律不准開口。整個城一
下子聽不到吠聲。狗變成了一種最沉默的動物。把尾巴夾起來,默默地
跟在人的背後,……連走在地上的狗爪子都是默默無聲的。[33]

成長於戰後的知識分子「幸鑾」,沒有日據時代知識分子參加「文化協會」
的餘裕,而使「臺灣人的抱負,……飛躍在殖民地的上空」[34];相反的,在
「狂犬病流行的臺北」,政治的高壓比戰前更劇烈,於是幸鑾只能在校長送
他的《魯迅文集》中,獨獨選擇繼承「孔乙己」這個殘缺不全的讀書人形
象:

車窗外的海景再也吸引不了你了。
……
……你連身邊的母親都不想理會了。你但願自己再也站不起來。讓雙手
沾滿地泥,甚至讓自己的腿斷去。跟著手上的這本書一起沉下去……沉
下去。[35]

「孔乙己」殘缺的知識分子形象,就是幸鑾身為戰後成長起來的知識分子
的精神圖象,而成為幸鑾一生的精神重荷,跨越時空,跟隨他流浪異鄉。

(二)「沙漠」:臺灣戰後知識分子旅外的「精神異境」

郭松棻 1985 年後的作品,開始以「沙漠」作為象徵後殖民知識分子
「精神異境」的場景,例如〈雪盲〉中幸鑾但願永遠「沉到底」的「沙
漠」,或是〈草〉當中那位患有氣喘的哲學青年認為「只有沙漠才是他器重
的安身之地」。[36]

無論是〈雪盲〉中的幸鑾或是〈草〉中的哲學青年,他們都是來自第

---

[33]同前註,頁 170。
[34]同註 32,頁 139。
[35]同註 32,頁 147。
[36]郭松棻,〈草〉,《郭松棻集》,頁 207。

三世界臺灣的後殖民知識分子，而且與其他後殖民地區不同的是，他們在臺灣仍然面臨戰後政治的高壓，於是不可避免的，這樣的歷史身世像一種身體殘缺（幸鬱想像自己是斷腿的孔乙己），或是一種疾病（哲學青年因臺灣潮濕的氣候而氣喘），隨著他們來到第一世界的美國。但是，過去的印記並不會因為空間的轉換而消失，相反地，新的文化環境，迫使移居者必須在新的象徵體系中重新排序、組合自己的文化的身分，而使來自臺灣的戰後知識分子反而更加必須面對遺留在自己身上的歷史痕跡。這種文化身分的衝撞，在後殖民知識分子身上造成痛苦的傷疤，一如幸鬱胸口上那片狀如「美國地圖」的紅色傷疤。

於是在郭松棻的文本中，來自臺灣的戰後知識分子在異國面對不同文化身分的撞擊時，逐以「沙漠」為隱喻，開展出一片荒涼孤絕的「精神異境」。

幸鬱在美國沙漠的「亂石中建築起來的這個城鎮安身」[37]，因為「無論如何，這是一塊可以生存下去的地方」[38]，終生在美國警校教導紅人學生閱讀〈孔乙己〉。這個「沙漠異境」，是一種自我保護，也是封閉的自我隔絕：

> 電視屏上出現一種蝌蚪般的甲蟲，……乾涸的季節裡，它們知道如何埋入砂土，把自己保護起來。[39]

而能夠牽起童年回憶的母親的越洋電話，也因為「異境」的阻隔，而只能傳來斷斷續續的模糊聲音，稍稍阻止了來自母親的羈絆與牽連。而使幸鬱可以「在風沙中沉落，……沉到底，沉入睡眠，養養你病弱的腦筋。」[40]

---

[37]同註 32，頁 150。
[38]同註 32，頁 166。
[39]同註 32，頁 167。
[40]同註 32，頁 185。

（三）後殖民移居者文化身分的分裂危機與崩潰

在郭松棻 1985 年之後的創作中，還有一個重要的主要是描寫身上銘刻著殖民地歷史痕跡的人們，在西方異文化中生存，而永遠無法統合文化身分，而使主體時時處在一種行將分裂的危機中。

在〈雪盲〉中，這種分裂的危機化身成一種遺傳自母親的劇烈頭痛：

> 走向公寓的停車場，腦殼裡就卡拉達、卡拉達響起來。……聲音從太陽穴迸裂出來。劇烈的頭痛占據整個白天。開車時，眼前常有撞車的殘骸圖景。
> ……你突然悟到，那原是母親越洋電話的噪音。線上傳真不良。卡拉達、卡拉達，不斷地響著。頭痛則是遺傳的。……越洋電話裡，母親的聲音……像一段往事。[41]

在異國的空間裡，面對文化身分的重組，帶著殖民痕跡的幸蠻為了保護主體不至於碎裂，在荒蕪的異鄉沙漠裡構築起自己的「異境」，然而終究無法完全阻擋自己與殖民身世的直接關聯。母親的聲音「像一段往事」，不斷將幸蠻帶回過往身世的面前，而造成分裂的危機。「卡拉達、卡拉達」，即使躲在荒蕪的沙漠異地裡，過往仍斷斷續續的透過母親越洋電話的聲音，提醒著幸蠻那些他無法統合的文化身分，而變成「無法組合的片斷，盤桓腦際」[42]，造成頭痛，甚至出現「撞車殘骸」的錯覺。

而在 1986 年發表的作品〈草〉中，也涉及到主體分裂的危機。剛剛離臺抵美不久的哲學青年，以及離鄉十多年的「我」在美國相遇。

哲學青年是一個剛離鄉的新人，患有「嘎齁（即哮喘），他說：「要不是臺灣那種潮濕的天氣，他就不想出國了」[43]，然而真正的原因是他背負著

---

[41]同註 32，頁 149。
[42]同註 38。
[43]同註 36，頁 196。

家鄉變色的傷痛：

> 家鄉的人看起臺北的報紙而有了臺北的想法，他就動了離鄉的念
> 頭。……在車站，他擠進後備軍人的汗酸裡，嘎嚏立即發作了。故鄉，
> 在別離以前突然從即使的車窗給他現出了一張全然陌生的臉。[44]

哲學青年既感歎自己不得不離開故鄉，又無法適應這塊新大陸，「你知道，
他不可能成為這小鎮生活的一部分」[45]，他因此顯得寂寞，而這樣生出來的
寂寞帶來主體的分裂危機：

> 寂寞就像瓷器的裂縫，留在他的臉上。……他只咧了嘴笑了笑。一件瓷
> 器就要破碎了。[46]

　　在〈草〉中，當哲學青年遇到這種分裂的危機時，至少還知道「沙
漠」是他可以「器重的安身之地」，一如〈雪盲〉中的幸鸞用「沙漠」稍稍
阻隔母親的牽絆。由於有了「沙漠」這個精神異境，主體得以勉強統合起
隨時可能散裂的文化身分。然而，在另一篇作品〈論寫作〉中，主體再也
承受不住多種文化身分的拉扯，而成為流寓美國的「精神病患」。
　　〈論寫作〉中，主角「林之雄」對家鄉感到灰心，因為家鄉不但被一
群人霸占著：「那批老著臉霸占了一塊地方就以為家鄉是他們的」[47]，過去
寧靜的市鎮也隨著經濟開發而變貌，因此他將寫作的願望寄託在「世界之
都紐約」，那裡不但有「寫作的環境」，也有「識貨的人才」，於是：

> 帶著憤怒的靈魂，你飄洋過海，離開故國家園，渡過重重險灘暗礁，如

---

[44]同前註，頁215。
[45]同註 42，頁 203。
[46]同前註。
[47]郭松棻，〈論寫作〉，《郭松棻集》，頁408。

今你身居異國。[48]

　　然而，真實的紐約生活卻使林之雄發現到自己與眾不同的臺灣異質性，而終至發瘋。在精神病院裡，林之雄在封閉的幻想中看見自己一次又一次的「誕生」，最後看見「自己抱著無數個重新誕生的自己」[49]，而他最後一次「誕生」，就是母親大老遠從臺灣來美國的精神病院探望時，由於悟到自己一生追求的竟是「母親的臉」，而終於「看見自己咬破了密封的繭，毫不猶豫鑽進了世界」。[50]

　　延續〈寫作〉的架構，林之雄最後還是發現故鄉的母親才是最後的依歸，不同的是，〈論寫作〉更強調了臺灣人在美國「多重認同」的處境，臺灣人不但要協調東西方文化身分的問題，而且自己身上所印記的臺灣身世更使原本單純的二元選擇複雜化。「人需要第二次的誕生，降生到歷史裡。……人是歷史的動物，……文化的產物」[51]，而臺灣人林之雄那個看見「自己抱著無數重新誕生的自己」的想像，正是他身為臺灣人一生的寫照：戰前是日本人、戰後是中國人、到了美國又發現自己原來是臺灣人、而流寓美國使他必須適應當地文化變成美國人，從戰前到戰後，從臺灣到紐約，林之雄總是必須在複雜的時間、空間維度裡不斷改頭換面、「重新做人」。

　　這樣多重而極化的文化身分拉扯，是郭松棻身為流寓美國的臺灣移民的心情寫照。

（四）「離散處境」：戰後臺灣寓居美國的身分思索

　　相較於郭松棻 1985 年以前發表的作品，1985 年後的作品〈雪盲〉、〈草〉、〈論寫作〉，以更清楚的脈絡、更寬廣的架構，探討來自臺灣的後殖民主體在美國社會中，辛苦經營其主體及文化身分的問題。

---

[48]同前註，頁 409。
[49]同註 47，頁 460。
[50]同註 47，頁 474。
[51]同註 47，頁 482。

　　論者許素蘭曾對郭松棻涵納多元文化以及流域異鄉的生命歷程作以下刻畫：

> 郭松棻從小居住在商業繁華的大稻埕一帶，父母都受過日本教育，自幼
> 生活情境即同時涵具臺灣及日本的文化風采；少年時代接受中國教育、
> 受中國文化薰陶；大學讀的是外文系，後來又留學美國——如此多元文
> 化養成，彷彿近代臺灣人的文化縮影與歷史寫照，……另方面，作為本
> 身國家地位未定，又長期流寓異國的臺灣人郭松棻，……其由外而內的
> 觀照，也是複雜而不確定的……。[52]

郭松棻自 1966 年留學美國之後，即開始漫長的旅美生涯，而 1974 年前往中國參訪、會見周恩來的行動，更使他登上「黑名單」，一直等到 1987 年解嚴後始得返臺，目前仍然寓居紐約。

　　身為來自臺灣的移居者，其身上的臺灣政治、歷史、文化痕跡，使郭松棻在適應西方文化生活時面臨了更複雜的身分思索。霍爾在〈文化身分的問題〉一文中提到「在西方的非西方人」（"The Rest in the west"）：

> 二次大戰後，由於貧窮、……、內戰、政治動盪、地方衝突與政權的隨
> 意更迭……，全球大量的窮人接收到全球消費主義的訊息，朝著所有可
> 以過的更好更容易存活下去的「美善之地」前進。在全球交流的時代
> 中，西方是一張「離開」的單程機票。[53]

這股移民潮對歐美帶來的影響是「導致一個多重的國家文化與國家認同」，而對移民本身而言，移民者則必須開始學習在「返本」與「同化」之間協

---

[52]同註 4，頁 286。

[53]Stuart Hall, "The Question of Cultural Identity", *Modernity and Its Future*, UK: The Open University，1992, first copy, p306。（引文部分為趙慶華、曾巧雲翻譯）

商自己的文化身分。然而霍爾也提到，這種「協商」對於移居歐美的後殖民主體來說，卻是：

> 極度痛苦和苦悶的離散（diasporas）表現，一種經由多種文化痕跡所辛苦經營的自我生產，將這些文化拼列為自我內容的清單，因而主體不是穩定的、統一的，而總是在矛盾與分裂中痛苦打轉。[54]

這種「極度痛苦和苦悶的離散表現」，就以上述各種「異境」、「碎裂」、「發瘋」、「美國精神病院」的形式，出現在郭松棻的作品當中：〈雪盲〉中的幸鑾寓居美國的沙漠異境以勉強阻絕故鄉母親的聲音；〈草〉中的哲學青年在美國街頭熙攘的人群中神情落寞，以至於「寂寞就像瓷器的裂縫，留在他的臉上」；〈寫作〉中的阿雄、〈論寫作〉中林之雄在美國發瘋住進精神病院……等。都從戰後臺灣移民的角度，呈現出來自臺灣的後殖民主體在美國社會中，辛苦經營其主體及文化身分的問題。

五、結論

「母親意象」與「離散處境」是郭松棻作品中的兩大重心，它們有時單獨出現，有時則相互糾纏出更複雜的文化身分向度。

以創作、發表的時間脈絡觀察作家對文化身分的思索過程：從 1985 年以前的〈寫作〉、〈奔跑的母親〉中，可看出作家此時期透過「母親意象」的經營，對自己身為「後殖民情境下的臺灣人」的身分進行回歸；而在 1985 年之後發表的作品〈雪盲〉、〈草〉、〈論寫作〉中，則可以看到作家在「母親意象」之上，又多加一層「離散處境」的維度，而交織出更複雜的文化身分，此時期作家以更寬廣的角度，思索對自己寓居美國的文化身分。

---

[54]同前註。

　　身爲臺籍戰後第二代作家的郭松棻，由於其童年成長的歷史情境、文化與國族認同上的幾番折衝，以及流寓異國的處境，造就他文本中對文化身分迂迴曲折、深幽曖昧的思索途徑。

> 回歸「丟失的源頭」、回到母親的擁抱、回到初始的無限欲望，……然而，這種「回歸初始」就如同拉康的想像界！既不能窺，也不能滿足，是欲望、記憶、神話、研究發現的無限更新的泉源……[55]

而郭松棻的作品之所以百轉千折，或許也就是因爲這個在殘酷的現實生活中總是被延遲、擱置的想望，成爲作家創作的動力，促成作家精神圖象中的殊異風景。也使郭松棻的作品在充滿各種文化身分想像的臺灣文學中開出奇花異卉。

參考書目

・郭松棻，〈青石的守望〉，《文季》第 1 卷第 2 期，1983 年 6 月。
・郭松棻，〈一個創作的起點〉，《藝術》第 42 期，1989 年 10 月 1 日。
・郭松棻，《郭松棻集》，林瑞明、陳萬益編，臺北：前衛出版社，1993 年。
・郭松棻，《奔跑的母親》，臺北：麥田出版公司，2002 年。
・劉大任，〈毀了兩個農業專家〉，《壹周刊》第 74 期，2002 年 10 月 24 日。
・劉大任，《劉大任集》，林瑞明、陳萬益編，臺北：前衛出版社，1993 年。
・陳明柔，〈當代臺灣小說中歷史記憶的書寫〉，「臺灣文學史書寫研討會」，成功大學臺灣文學所主辦，2002 年。
・張系國，《昨日之怒》，臺北：洪範書店，1988 年 1 月，26 版。
・張忠棟，《胡適・雷震・殷海光》，臺北：自立晚報文化出版部，1990 年。

---

[55]同註 1，頁 222。

．李渝，《溫州街的故事》，臺北：洪範書店，1991 年 9 月。

．李渝，《應答的鄉岸》，臺北：洪範書店，1999 年 4 月。

．李渝，《族群意識與卓越風格：李渝美術評論文集》，臺北：雄獅美術，2001 年 10
月。

．Stuart Hall、David Held、Tony McGrew，《Modernity And Its Futures》，Cambridge，
c1992。（引文部分為趙慶華、曾巧雲翻譯）

．斯圖亞特・霍爾（Stuart Hall），〈文化身分與族裔散居〉，《文化研究讀本》，羅鋼、劉
象愚主編，北京：中國社會出版社，2000 年 9 月。

．霍爾，《霍爾訪談錄》，霍爾、陳光興註，唐維敏編譯，臺北：元尊文化企業公司，
1998 年，初版。

．杜聲鋒，《拉康結構主義精神分析學》，臺北：遠流出版公司，1998 年，初版。

——選自《第九屆府城文學獎》

臺南：臺南縣立文化中心，2003 年 11 月

廢墟中的陳儀

評郭松棻〈今夜星光燦爛〉

◎**南方朔**[*]

　　陶潛在〈歸去來辭〉裡說到「既自以心爲形役，奚惆悵而獨悲」時，他已隱喻了生命和歷史最悲劇性格的困境：我們形體的生命被牽扯在歷史制約的羅網中，或爲不自由的棋子，於是，無法外在化的心性遂糾纏在命運的無可奈何中。生命的困境所模寫的，其實也是歷史的困境。

　　郭松棻的〈今夜星光燦爛〉，乃是近年來就歷史意識而言，最具宏觀性與大膽性的文學嘗試。他的大膽，乃是企圖對近代臺灣歷史上最具爭議的前臺灣行政長官陳儀重新定位；而他的宏觀，則在於企圖藉著文學的重組和虛構，爲歷史尋找新的救贖源頭。讀完〈今夜星光燦爛〉，就讓人猛然想起班雅明（Walter Benjamin）在〈德國悲劇之起源〉裡所論及的「救贖批判」——一種哲學式的批判，乃是將事務的歷史內容裡那些朝起暮落的性質蕩除，而後將它拉到哲學真理的層次，文學藝術在這樣的批判中將矗立如廢墟，如腐熟爛盡的疽塊，而只有在這樣的「疽化」（"mortification"）裡，始能完成人和歷史的救贖。郭松棻的作品扣合了班雅明所說的：「命運引人走向死亡，但死亡並非懲罰，而是補償，將罪疚的生命表現爲一種揚棄到自然生命的狀態中」。

　　在近代臺灣歷史上，前行政長官陳儀無疑是最難談論的人物。「二二八」的陰影籠罩下，陳儀成了最廉價的箭靶，絕大多數人均將他視爲十惡不赦的大奸巨惡或元凶。最有紳士風度的已故吳新榮在〈震瀛回憶錄〉裡

[*]本名王杏慶。文化評論者、《新新聞》主筆。

說得最斯文，但也稱之「失政」。歷史的談論是過去被現在制約的一種論述，現在的痛惡會轉化爲對過去的仇恨，而陳儀也就在這樣的歷史情境裡被擠壓成了罪人。戴國煇及葉芸芸合著的《愛憎二二八》裡即如此說道：

> 以一般的辭彙來說，在臺灣國府有關官員眼裡，陳儀這個人不折不扣是一個準備投共，背叛國府的叛徒，在這樣的定性之下，臺灣的輿論或學者的確也不太容易討論他。陳的親朋不用說，與陳同過事，有過往來的國府有關人員自以不吭氣，不置喙爲妙。其他局外人及御用文人們要罵他實在是太容易了，但那卻是一種反共新八股，有爲有守者並不願意自貶身價。然而想要客觀評價或者討論陳儀這個人，實在不是件容易的事，畢竟在反共戒嚴的白色恐怖時期，討論這樣一個投共的叛徒，稍一不慎，則有被戴上紅帽子之險！蓋棺論定的公理，仍然難以適用於當時的臺灣。

然而，南加州大學哲學教授黎布（Irwin C. Lieb）在《過去，現在及未來：時間哲學論文集》裡如此說道：「過去是真實的，它影響到現在發生的每件事情上，它影響事務的生成，新的事件與行動均起因於過去。……在過去之中有著將踐履的可能性」。「過去的角色有二，它乃是現在轉變爲新過去的條件；其二，它也是一切將到來事務之條件」。這也就是說，人們在想像中建構歷史，歷史的論述則會返身回來制約人們的存在條件。當人們痛恨歷史中曾經存在過的人，而不能將其放置在更總體歷史的角度來評價，則失去的不只是過去，反而會是未來。

於是，郭松棻開始了他與人完全不同的對陳儀的評價。他以 1950 年 6 月 18 日陳儀在臺北按「通敵叛國罪」被槍決的最後日子爲軸心，回溯其生命歷程，在格局上與馬奎斯（Gabriel José de la Concordia García Márquez）的〈迷宮中的將軍〉有契合之處。然而，〈迷宮中的將軍〉以狂野錯亂的歷史點染出一代英雄玻利維亞將軍身陷迷宮中的有志難伸；〈今夜星光燦爛〉

卻以彷彿大提琴般的哀傷語調，替棋子般命運的陳儀作著輓歌似的救贖。
燦爛的星光乃是一則隱喻，「若有命運潛化的軌跡。一個圖象，一則預卜，
一陣眩暈的瞻望」。

　　所有的歷史均是一種想像並重構的敘述，做為歷史小說的〈今夜星光
燦爛〉在虛構中未疏忽掉基本的功課。近年來陸續出土的有關陳儀的傳
記，他義女陳文瑛的回憶錄等，作者均未偏廢，只是在書寫時每將真姓名
隱去，例如湯恩伯被寫成湯生，俞大維被寫成余定英等。除此之外，某些
歷史段落也被重新揉捏，例如陳儀曾有一首詩：「事業平生悲劇多，循環歷
史究如何；癡心愛國渾忘我，愛到癡心即是魔」。此詩原題贈其外甥丁名
楠，小說裡則加以文學化處理，變成題贈湯恩伯。

　　然而，〈今夜星光燦爛〉畢竟不是在敘述歷史，而是藉著文學而探討歷
史哲學上的救贖問題。小說一開始即鋪陳出了兩個中介意象，一個是暗示
著生命情境的棋子，另一個則是小說裡最重要的鏡子。鏡子象徵了「心」
與「形」，「自由」與「不自由」這兩個對立範疇的衝突，而在衝突中又有
著人的救贖渴望。整篇小說也就透過鏡子內外的對話而凝聚張力。

　　於是，〈今夜星光燦爛〉裡的陳儀遂成了一個在棋子盤命運下以死亡獲
得救贖的悲劇英雄。他生存在一個「偉大的謀略或狠毒的算計，就這樣在
無以覺察的剎那間就將宣告完成」的世界上，因而在他死亡前夕，只有藉
著鏡子而精心營造另一個救贖的世界。鏡子這個意象，其實已非具象的物
體，而是一個更普遍的「宏觀歷史」或班雅明所謂的「哲學真理」了。因
此，小說裡說道：「這就是鏡子的祕密。它已不再重現你自己。鏡子裡影子
的疊合與線條勾連，都不是要重複鏡外的你。它的用意不在於映照，它不
複製鏡外的浮光和掠影。幾千年來，人一直都誤解鏡子了」；「於是，他決
定向鏡裡投生」。

　　這就是悲劇英雄藉著死亡而完成的救贖，鏡子象徵的另一個自由世界
是一種自我和歷史超越，「他早已置身於營造多時的那個世界。只要一轉
身，他就在時間的另一端。曾經擁有的已不必再擁有。他已身在占據和踩

蹣之外，任何屈辱和恫嚇都傷害不到他纖毫」。悲劇英雄的悲劇性格在最後達到了最高點：「在最後的那瞬間，他的苦心經營畢竟沒有白費。他即將停止呼吸的身軀在倒下之前，在被他聽到的一聲昂揚而悠長的雞鳴中，他強作了一次深呼吸。於是及時走出來他們看不見的一個人——就像他的那個鏡中人走出了鏡子」。

這就是郭松棻爲陳儀之死所營造的救贖。陳儀彷彿惡疽般的命運有若廢墟，死亡才是通過這道窄門的派司。

因此，郭松棻是厚道的。他在故事裡刻意閃避了陳儀和「二二八」這一段，以免招致節外之枝，而倒敘陳儀全部的生命歷程。他沒有把陳儀塑造爲元凶或叛徒，而是像薩伊德（Edward Said）在《東方主義》裡所說的，以一種「精神的傍觀和慷慨」（"spiritual detachmert and generosity"）來對待類似陳儀這樣的人物。英國當代思想家透納（Bryan S. Turner）在《東方主義，伊斯蘭和伊斯蘭教徒論文集》裡指出過，作爲後進國的伊斯蘭知識分子，必須對自己的歷史保持慷慨，只有透過慷慨，才可能建構出不再是痛怨的歷史觀點。〈今夜星光燦爛〉對歷史有著這樣的慷慨，在此刻臺灣的政治氣氛裡，這是大膽的拒絕媚俗，但對歷史慷慨或許正是作者真正心懷之所寄，因爲這才可以使人們在現在和未來減少怨懟郭松棻早年曾發表過極多未曾結集的實踐哲學和歷史哲學論著，這是他首次將小說拉高到歷史哲學的程度。當代德國神學家梅茲（Johann Baptist Metz）在《歷史與社會中的信仰》一書裡，曾經論說過人類的災難與受苦，他勸誡人們勿將這種災難與受苦作出堂皇的解釋或成爲歷史批判的冷漠材料，而應使其成爲揚棄和中止的一種思想中介，尋找更大的歷史性救贖。郭松棻爲這樣的新視野打開了第一個嘗試的可能性。

〈今夜星光燦爛〉是一種救贖式的文學，它以古樸迷豔的文字，鋪陳著曾經存在過的命運及歷史困境。文字的古樸迷豔有著低音弦般的攜帶著風霜般的歷史皺紋，陳儀那無可奈何的一生，也就像切片似的，一個個畫面被擲進了歷史的苦水中。文字的視覺與聯想，郭松棻找對了敘述的風

格。這是一種茫茫的苔痕，讓人覺得沉重，只有死亡才可能將它拯救。

〈今夜星光燦爛〉以小說對陳儀作出了與眾不同的評價，企圖為歷史沉澱出更普遍性的一些價值，它不一定能被某些視陳儀為大奸元凶者所接受。然而，歷史的鐘擺總是不斷來回起落，它必須在某個更穩定的位置下被更平衡的評價，曾被侮辱的，被蒙昧的歷史所遮蔽的，被冤屈的，都將以更像人那般的被提到舞臺上。這才是歷史，也是被不斷重詮釋，而且是慷慨大度的詮釋的歷史。陳儀在他的那個時代，已是少有的高學歷將領，他也有過理想，也曾愚昧，他是魯迅、許壽裳的朋友，曾幫助過郁達夫，栽培過俞大維、湯恩伯、嚴家淦；他有過亢奮的熱情，也曾愚昧的犯錯。但無論如何，在那個天崩地變的混亂時代，他終究是個權力的邊緣人。他有過風雲際會的榮華，更有過棋子般的命運。重估陳儀而慷慨，不是一定贊同，而只是對那樣的時代的一種悲憐。陳儀在鏡中獲得救贖，那面鏡子不也可以同樣帶給我們一些信息！

——選自《中外文學》，第 25 卷第 10 期，1997 年 3 月

書寫歷史的空白頁
郭松棻〈落九花〉敘事技巧與意涵研究

◎黃啟峰[*]

一、前言

　　郭松棻，一位與王文興、白先勇等人同時期進入文壇的作家。這個名字卻有很長一段時間與臺灣的保釣運動並列在一起，至於其文學的地位，直至近一、二十年，才慢慢受到社會的注視。臺灣的現代主義自從 1960 年代由臺大外文系所開辦的《現代文學》帶起風潮[1]之後，包括王文興、白先勇、陳若曦等人皆已在當代享負盛名，而出於同時代臺大外文系的郭松棻，雖早在 1958 年便已有短篇小說〈王懷和他的女人〉發表，然這樣的純文學創作並沒有持續下去，接下來的幾年時間，郭松棻幾乎是全心投入於自由主義與存在主義等西方哲學的探究，同時郭松棻也因爲釣魚臺事件，而逐漸投身於政治運動的狂熱之中。至於其第二篇小說的問世，直至 1980 年代始重新以羅安達的筆名出現於《文季》[2]。

　　郭松棻的小說雖然直至 1980 年代之後才重新陸續的生產，然就其 1980 年代後作品的細密度審視，對臺灣文學界來說，實稱得上是一位令人驚豔的作家。學者王德威曾在一篇評論當中給予郭這樣的評價：

---

[*]發表文章時爲中央大學中國文學系碩士班學生，現爲中央大學中國文學系博士候選人兼講師。

[1] 1960 年，正在臺灣大學就讀外文系的白先勇，跟他的一群志同道合的同伴王文興、陳若曦、歐陽子、李歐梵等人創刊《現代文學》，後來王禎和、潛石與杜國清參加爲編輯。《現代文學》從 1960 年 4 月到 1973 年 9 月的 12 年間共刊行 51 期。

[2] 1983 年 6 月，郭松棻以〈青石的守望〉（包括〈向陽〉、〈成名〉、〈論寫作〉初稿），以羅安達筆名發表於《文季》第 1 卷第 3 期。參考林瑞明、陳萬益主編，〈郭松棻生平寫作年表〉，《臺灣作家全集‧郭松棻集》（臺北：前衛出版社，1993 年），頁 625～628。

> 我因此認為郭松棻是少數中文作家中，如此生動體驗現代主義「骨感」
> 美學的能手。那位談論「沒有主義」的高行健，其實還差得遠。寫《家
> 變》與《背海的人》的王文興才堪與郭相提並論。而我仍要說郭的「潔
> 癖」更較王有過之而無不及。[3]

面對學者王德威所給予如此高的評價，就現代主義此一領域的書寫特色來
看郭，以筆者的觀察，這樣的褒揚一點也不過於誇張。郭松棻的小說當
中，時空倒置錯落的安排、內心獨白的擴展發揮、文字詞語的細膩雕琢等
都是其慣常表現的特色，身為一個讀者，要去了解郭松棻的小說並不容
易，其文章脈落中紛雜的線索裡頭，往往包含著極幽森而纖細的內涵等著
讀者去感受。另外，對於郭文字的「潔癖」，筆者以為學者王德威下得可說
是恰如其分，此亦是郭松棻小說之所以迷人之處。

　　〈落九花〉是郭松棻最後發表的一篇中篇小說，2005 年 7 月剛在《印
刻文學生活誌》問世，在該月 9 日作者也因病情的惡化而去世。此篇小說
是以一個歷史事件為小說素材進而展開鋪敘而成，當然這個事件只是作者
藉以闡發女性觀點的內心獨白之引子。郭松棻曾在過去接受採訪時一再強
調，他的小說從不對歷史負責，重要的不在於其小說的真實性為何？而在
於其中的藝術價值。[4]在面對〈落九花〉這樣一篇藝術價值極高的小說，解
剖與探究文本中的敘事手法，儼然成為讀者進入小說世界的重要路徑。

二、敘事觀點與手法

（一）故事的聚焦

　　在本部小說當中，雖然作者所書寫的內容是取材自一段發生於民國 14
年到 25 年的歷史事件，主要的敘述歷程為施劍翹如何苦心經營為父親報

---

[3]王德威，〈冷酷異境裡的火種〉，收錄於郭松棻《奔跑的母親》一書當中。
[4]在廖玉蕙〈生命裡的停格：小說家郭松棻、李渝訪談錄〉當中，郭松棻自己曾表示自己的舊作
〈今夜星光燦爛〉雖是歷史事件，但它從不對歷史負責，作品當中絕大部分仍然是虛構。他一向
反對人家將其作品視作歷史小說。

仇，最後終於如願殺掉了軍閥孫傳芳。在這段長達十年的時間軸，作者並沒有中規中矩的按照時間軸的進行，詳細的交代這件事情的始末，而把故事的焦點主要聚焦在劍（即施劍翹）、曉雲、吳學義三名角色的相對應上。

作者以一個外在式聚焦者的視角帶領著讀者進入這個故事，但讀者不時又會發現作者彷彿能探進各主要角色的靈魂一般，對於人物感受刻畫的如此細膩，儼然就像一位說故事者的人之身分，又娓娓道盡人物內心的聲音。如果我們以班雅明對說故事的人之定義：「最能使一個故事保留在記憶之中的，便是這種去除心理狀況分析的簡樸作風」。[5]這一點看來，作者或許並不能算是一位符合班雅明所說的說故事人，但猶如作者所強調，其小說心路歷程的意義遠比小說故事的進展來得重大，郭松棻的小說從來就不是著重在小說的故事情節發展，或者可以說，像郭松棻這樣的具有現代主義色彩的作家，從來就不是以一位傳遞故事者的身分自居，而只是藉著說故事的形式，拋出一些人物角色內心深層的省思。筆者以為這也是作者選擇捨棄那些詳細始末的情節或是重要人物（包括孫傳芳此一角色的性格刻畫也都被完全剔除掉），而不斷將筆墨與焦點放在兩位女子身上的原因之一。

在小說的聚焦裡頭，作者極力刻畫劍與曉雲出走家庭的心態，一反民初傳統婦女只能將一生奉送於家庭的限制，兩位女性角色雖然在外在形式仍與家庭及其男性伴侶保持著表面上的聯繫，然而精神與靈魂事實上早已經出走，也或者可以說是某種程度的獲得自由。從一次傳來劍父親遇害的消息開始，人物之間就像是牽動在一起的環一般，劍影響了曉雲，曉雲影響了其丈夫吳學義，進而影響了兩個家庭。在這裡女性開始反客為主，不再成為男人的附庸，而且為了目標表現出的那種內斂與堅持，其對理想的狂熱完全比下了她們的丈夫。另外就連最後所受害的那位角色——孫傳芳，也是一個男性，這樣的女性影響男性之結構，便是一個顛覆男女主動

---

[5]班雅明，《說故事的人》（臺北：臺灣攝影工作室，1998 年），頁28。

與被動模式的顯著例子。像故事中所站出來的女性類型，在民國初期的中國是少之又少，因此當郭松棻以大篇幅的描寫，來架構兩位女子的密謀計畫，這樣女性特殊的形象，大有對比傳統女性的作用。

（二）心靈與意識的彰顯

一如現代主義派別所擅長的心靈與意識的刻畫，本篇小說當中，郭松棻亦多所著墨於此。若細究小說的內容，我們會發現此篇小說的對白是簡略且稀少的，這樣的情況很容易使我們興起這樣的疑問：對話是文本中幫助人物互動且讓情節更生動的一個成分，像如此簡略的對白，難道不會影響人物的互動嗎？但在此同時，筆者也發現了另一個特殊點，即作者在每段對話的後面，都有不少心靈與感官的描寫，使得人物變得深沉而內斂，也因其內心世界的不斷開展，時間開始陷入凝滯，讀者對劇情的發展屢屢被這樣的心靈感知所打斷，而不得不放慢了速度下來。除此之外，大量的追述與預述也是作者逐漸鋪敘這十年空白地帶的方法。

> 再見了。我走了。不，你可以拋下我離開，學義這樣說。
> 這樣堅守忠貞已經失卻了意義，這是曉雲最溫柔的時刻，心裡除了溫柔沒有任何負荷，因為可以容受他來拋棄時，他早已先拋棄了自己，這是一種狂熱嗎？這是一種不安分嗎？這是一種暴行嗎？起初這的確是一個難以遏制的懸念，好像一直被壓抑在泥中的睡蓮，努力將頭伸出水面，可憐她們得到陽光的生命何其短暫。[6]

> 任何人問及她是誰？她的家人是誰時，她的回答勢必是：「我既沒有父親，也沒有母親，沒有兄弟也沒有姊妹。」經常她也會突發奇想，感到自己的不真實。她問自己：我的親人在哪裡？我為什麼在這裡？我將往什麼地方去？有時她已麻木到只想停留在已經決定的命運中──這是一

---

[6]郭松棻，〈落九花〉，頁 78。收錄於《印刻文學生活誌》第 23 期（2005 年 7 月號）。

種沉疴，請別懲罰我在世上的親人，別因為我而懲罰我的母親或我的子
女。[7]

此兩段分別為曉雲與劍在一句對白之後，開始進入她們的個人心靈裡頭獨
白的情況。諸如此類近似喃喃自語的獨白，好像有著作者的聲音，又好像
只是純粹人物的自白，在小說當中占了不少的成分，心靈層面因為受到如
此極力的彰顯，小說的時空也變得容易因角色的思路與記憶所及，而跳接
錯落。

（三）作者的聲音

在本篇小說，筆者以為作者郭松棻在創作背後，具有一股作者主體的
聲音在裡頭，這在讀者的閱讀當中是很清晰可以感受到的。當然不可否
認，在每一部小說的創作當中，作者的聲音本來就可能與主人公互相對
話，甚至達到眾聲喧嘩的效果。在本篇故事當中，小說主人公們的聲音並
不明顯而喧鬧，他們的身體表現與感官反應取而代之的演示這一切，但畢
竟身體是沉默的，除了人物本身的話語之外，絕大部分的發言權都在身為
敘述者的作者身上，而這位敘述者不時透露出的語句或線索，彷彿是一位
新世代的女性代言人，極力的擺脫傳統束縛，來陳述他新的觀點；也彷彿
是一位負責穿針引線的說書人，不時的在旁邊加上故事所需求的旁白：

南方，那是生命勃發之地，那是出產鹽和蜜的允諾之地，傍晚的天空一
片火樣的熱情，太陽不斷讓地上一切有生命的分泌著汁液。那種奢華，
宛若謎語和傳說。那潑辣的陽光，最烈的迷藥，也許會使某些陌生的生
命從死裡生還，從容揮霍著他們的熱情，而我們在這裡必須慎重。她們
這種思慮，當時誰也不知這預示著一次大災變。[8]

---

[7]同註 6，頁 97～98。
[8]同註 6，頁 78。

這樣的旁白在銜接或是鋪陳之外，也有著暗示以及帶著弔詭語氣的敘述者身影之存在。敘述者好像預示了比讀者多一點的未來，但從其語氣的不確定，又似乎宣告著敘述者「價值超視」的有限性。

巴赫金曾經提到：

> 作者，應超越自身之外，又能在另一個層面上體驗自己，而不是在我們實際上體驗自己生活的那個層面上。作者應該成為相對於自身的他人，用他人的眼睛來看自己。[9]

當我們對照本篇小說的作者郭松棻來看，以其男性觀點的身分，以一個生處戰後年代，並且旅居美國的世代之寫作背景，但仍看得到作者極力生動的馳騁民初這些人物的角色，以及以女性觀點不斷的諷刺並且鄙夷著男性這樣的身分，彷彿主人公裡頭的價值世界已經相當清晰而獨立，絲毫不與作者本身的生活經驗相混雜。

> 靠土地謀生的農民和漁夫都成了士兵。在這之前，她們對別人或自己的痛處都感到無關緊要，何況手上握了槍以後，他們更善於將自己的生命當作隨時可以脫離身體的一件包袱。他們心怕戰爭，卻又巴望著戰爭，當身邊的弟兄被子彈穿胸，死於腳下幾步遠的地方，沒有人掉頭回看，更沒有人說出一句多餘的話。他們掠過荒村，涉入濁流，深進密林。他們就地臥睡，再睜開眼，發現自己還活著，於是又是一天的奔馳，這就叫士兵的勇氣。[10]

在這些純粹描述的句子當中，筆者選擇舉了上述這樣的一個情節，從中可

---

[9]巴赫金（Bakhtin）著；曉河、賈譯林、張杰、樊錦鑫等譯，《哲學美學》（石家庄：河北教育出版社，1998 年），頁 111～112。
[10]同註 6，頁 100。

以發現敘述者的角色是很鮮明的在反諷著文本時空當中的男性角色，而文本中像這樣隱隱透露著男性的軟弱與虛僞處，所在多是。總的來說，敘述者可以說是偏向於同意兩位女主角的觀點，其以看似客觀的陳述方式應和，甚至有時還使用帶有憐憫的語氣，表達敘述者對於女性不顧一切而出走的同情。

三、人物的轉化

（一）歷史人物的轉換

在近幾年興起的新歷史主義理論，其對於以歷史爲文學的作品的目的有了這樣的評述：

> 描述一部作品如何變形而成為開放的、變異不居的、矛盾的話語，在歷史過程中看作品，意即在一個參與挪用的歷史過程中看作品，看他如何被蓄積而成為一個意義增值的文本。經過這一歷史與社會過程的積澱後，一個互文本的空間，就在歷史意識情境中產生出新的意義。文學的歷史就是聚集複雜的文化語碼，並使文學與社會彼此互動起來。[11]

〈落九花〉這篇小說是典型的以歷史素材爲基準點，而積聚一個「女性意識之反抗」的文化語碼爲核心，這篇小說當然也不像傳統歷史主義一般，純粹爲重現歷史現實而作，反而作者是反對有人將其小說視作歷史小說的，儘管他的素材選用自歷史的著名事件。然而它畢竟只是一個書寫著力的點而已，小說若要對太多的歷史交代，那寫起來就容易顯得左支右絀，更甭提小說的文學性了。

關於〈落九花〉一篇最原始的素材，筆者參閱對照了《細說北洋》[12]、

---

[11]蒙特洛斯，〈歷史與文本〉，王岳川編《後殖民主義與新歷史主義文論》（濟南：山東教育出版社，1999年），頁184。
[12]陳錫璋，〈附錄二：孫傳芳傳略〉，《細說北洋》（臺北：傳記文學，1982年），頁301～305。

《民國大事日誌》[13]、《民國人物小傳》[14]等史料後，大約整理條列如下：

1.民國 14 年，孫傳芳因與奉系軍閥爭奪地盤，突襲奉軍，10 月聯合吳佩孚驅走奉系蘇州都督楊宇霆。11 月，奉系將領張宗昌奉命南下援救，固鎮橋一役，孫軍大勝，捕獲張宗昌部屬山東班辦施從濱，並將其押往蚌埠殺害。

2.民國 24 年，11 月 13 日，在天津佛堂唸經誦佛之際，竟被孫槍殺之施從濱之女施劍翹刺殺殞命。事後施女從容自首，聲稱為父報仇，被判入獄。

3.民國 25 年，10 月 14 日，國民政府嘉其效，下令特赦刺死孫傳芳之施劍翹。

4.施女，安徽桐城人。為山東兗州鎮守使（亦為幫辦）施從濱之愛女，畢業於山東省立女子師範學校。聞其父被孫槍殺後，乃誓雪父仇，祕密拜一拳師為師，日夕練習各種拳技，卒在津居士林中，擊斃孫傳芳，而報父仇，被目為近代烈女。

從官方的資料當中，我們得出事情的始末主要在於民國 14 年與民國 25 年的這兩個事件，至於關於施劍翹這個事件的傳奇故事上面，我們是可以看到包括〈落九花〉小說中提到的施劍翹原本寄予希望的丈夫施靖公，以及施劍翹跟孫傳芳都是實有其人，然而小說中的另外兩位重要角色，曉雲以及吳學義則並沒有在這段先前的故事或史料當中出現，雖然筆者以為吳學義的個性，大有與施劍翹斷交的堂哥施中誠的原型之意味[15]（苟且而怕死）。

以歷史材料來對照小說，最大的用意並不在於審視作者遵循歷史多少，而在於了解作者創作的背景為何？其中對照原來歷史材料之後，人物

---

[13]劉紹唐編，《民國大事日誌：第一冊》，（臺北：傳記文學出版社，1989 年）。

[14]劉紹唐編，〈孫傳芳（1885～1935）〉《民國人物小傳：第三冊》，（臺北：傳記文學出版社，1987 年），頁 147～149。

[15]參考王開林，〈亂世之女性〉收錄於《書屋》2004 年第 6 期。相關網址：http://www.housebook.com.cn/200406/11.htm

形象鮮明產生差異的在於施劍翹的情感變得豐富起來，曉雲這個虛構的角色極重要演述了傳統女子的反抗以及附和了劍的革命情感，最後孫傳芳在史書被極力貶責的貪婪狡詐的人物形象，被作者略去了，他在此部小說成了女主角之獵物以及被害者，而沒有太多正面或負面的價值附加於上。

除了人物的轉換之外，整篇小說所進行闡發的部分，也是民國 14 年到 24 年的這史料所空白的十年，郭松棻巧妙的運用了歷史所空出來的時間與空間，加入了女性的文化語素之後，將復仇成了一個單純最後的結局，但過程之中，兩位女性的心靈感受與思考反成為敘事主軸，女性拋卻對男性權勢的依賴，儼然是比這個事件之外更重要的核心點。

（二）由婦女到烈士的女性人物

〈落九花〉這篇小說裡頭的女性性格，是作者所極力刻畫的部分。劍與曉雲在故事的追述當中，原本都是一個傳統謹守沉默的女子形象，跟隨著男性的主體而生活。[16]以劍來說，小說當中最初她亦是一個在山東女子師範學院讀書的學生，篇中敘述者口中最初對她的描述：「她在班上一向名列前矛，幾乎是這所師範女中所有老師津津樂道的好學生。」[17]「修女不時地從講臺上注視著她，白天看來依然是那樣嫻靜聰慧的少女」[18]，都反映他原先的傳統女子之形象。而對照到小說其後劍之個性的發展，亦可見其性格是有著重大的轉折。

另外從前幾章的修女老師感歎著對她們說：「世界上有些地方實在是女人笑聲最清亮的角落……也許中國人應該學習學習安靜」[19]的這個橋段，好像是小說中一股抑制的力量，在勸服女子應謹守矜持與沉默，並且反對女子站出來參與社會上的喧鬧，當然更不要說劍最後為了革命的出走（精神上背離丈夫的出走）以及槍殺一個赫赫有名的軍閥，如此違反「傳統女子

---

[16]在茱莉亞・克里斯蒂娃（Julia Kristeva）"about Chinese Women"一文中，亦有對中國婦女「默默無言注視自己」的描寫。

[17]同註 6，頁 69。

[18]同前註。

[19]同註 6，頁 68。

形象」的表現。而從小說的第一個章節「開裂的肉身」，作者彷彿便已經暗示了劍的轉折之必然，爲了完成目標，謹守女子之道的這個法則，是劍所面臨的第一重關卡。

在過程中，劍對於男性的互動，除了復仇的大計之外，顯然已經沒有多餘的情感在於她的丈夫身上，當有一次施靖公想意圖與劍歡好時，劍無意識的推拒而抽離，讓他感覺到自己的被忽視。反倒是他給予劍那最重要的工具「兩支伯朗寧手槍」之時，劍的愉悅完全的超過兩人親熱的時刻。這個時候的劍之形象，已超脫那個斯皮瓦克所講的「喪失主體地位而淪爲工具性客體，以及喪失自己的聲音和言說的權力之婦女」[20]，有趣的是，在這個文本所建構的價值世界當中，女性轉爲主體的地位，而男性卻反倒淪爲工具性客體，當然這在民初的現實社會中，實在是很少見的特例，卻在郭松棻的小說中被特別的彰顯出來。

另外曉雲是追隨著劍而後蛻變的第二個女性，在文中劍曾提到：

她認爲她和曉雲率先攜手走出的那條女人的道路，就是從這兒開始的。曉雲並沒有遺棄她的丈夫，但遠離了他，她只是隨手攜帶了他的一張照片，讓他暫時活在這桃花木的相框裡。

隨著小說的進展，曉雲對其丈夫男性的貪婪與軟弱，越來越漠視，其中尤以原本應該是一位女性所視爲生命的肚中骨肉之橋段最爲鮮明：丈夫學義表現的是日日擔心著小孩的生存；而曉雲自身卻只心懷著劍那個女人的一個大計畫，最後還乾脆將肚中小孩打發掉。曉雲對於這個「祕密革命」的狂熱，可說是已經超越一位婦女人生中所應關懷之事。也或者是這樣的一個目標，讓這兩位女子有了拋棄家庭的藉口，來擺脫一個傳統中國女子的宿命。傳統的女子就像一個空洞的能指，僅是父權體制社會強大的反證，

---

[20]引自〈斯皮瓦克的後殖民理論〉，王岳川編《後殖民主義與新歷史主義文論》，頁58。

彷彿女子只是相對於男子以外的「他者」[21]，而這樣的他者終將淪為附庸，而完全失去主體的自由。劍與曉雲在故事裡除了實行復仇計畫之外，另外一個更重大的意義是那十年之間，藉由婦女到烈士的演變過程，她們找到了自身自由之價值。雖然在事件結束之後，這兩位女性可能因為目標的消逝，終致回復到一個孩子的母親、母親的女兒、丈夫的妻子這種平凡而多所牽制的家庭倫理結構之中。

（三）男性角色的「失勢」

　　猶如上一小節中提到的，作者對於女性角色客體位置的提升，男性相對的則受到了向下沉淪的命運。男性的權力因作者的揭露，失去了美其名的「志業」之崇高理想，吳學義是小說裡最具代表性的男性形象。面對妻子曉雲精神上的背離以及其毅然決然的革命情懷，再對照吳學義早年的理想與事蹟，跟現今的屈從於利益以及軟弱的個性，這樣的倒置的狀態，使得吳學義在應對太太的冷漠時，變得無能為力。他失去了男人大聲說話的發言權，在這個家庭權力的結構當中，他深深依賴著兩位女性，一個是其母親，一個是其妻子曉雲，面對這兩者女性的變化，包括母親的死亡、妻子的冷漠，吳學義開始沉緬於軟弱的回憶。

　　曉雲之所以心思會完全投向劍之一方，其實並不見得只是因為對於追尋自由的嚮往。小說進行當中，敘述者也不時透露出劍與曉雲這兩位女性之間親密的關係，雖然在身體上她們沒有出現過實質纏綿的橋段，可是精神上的迷戀與依賴，或許是兩位女性勇敢前行最好的支持。而曉雲此一角色亦不必然是不需要伴侶的，就以曉雲一次對學義的眼光當中所作出的結論：「兇猛、殘暴」，敘述者點出曉雲看清了男性普遍性自私的一個現象，所以當她寧可將心思移到像劍這樣一位有著清楚理想的人，是可以推測出來的。

---

[21] 此處之「他者」引申所指為許多在階級、性別上的弱勢族群，往往會被「他者化」，或在「東方主義」中，就是藉由對異族的「他者化」、刻板印象化、邊緣化，來將其物品化。參考自廖炳惠編著，〈他者〉，《關鍵詞200》（臺北：麥田出版公司，2003年）。

至於吳學義這個角色，敘述者曾給他這樣的形容：

> 他的臉非常古老。他才四十來歲。可是他的青春極其短暫，二十幾歲一
> 跳就跳到了眼前這個模樣。[22]

而妻子曉雲亦曾以這樣的視角對學義作出這樣的觀察：

> 挺直的身影，柔軟的手心，沉實而猶像的動作，鏡框裡眼神的閃掠，總
> 是苦苦的猜測著你的心事。抿閉的薄唇露出的剛毅，傲笑時有酒窩，咧
> 嘴大笑時則變成皺紋。……因此，有時她更覺得他是一些浮動著的，蒼
> 白的影子。[23]

這樣的一個男人是活在矛盾之中的，其最受妻子所詬病的「失去理想與狂
熱」這個部分，讓他猶如被去了勢的男人一般，失去了權力的地位，即使
只是從一個簡單的家庭結構去看亦然。而吳學義面對這樣安於現狀的自己
是認命且逃避的，他以為那些不顧一切要改變些什麼的大理想家，他們的
歸宿最終就是牢籠，他雖然曾有夢想，但卻始終沒有勇氣追尋，因此在預
敘的最後一刻之死亡，曉雲平淡的態度以及那冷漠的一段敘述：「她並不慌
張，只覺得這是稍微提早到來的隨即成為過去的未來罷了」，道盡了其對丈
夫無所目標之人生的鄙夷。另外敘述者也曾一度透露小說世界中的男性，
普遍急躁而敷衍，終以穢瑣為生命目標之缺點，點出了男性內心底層最根
本之缺點。

四、小說中的隱喻

關於小說中的隱喻，邁克爾‧伍德（Michael Wood）曾表示：一個巧

---

[22]同註 6，頁 77。
[23]同前註。

合在日常生活中隨處可見，但在小說中是不可能發生的，它頂多只能被模仿。小說中的巧合往往就是一個隱喻，它不是為人物而設置的，而是為我們體驗生命的秩序和無序而設置的。它意味著沒有人是一座孤島，許多小說中情節複雜的事件也告訴我們這個事實。[24]

（一）人物形象的隱喻

首先在人物的隱喻上，修女與吉普賽女人都代表著一個先知者的角色，她們比劇中任何的角色都來得敏銳而有智慧。只是程度上吉普賽女人的神祕性與深度似乎又更勝一籌。修女畢竟所看到的只是劍外在所表現的行為，包括那次劍突然寫出的一篇充滿血腥描寫的作文，而使修女因此大膽預測她或許有超出一般女子的聰明才智。不過修女畢竟心理還是帶著懷疑的，甚至她始終不曉得劍的那篇作文是因為心中已經有著一個遙遠的目標而成。

至於吉普賽女人則因為其神祕的身分，使她的話更顯得令人信服。彷彿能看透這個世界的法則，她講述著主掌這個世界的男人之愚蠢，而女人的忍耐與內斂終能使其完成原先不可能完成的目標，這當中包括著復仇。上述兩個女性角色都有著一些話語，講的隱晦而又充滿延仲之可能，她們藉由話語好像想陳述些什麼類似人生的道理似的，而確實的義涵敘述者並沒有交代那麼清楚，也或許根本它們的主旨原先就不是那麼重要，那些話語不過是讓劍日後更加衍伸而肯定自己復仇的巧合罷了。

除了修女與吉普賽女人之外，還有一位女性的角色亦有其隱含之意義，雖然她不是一位在小說中出現的人物，而只是女主角劍的腦海中曾經浮現的一個形象。她，即是中國的女烈士——秋瑾。秋瑾在這裡浮現，不在於其意欲推翻滿清的背景，也不在其最後被行刑的悲壯，她代表著一個為革命理想而狂熱的女性，秋瑾的死並不讓劍感到悲傷，但其為革命汩汩而流的血，反倒令劍感到一陣冷冽的興奮。秋瑾隱含著劍所嚮往的女性烈

---

[24] 引用邁克爾・伍德（Michael Wood）著，顧鈞譯，〈隱喻的動機〉，《沉默之子：論當代小說》（北京：三聯書店，2003年），頁106。

士形象之原型，秋瑾的詳細歷史對於本篇小說並不重要，可是劍所認知的秋瑾形象卻大大的鼓舞了自己復仇的心意。

（二）事物的隱喻

在事物的隱喻上，書名〈落九花〉是最具意義的一個隱喻。作者郭松棻曾在一次訪問中提及「落九花」是一句閩南語，原意指女人生產之辛苦、傷身[25]，意即女人一次生產，猶如花蒂九次的凋落，需要耗去大量的青春。而對照著全文的脈落，我們可以歸納出小說中女性的蛻變與這個「生產現象」之間相同的共性。女人的生產在身體上，是痛苦而血腥的，十月的懷胎過程可以說是一段漫長的時期，爲了新生兒的誕生，女人必須忍痛並且承受身體受到傷害的可能。而劍在小說中的蛻變過程就像是一個醞釀出生的新生命一般，其等待與準備復仇的那漫長十年犧牲了一切，甚至像曉雲還不惜犧牲胎兒，傷害自己的身體，爲了全心於此次的行動，而等到復仇那一刻的來臨，那血腥而又令人興奮的一刻，正如落九花一詞的意味，有著令人苦盡甘來的欣慰，又彷彿爲著失去了什麼而惆悵的意味。

除了書名之外，篇中亦不乏其他事物的隱喻。像是從劍的回憶中追述到的一個場景，是一群在攀爬山岩的德國人，他們像著了迷似的攀爬那極度陡峭的山脊，爲了那最後的征服的榮耀，即使已經有鼎鼎有名的爬山好手摔到山谷的經驗，卻仍然阻止不了他們的狂熱。而這個情境的巧合也讓我們不禁聯想到劍的復仇歷程以及那「落九花」最初義涵的經過，整篇小說出現的場景與話語，雖然沒有明顯的串連關係，但深究每個事件之特性，筆者發現脈落中，敘述者不斷建構一個對「理想」充滿狂熱的小說世界，來對應劍之心路歷程，看似不斷雜亂而紛沓的思緒，其實早已有著一個敘述者安排好的規則存在。

---

[25] 舞鶴採訪；李渝整理，〈不爲何爲誰而寫——在紐約訪談郭松棻〉，收錄於《印刻文學生活誌》第 23 期（2005 年 7 月）。

五、結語

　　綜合郭松棻過去大部分的小說來看，他的小說常常時空斷裂而散布，故事性不強，而意識與思路的發展則往往爲其小說強調的主軸，另外在文字上的細密度更顯出作者的百般雕琢。在本篇小說亦可見此處之特點。

　　郭松棻在臺灣被列爲一個典型的現代主義作家，在細究其文本之餘，我們不妨以現代主義的角度去觀察。現代主義的兩點美學原則：（1）高度知性化地追求文學形式（表層結構）與「現代」認知精神（深層結構）之間精緻的對應和結合。（2）服膺「唯有透過最深徹的個人體驗，和最忠實的微觀式細節描寫，才能呈現最具共通性真理」的弔詭（或悖論）原則。[26]這在郭松棻包含此部小說的作品裡頭，都是清楚顯現的。

　　雖然這樣的作品容易被評爲高層文化之作品而失去大眾性，形式也極可能因過度的運用，而產生喧賓奪主之後果，不過以〈落九花〉此篇的敘事技巧與義涵來看，筆者以爲郭松棻的敘事核心（或者可以說是敘事背後所隱含的命題）是很強烈而巨大的，如以〈落九花〉這樣一篇作品來說，施劍翹的刺殺事件過程是表面上的主題內容，但是實質上作者花了更多的心思在於刻畫的，是一個女子對於自由的追尋以及男性主導之世界的抗拒。這在民初現實的歷史空間是幾乎不受到重視的，而作者藉由一個當時代的女子形象，融入了現代所發展出來的女性主體意識之聲音，筆者以爲就歷史題材與現代主義手法的融合運用上，作者可以說是發揮的淋漓盡致。

　　郭松棻自己曾提過寫作是一種往真實逐漸逼近的活動，但又百分百不可能達到真實。就〈落九花〉這篇小說裡頭，作者對歷史事件過程之鋪寫是極盡生動的，然而對照歷史，我們也了解到郭松棻所著力最深的地方其實是歷史空白最多的地帶，那大部分的心理發展與情節，仍是憑靠著作者

---

[26]引自張誦聖，〈現代主義與臺灣現代派小說〉，《文學場域的變遷》（臺北：聯合文學出版社，2001年），頁8～12。

的虛構來鋪陳，這也是歷史素材之所以產生文學價值的地方。當大部分的
人都對著這段傳奇性的女子弒仇人之故事津津樂道，又或者早已遺忘時，
郭松棻卻反以假設性的女性角度去揣想與建構，在一個可能的歷史情境當
中，所崛起的強烈女性意識之聲音。這個聲音或者不僅是是作者爲施劍翹
而發，也是其藉題發揮，所拋予讀者一個關於社會中性別結構產生變化的
反思。

參考書目

書目：

· 王岳川，《後殖民主義與新歷史主義文論》，濟南：山東教育出版社，1999 年。

· 王德威，〈冷酷異境裡的火種〉，《奔跑的母親》，臺北：麥田出版公司，2002 年。

· 巴赫金（Bakhtin）著；曉河、賈譯林、張杰、樊錦鑫等譯，《哲學美學》，石家庄：
　河北教育出版社，1998 年。

· 米克·巴爾（Mieke Bal）著；譚君強譯，《敘述學：敘事理論導論》，北京，中國社
　會科學，2003 年。

· 林文義，〈陌路與望鄉〉《印刻文學生活誌》第 23 期（2005 年 7 月號），臺北：印刻
　出版公司，2005 年。

· 林瑞明、陳萬益主編，〈橫切現實面，探索內心世界——郭松棻集序〉，《郭松棻集》，
　臺北：前衛出版社，1993 年。

· 吳達芸，〈齎恨含羞的異鄉人——評郭松棻的小說世界〉，《郭松棻集》，臺北：前衛出
　版社，1993 年。

· 范銘如，《像一盒巧克力：當代文學文化評論》，臺北：印刻出版公司，2005 年。

· 班雅明（Walter Benjamin）著；林志明譯，《說故事的人》，臺北：臺灣攝影工作室，
　1998 年。

· 郭松棻，〈落九花〉《印刻文學生活誌》第 23 期（2005 年 7 月號），臺北：印刻出版
　公司，2005 年。

- 梅家玲編；林郁沁著，〈道德訓誡與媒體效應：施劍翹案與三〇年代中國都市大眾文化〉《文化啓蒙與知識生產：跨領域的視野》，臺北：麥田出版公司：2006 年。
- 許素蘭，〈流亡的父親·奔跑的母親──郭松棻小說中性／別烏托邦的矛盾與背離〉《奔跑的母親》，臺北：麥田出版公司，2002 年。
- 張誦聖，《文學場域的變遷》，臺北：聯合文學出版社，2001 年。
- 陳錫璋，《細說北洋》，臺北：傳記文學出版社，1982 年。
- 葉石濤，《臺灣文學史綱》，高雄：春暉出版社，1998 年。
- 黃錦樹，〈詩，歷史病體與母性：論郭松棻〉，《文與魂與體：論現代中國性》，臺北：麥田出版公司，2006 年。
- 董維良，〈小說初讀九則〉，《郭松棻集》，臺北：前衛出版社，1993 年。
- 廖玉蕙，〈生命裡的停格：小說家郭松棻、李渝訪談錄〉，《打開作家的瓶中稿：再訪捕蝶人》，臺北：九歌出版社，2004 年。
- 廖炳惠編著，《關鍵詞 200》，臺北：麥田出版公司，2003 年。
- 舞鶴訪談；李渝整理：〈不知爲何爲誰而寫──在紐約訪談郭松棻〉，《印刻文學生活誌》第 23 期（2005 年 7 月號），臺北：印刻出版公司，2005 年。
- 劉紹唐主編，《民國人物小傳：第三冊》，臺北：傳記文學出版社，1987 年。
- 劉紹唐主編，《民國大事日誌：第一冊》，臺北：傳記文學出版社，1989 年。
- 邁克爾·伍德（Michael Wood）著；顧鈞譯：〈隱喻的動機〉《沉默之子：論當代小說》，北京：三聯書店，2003 年。
- 羅蘭·巴特（Roland Barthes）著；屠友翔譯，《Ｓ／Ｚ》，臺北：桂冠圖書公司，2004 年。

論文：

- 魏偉莉，《異鄉與夢土：郭松棻思想與文學研究》，成功大學臺灣文學所碩士論文，2003 年。
- 黃小民，《郭松棻小說研究》，文化大學中國文學所碩士論文，2004 年。
- 吳靜儀，《文學的寂寞單音：郭松棻小說研究》，中山大學中國文學所碩士論文，2006 年。

——選自「論劍指南：2006 政大中文系全國研究生論文發表會」

臺北：政治大學中國文學系主辦，2006 年 12 月 2～3 日

記憶是一面鏡像
讀郭松棻遺稿《驚婚》

◎陳芳明[*]

　　如果郭松棻回歸臺灣，終於在這海島獲得生命的安頓，他的小說有可能繼續寫得那樣純粹而又疏離嗎？這是永遠不知道的答案。當他告別人間，所有的疑問都被棄擲在迷霧深處。他生前勇於選擇介入，也勇於實踐理想，卻都恰好在歷史現場缺席。這位在海外放逐已久的左翼知識分子，曾經狂熱投入馬克思主義理論的鑽研，也積極接受 1970 年代保釣運動的洗禮。他懷抱巨大的夢，期待能改變臺灣的歷史宿命。然而，他的主觀願望終究還是無法扭轉劇烈變化的客觀現實。

　　他受到多重的放逐，不僅肉體遠離故鄉，而且思想與精神也遭到背叛。社會主義彼岸的中國，從聖土淪為神話，使他的青春壯懷完全付之一炬。他眼睜睜隔岸望見，以革命手段奪得政權的共產黨，竟然藉改革開放之名大量引進腐化的資本主義；也藉著維持安定之名對懷抱理想的學生進行鎮壓屠殺。他尊崇的人類最高夢想，例如公平與正義，在最短期間化成一片廢墟。

　　在海峽的另一邊，罪孽深重的臺灣竟然終結威權時代而建立民主政治。記憶裡充滿肅殺氣氛的白色恐怖早已遠逝，反共思維已不再是臺灣社會的主流價值。當理想從彼岸轉移到此岸時，郭松棻也許會深深喟歎歷史是如此嘲弄而作弄。揹負罪名在異域長期流亡的郭松棻，不免是抱持強烈的返鄉願望。當他決心回鄉，堅強的意志已經受到疾病侵襲。太平洋對岸

---

*發表文章時為政治大學中國文學系教授與臺灣文學研究所教授兼所長，現為政治大學講座教授。

的社會主義祖國,以及自由經濟的臺灣,完全無視他的存在,最後還是寂寥的異鄉土地收留了他。郭松棻果真是人間的孤兒,甚至是歷史的棄兒。

　　一位社會主義者,在徹底幻滅之後,轉而變成現代主義者,其中的過渡其實是一段漫長的歷程。早在臺灣的現代主義運動中,郭松棻也曾參加在這行列之中。他投入小說創作,無非是由望鄉情緒凝聚成旺盛的想像。離開歷史現場如此長遠之後,他無法探測故鄉的現實,經歷何種程度的跌宕。當他回到文學,無疑是再度回到他年少時期的夢。1983 年,他以文學創作重新出發,藉由小說的建構回到夢境,並且不斷進行夢的解析。而這種細緻的解析,竟是在記憶裡從事打撈工作。他不斷回到日據末期與戰後初期,這是臺灣歷史正要揭開謎底卻又找不到答案的危疑階段。他反覆求索的是,臺灣知識分子如何開啟歷史閘門。這小小的海島成為日本領土,又在一夜之間變成中國版圖。如此一開一闔,從來沒有經過島上住民的同意。彷彿是海洋上漂泊的孤帆,只能順著風的方向破浪前進。郭松棻企圖要尋找的是臺灣的歷史方位,外在力量的挑戰是那樣強大,但是臺灣知識分子卻具備自我定位的強悍意志。他前後發表的小說不到二十篇,卻引發臺灣文壇不盡的議論。直到 2005 年他告別人世時,郭松棻已經建立一個非常穩固而安全的位置。

　　他筆下呈現的知識分子,可能是一種複雜的人格,既具有日本文化的教養,又有中國想像的嚮往,更有臺灣殖民經驗的殘留。有時是跋扈飛揚,有時則是拘謹退卻,或者是自傲而自卑。最能顯現這種性格莫過於他所寫的〈月印〉,在精神上浮現高曠的理想,在肉體上卻無法抵禦病菌的侵蝕。故事中的丈夫,是唯美的理想主義者,妻子則是謹守日本教育留下的美德。當戰爭結束,兩人各自擁抱理想家園的圖象。抱著病體,丈夫虛構一個美麗的社會主義遠景。妻子則日夜照料丈夫,希望他健康起來,共同實踐人間最平凡的幸福。為了留住丈夫,妻子卻因莫名的嫉妒,無意間去密報讀書會的活動。丈夫被逮捕、被審判、被槍決,幸福急轉直下,留下一則淒美卻悲傷的故事。在崇高與庸俗之間,在理想與現實之間,或者在

生命與死亡之間，總是後者獲得勝利。歷史、政治、愛情彷彿找到了出口，卻往往遭到阻絕。這是臺灣社會的宿命嗎？

郭松棻的〈驚婚〉，是最新被挖掘出來的遺稿。當他的名字逐漸成為傳說時，這篇出土的小說也許又將帶來毫無止息的討論。小說以倚紅與亞樹的婚禮為起點，往前追索他們各自父親的命運。延宕長達十餘年的結婚，其實也是臺灣歷史未完的一個詮釋。在此之前，郭松棻不斷營造母親的想像，卻疏於建構父親的想像。倚紅的父親為了照顧醫生朋友的遺孀，竟引起流言。活在懷疑嫉妒的情緒裡，女兒在成長過程中，逐漸養成欲言又止的性格。亞樹的父親在高中時期，曾經糾合同學圍毆學監。在命運未定之際，日本學監在法庭上驟然翻供，使垂危的命運得到回轉。這是一段難忘的記憶，就像父親所說：「從少年時代，做為一個殖民地的國民總不曾夢想過和平日子的自己，因有了和這學監產生了一段糾葛，反而偶爾享受到了須臾的和平時刻。」那可能是臺灣知識分子未曾有過的快意。當其他臺灣人患有嚴重的行動未遂症時，父親的小小反抗竟成為一生回味無窮的記憶。正是說出這段故事，父親與亞樹之間似乎達成了某種和解。

沉默寡言的亞樹，與憂心忡忡的倚紅相遇時，彼此雖有好感，卻總是有沉重的陰影投射在他們中間。他們各自對父親都懷有高度不滿，那股情緒就像毒藤那樣，在他們血脈中蔓延滋長。父親的形象，其實是臺灣歷史的投影。憂鬱一似鬼魂，糾纏震懾他們的整個青春歲月。必須等到兩人都到海外留學，遠離臺灣之後，他們才有重逢的機會。如果亞樹沒有參加保釣，如果亞樹沒有路過倚紅的城市，他們錯過的愛情恐怕就永遠錯過了。這篇遺稿是一篇待續的小說，可能會揭露郭松棻曾經參與釣魚臺運動的始末。不過從現在發表的文字來看，故事其實是在建構近代臺灣知識分子的精神史。跨越兩個世代的臺灣人，都承受了不是出於自主意願所開展的歷史。他們在現實生活中充滿了敗北感，但是求生意志卻極其傲慢。正如他在 1983 年發表的〈向陽〉所說：「他們要活得像一場暴政。他們都有一顆滾燙的心。他們對自己，就像對對方，都亮出了法西斯蒂。」確切地說，

這段近乎詩的語言，簡直觸探了臺灣人形而上的性格。在暴起暴落的歷史過程中，從來不知道結局如何，但他們總是蠻橫抵禦，強悍一如鋼鐵。這種男人，有時也用來對付女性。亞樹對待倚紅的態度，正是最好的印證。

〈驚婚〉寫的不只是兩人之間的愛情故事。照顧朋友遺孀的父親，以及反抗日本學監的父親，是兩種典型。一種是未完的溫婉之情，一種是未了的抵抗意志；在歷史上從來沒有變成灰燼，而是像餘燼那樣不停煨燒。做為這樣父親的後裔，先天上都傾向把真實感覺埋在心底。在生活中找不到答案時，他們從來都是回到記憶裡，尋求與父親對話。在威權時代，度過幽暗歲月的青年，往往找不到精神出口。對於政治，就像面對愛情那樣，神經變得纖細而敏感。只要有任何風吹草動，不免是產生高度警覺。兩人明明已經相愛，卻總是不快樂，那是歷史經驗遺留下來的憂鬱，既唯美，又不切實際。就像〈月嗥〉中的幸福家庭，那薔薇色的婚姻，其實帶著濃郁的黑影。丈夫走後，妻子才發現那不可告人的祕密。美滿的丈夫原來在生前早已有外遇，而且還養育一個孩子。在美麗的背後，隱藏著醜惡。在充滿勃勃生機的日子底層，埋藏著死亡的信息。這是郭松棻最典型的辯證美學。相剋相生的愛情，注入尋常百姓的日日夜夜。發現丈夫的背叛之後，妻子反而更積極地守靈，只有以頑強固執的儀式，她才能宣布婚姻的主權。郭松棻似乎要告訴一個真理，無論是政治或愛情，其實充滿了權力鬥爭。他喜歡從邊緣的、女性的、受害的觀點去看待人生。他也以同樣的態度，來解釋臺灣歷史。

曾經著迷過存在主義的郭松棻，是如何越過社會主義而回到現代主義，或許可以從這篇遺稿尋找他的心路歷程。具體而言，他的人格介於哲學家與文學家之間，深思熟慮是他的哲學性格，細節描寫是他的文學特質。早期的小說，他擅長使用詩的分行來敘述。他利用分行造成閱讀上的緩慢效果。但是在稍後的小說，他開始使用較長的段落來營造故事。速度同樣緩慢，但是句式與語法則更趨繁瑣。透過記憶的建構，他帶領讀者在巷弄之間迂迴前進，像迷宮那般，有時會回到原點，但最後總會拉出一條

線，走到出口。千迴百轉的敘述技巧，已經構成他的美學印記。然而他所經營的竟不是小說，而是引導讀者去面對臺灣歷史。他的愛情哲學可能有些蹈空，但歷史觀點卻非常精確。記憶是一面鏡象，勇敢照映戰前戰後臺灣知識分子的脆弱與堅強。所有挫敗與美滿的愛情故事，是郭松棻本人的理想追尋。他的故事未完，與持續尋找歷史答案的臺灣海島等長同寬。

——選自《印刻文學生活誌》，第 95 期，2011 年 7 月

輯五◎
研究評論資料目錄

作家、作品評論專書與學位論文

專書

1. 黃啓峰　河流裡的月印：郭松棻與李渝小說綜論　臺北　秀威資訊科技公司 2008 年 5 月　257 頁

本書以論文為底稿增訂修改出版，全書探討郭松棻李渝夫婦學思歷程及其作品，呈現作家、作品與歷史脈落之間的文學價值，以及文學與時代社會的關係網絡。全文共 5 章：1.緒論；2 作家論：重要的他者，志業的共體；3.作品論（一）：空間與記憶的辯證；4.作品論（二）：歷史碎片中的文學意義；5.結論。

2. 顧正萍　從介入境遇到自我解放──郭松棻再探　臺北　秀威資訊科技公司 2012 年 11 月　314 頁

本書以 1983 年為探討郭松棻小說創作的分水嶺，探討作家從青年時期到中、老年時期的左派思想下的行動；同時觀察作家反思與理想轉向文學藝術的沉澱歷程與相應之作品性質；最後總括並闡釋郭松棻從政治、哲學思想到文學創作之間的歷史與意識型態轉型之問題。全文共 5 章：1.左派意識的建立、質疑與再思考；2.郭松棻的政治思／理想試探；3.創作的開始與意識型態的轉型（Ⅰ）──郭松棻小說的創作美學；4.創作的開始與意識型態的轉型（Ⅱ）──郭松棻小說的主題意識；5.結論。正文後附錄〈郭松棻生平及寫作年表〉、〈現實之外與內在融合──郭松棻〈奔跑的母親〉巴什拉式閱讀〉。

學位論文

3. 魏偉莉　異鄉與夢土：郭松棻思想與文學研究　成功大學臺灣文學所　碩士論文　林瑞明教授指導　2004 年 6 月　217 頁

本論文探討郭松棻作為後殖民情境下成長的臺灣作家，自 1983 年至 1997 年間所發表的作品中的寫作動力、身分觀，及其在文學史中的意義。全文共 7 章：1.序論；2.生平簡介與分期；3.向「左」跨步：左翼路線與國族想像的成形；4.從激昂到幻滅：烏托邦的失落與夢土的浮現；5.創傷與重生：掙脫語言中的意識牢籠；6.異鄉與夢土：郭松棻作品中文化身分的追索；7.結論。正文後附錄〈郭松棻生平及著作繫年〉。

4. 黃小民　郭松棻小說研究　中國文化大學中國文學系　碩士論文　李進益教授指導　2004 年　144 頁

本論文從郭松棻的生平及創作背景切入，探討其文藝評論觀點、作品中的現代主義精神及其書寫特色。全文共 6 章：1.緒論；2.郭松棻生平及其創作背景；3.郭松棻的文藝評論；4.郭松棻小說中的現代主義精神；5.郭松棻小說中的書寫特色；6.結論。

5. 吳靜儀　文學的寂寞單音：郭松棻小說研究　中山大學中國文學系　碩士論文　龔顯宗教授指導　2006 年 1 月　215 頁

本論文梳理郭松棻早年的評論作品，作為郭松棻生平背景的瞭解與概述，同時以明白郭松棻對於歷史、革命等思想與哲學的預設，作為討論其文學作品之主題前的準備。其後著重於郭松棻小說中創作主題的討論，及該運用怎樣的形式技巧以承載作者思想與作品意義。全文共 6 章：1.緒論；2.挫折與轉向：郭松棻生平概述與創作心態；3.郭松棻小說的主題分析；4.郭松棻小說藝術形式之探究；5.對話的窗口：郭松棻小說與文學風潮的對話；6.結語：文學的寂寞單音。

6. 簡義明　書寫郭松棻：一個沒有位置和定義的寫作者　清華大學中國文學系　博士論文　陳萬益教授指導　2007 年 7 月　202 頁

本論文深入探討郭松棻一生對知識追尋、獻身保釣運動的毅力與態度、小說書寫的反省與實踐精神，確立了作家「沒有位置和定義」的文學意義與精神。全文共 6 章：1.緒論；2.學術與行動主義：知識分子的言說與實踐；3.文學觀念的生成與辯證；4.記憶、存有與歷史想像；5.敘事、語言與現代主義再思考；6.結論。正文後附錄〈郭松棻生平及寫作年表初編〉、〈郭松棻訪談紀錄〉。

7. 黃啓峰　河流裡的月印：郭松棻與李渝小說研究　中央大學中國文學系　碩士論文　康來新教授指導　2007 年 7 月　188 頁

本論文探討郭松棻李渝夫婦學思歷程及其作品，呈現作家、作品與歷史脈落之間的文學價值，以及文學與時代社會的關係網絡。全文共 5 章：1.緒論；2.作家論：重要的他者，志業的共體；3.作品論（一）：空間與記憶的辯證；4.作品論（二）：歷史碎片中的文學意義；5.結論。

8. 薛芳芳　記憶‧空間‧身體──郭松棻、李渝小說創作比較研究　福建　福建師範大學　朱立立教授指導　2009 年　85 頁

本論文以美學觀點、歷史方法、以及本雅明現代性理論，探討郭松棻和李渝小說，以得知兩者在臺灣當代文學中的定位。全文共 5 章：1.創傷的詮釋：記憶與歷史；2.故事的發生：空間與寓言；3.隱喻的技巧：身體與政治；4.記憶、空間、身體：一種自由的追尋；5.餘論。

9. 盧乙欣　　從精神分析探論郭松棻現代主義小說——以〈奔跑的母親〉、〈論寫作〉、〈今夜星光燦爛〉為例　靜宜大學臺灣文學系　碩士論文　彭瑞金教授指導　**2012 年 12 月　109 頁**

本論文以郭松棻的〈奔跑的母親〉、〈論寫作〉、〈今夜星光燦爛〉做為主要的討論文本，並以佛洛伊德的精神分析理論及醫病關係為切入視角。全文共 6 章：1.緒論；2.郭松棻小說與佛洛伊德的精神分析學；3.〈奔跑的母親〉的醫病關係：對母性無形統馭的批判；4.〈論寫作〉的因果關係：林之雄的創作歷程與醫病關係；5.創作基調的轉向：以《陳儀生平及被害內幕》為背景的〈今夜星光燦爛〉；6.結論。

作家生平資料篇目

他述

10. 唐文標　　〈月印〉前郭松棻之生平介紹　1984 臺灣小說選　臺北　前衛出版社　1985 年 2 月　頁 175

11. 董成瑜　　郭松棻悄悄復出文壇　中國時報　1997 年 3 月 13 日　38 版

12. 張　殿　　郭松棻三度中風　聯合報　1997 年 8 月 10 日　46 版

13. 張　嚴　　郭松棻病況好轉　聯合報　1997 年 9 月 22 日　46 版

14. 林文義　　遠方來信——試寫郭松棻　聯合報　2001 年 1 月 7 日　37 版

15. 林文義　　遠方來信——試寫郭松棻　雙月記　臺北　草根出版公司　2001 年 1 月　頁 1—5

16. 陳文芬　　郭松棻、王文興、周夢蝶——文壇潔癖作家‧新作誕生　中國時報　2002 年 8 月 15 日　14 版

17. 〔彭瑞金選編〕　　〈奔跑的母親〉作者　國民文選‧小說卷 3　臺北　玉山社出版公司　2004 年 7 月　頁 132—133

18. 楊錦郁　　李渝、郭松棻以文學之姿歸鄉　聯合報　2005 年 5 月 29 日　6 版

19. 陳希林　　知名小說家郭松棻病危　中國時報　2005 年 7 月 8 日　D8 版

20. 徐開塵　　郭雪湖之子，郭松棻在美國邃逝　民生報　2005 年 7 月 8 日　G3 版

21. 陳希林　　郭松棻最後時刻，文壇友人關切　中國時報　2005 年 7 月 9 日

D8 版

22. 陳希林　郭松棻走完熱血直言的一生　中國時報　2005 年 7 月 12 日　D8 版

23. 陳宛茜　郭松棻病逝，得年 67 歲　聯合報　2005 年 7 月 12 日　C6 版

24. 林文義　孤挺花——小說家郭松棻最後一程　中國時報　2005 年 7 月 18 日　B7 版

25. 林衡哲　一位永遠望鄉的理想主義臺灣作家——懷念郭松棻　自由時報　2005 年 8 月 8 日　E7 版

26. 洪士惠　小說家郭松棻在美逝世　文訊雜誌　第 238 期　2005 年 8 月　頁 98

27. 曹又方　懷念郭松棻　印刻文學生活誌　第 29 期　2006 年 1 月　頁 182—185

28. 謝里法　二〇〇五年，飄的聯想——追念陳其茂、蔡瑞月、郭松棻　文學臺灣　第 57 期　2006 年 1 月　頁 80—93

29. 林文義　作家永別：黃國峻‧袁哲生‧黃武忠‧郭松棻　聯合文學　第 258 期　2006 年 4 月　頁 112—115

30. 林文義　作家永別〔郭松棻部分〕　迷走尋路　臺北　聯合文學出版社　2009 年 2 月　頁 24—27

31. 江侑蓮　郭松棻（1938—2005）　2005 臺灣文學年鑑　臺南　國家臺灣文學館籌備處　2006 年 10 月　頁 376

32. 劉大任　松棻走了　晚晴　臺北　印刻出版公司　2007 年 3 月　頁 104—109

33. 劉大任　回憶松棻二、三事　晚晴　臺北　印刻出版公司　2007 年 3 月　頁 110—114

34. 林文義　剪報如葉——追記‧郭松棻　鹽分地帶文學　第 9 期　2007 年 4 月　頁 70—72

35. 劉延湘　郭松棻‧星光燦爛　鹽分地帶文學　第 11 期　2007 年 8 月　頁 173—182

36.〔封德屏主編〕　郭松棻　2007 臺灣作家作品目錄　臺南　國立臺灣文學館 2008 年 7 月　頁 833

37. 林文義　尋找鮭魚──記郭松棻及陳芳明　迷走尋路　臺北　聯合文學出版社　2009 年 2 月　頁 40─44

38. 周昭翡　七月九日，紀念郭松棻　印刻文學生活誌　第 95 期　2011 年 7 月　頁 8

39. 編　者　封面人物──颯颯高處的仰望──紀念郭松棻（1938─2005）　印刻文學生活誌　第 95 期　2011 年 7 月　頁 30─31

40. 簡義明　煉字者郭松棻　印刻文學生活誌　第 95 期　2011 年 7 月　頁 43─47

41. 許素蘭　未曾見面‧恍如相識──追憶郭松棻先生　印刻文學生活誌　第 95 期　2011 年 7 月　頁 48─53

42. 陳芳明　80 年代回歸臺灣的海外文學──郭松棻：企圖尋找臺灣歷史方位　文訊雜誌　第 310 期　2011 年 8 月　頁 15─16

43. 謝里法　一陣笑聲過後──左派郭松棻的右側面　考掘‧研究‧再現──臺灣文學史料輯刊　第 1 輯　2011 年 10 月　頁 225─238

44. 李　渝　謄文者後記　驚婚　臺北　印刻文學生活雜誌出版公司　2012 年 7 月　頁 172─173

45. 簡義明　後記　驚婚　臺北　印刻文學生活雜誌出版公司　2012 年 7 月　頁 244─245

訪談、對談

46. 東方花花　初訪郭松棻的「論創作」　誠品閱讀　第 23 期　1995 年 8 月 1 日　頁 120─124

47. 廖玉蕙　生命裡的暫時停格──小說家郭松棻、李渝訪談錄　聯合文學　第 225 期　2003 年 7 月　頁 114─122

48. 廖玉蕙　生命裡的暫時停格──小說家郭松棻、李渝訪談錄　打開作家的瓶中稿：再訪捕蝶人　臺北　九歌出版社　2004 年 5 月　頁 161─

186

49. 丁文玲　郭松棻和李渝、李銳和蔣韻，以文學相許　中國時報　2005 年 7 月
17 日　B1 版

50. 舞　鶴　不為何為誰而寫——在紐約訪談郭松棻　印刻文學生活誌　第 23
期　2005 年 7 月　頁 38—54

51. 簡義明　郭松棻訪談紀錄　書寫郭松棻：一個沒有位置和定義的寫作者　清
華大學中國文學系　博士論文　陳萬益教授指導　2007 年 7 月　頁
132—179

52. 簡義明　郭松棻訪談　驚婚　臺北　印刻文學生活雜誌出版公司　2012 年 7
月　頁 175—243

年表

53. 方美芬編；郭松棻增訂　　郭松棻生平寫作年表　郭松棻集（臺灣作家全集）
臺北　前衛出版社　1993 年 12 月　頁 625—628

54. 魏偉莉　郭松棻生平及著作繫年　異鄉與夢土：郭松棻思想與文學研究　成
功大學臺灣文學所　碩士論文　林瑞明教授指導　2004 年 6 月　頁
199—207

55. 簡義明　郭松棻生平及寫作年表初編　書寫郭松棻：一個沒有位置和定義的
寫作者　清華大學中國文學系　博士論文　陳萬益教授指導　2007
年 7 月　頁 123—131

56. 顧正萍　郭松棻生平及寫作年表　從介入境遇到自我解放——郭松棻再探
臺北　秀威資訊科技公司　2012 年 11 月　頁 266—275

其他

57. 〔自由時報〕　　郭松棻獲巫永福文學獎　自由時報　2001 年 5 月 28 日　35
版

58. 宇文正　郭松棻獲巫永福文學獎　聯合報　2001 年 6 月 16 日　37 版

作品評論篇目

綜論

---

[1] 本文探討郭松棻小說作品，以探討其創作歷程與作品特色。
[2] 本文探討郭松棻小說中女性形象與國族記憶與歷史想像間的關係。全文共 4 小節：1.睽違的悖論：歷史主體的追尋與遺忘；2.失格的家園：父輩世界的迷思；3.胎變的母體：誕生欲望的誘惑；4.陌客的語言：現實主義的歸化或歧旅？。

背離³ 文學臺灣 第 32 期 1999 年 10 月 頁 206—229

70. 許素蘭 流亡的父親‧奔跑的母親——郭松棻小說中性／別烏托邦的矛盾與
背離 奔跑的母親 臺北 麥田出版公司 2002 年 8 月 頁 277—
301

71. 楊曉琪 歷史處境與個人生命——論郭松棻小說世界的建構 第五屆暨南國
際大學中文系碩士班研究生論文發表會 臺北 暨南國際大學第五
屆碩士班研究生論文發表會 2000 年 1 月 8 日

72. 王德威 冷酷異境裡的火種——郭松棻的創作美學 聯合文學 第 210 期
2002 年 4 月 頁 32—36

73. 王德威 冷酷異境裡的火種 奔跑的母親 臺北 麥田出版公司 2002 年 8
月 頁 3—9

74. 王德威 冷酷異境裡的火種 新世紀散文家：王德威精選集 臺北 九歌出
版社 2007 年 2 月 頁 211—217

75. 王德威 冷酷異境裡的火種——郭松棻的小說 後遺民寫作 臺北 麥田出
版公司 2007 年 11 月 頁 275—281

76. 陳明柔 當代臺灣小說中歷史記憶的書寫——以郭松棻爲觀察主軸⁴ 臺灣文
學史書寫國際學術研討會 臺南 行政院文建會主辦，成功大學臺
灣文學系承辦 2002 年 11 月 22—24 日

77. 陳明柔 當代臺灣小說中歷史記憶的書寫——以郭松棻爲觀察主軸 臺灣文
學史書寫國際學術研討會論文集‧第二集 高雄 春暉出版社
2008 年 6 月 頁 407—434

78. 李欣倫 失憶歷史，文學見証：陳映真及郭松棻小說中的邊緣臺灣人病例⁵

---

³本文以「女性議題」與「國族主義」探討郭松棻小說，以呈現其小說中的性別，以及烏托邦的矛
盾與背離。

⁴本文探討郭松棻「歷史記憶」的書寫，及「記憶／遺忘」等主題，以呈現出作家幽微筆觸描寫角
色心靈境地，以及精神殘缺痾啞時代。全文共 4 小節：1.前言；2.歷史情境與個體存在的交纏；3.
記憶與遺忘的變奏；4.母者意象的召喚。

⁵本文透過陳、郭二人的疾病書寫，挖掘歷史的疾病隱喻。全文共 4 小節：1.發現歷史病例；2.失憶
歷史的一紙見證；3.文學失語的喀血預感；4.凝視歷史的傷痕。

　　　　　　　戰後臺灣疾病書寫研究　中央大學中國文學系　碩士論文　康來新
　　　　　　　教授指導　2003 年 1 月　頁 13—26

79. 李欣倫　　失憶歷史，文學見証：陳映真及郭松棻小說中的邊緣臺灣人病例
　　　　　　　戰後臺灣疾病書寫研究　臺北　大安出版社　2004 年 11 月　頁 19
　　　　　　　—34

80. 楊美紅　　郭松棻的小說創作與美學世界　自由時報　2003 年 4 月 6 日　39
　　　　　　　版

81. 何雅雯　　震耳欲聾的寧靜——讀郭松棻，想像臺灣　現代文學的歷史迷魅—
　　　　　　　—第 1 屆國際青年學者漢學會議　南投　暨南國際大學中文系，暨
　　　　　　　南國際大學歷史系，美國哥倫比亞大學東亞主辦　2003 年 11 月 13
　　　　　　　—15 日

82. 魏偉莉　　論郭松棻文本中文化身份的追索[6]　第九屆府城文學獎　臺南　臺南
　　　　　　　縣立文化中心　2003 年 11 月　頁 383—418

83. 王韶君　　想像、象徵與真實——釋郭松棻作品中的母親形象　第一屆全國臺
　　　　　　　灣文學研究生學術研討會　新竹　國家臺灣文學館主辦　2004 年 5
　　　　　　　月 1—2 日

84. 王韶君　　想像、象徵與真實——釋郭松棻作品中的母親形象　真理大學臺灣
　　　　　　　文學研究集刊　第 6 期　2004 年 7 月　頁 83—104

85. 王韶君　　想像、象徵與真實——釋郭松棻作品中的母親形象　第一屆全國臺
　　　　　　　灣文學研究生學術論文研討會論文集　臺南　國家臺灣文學館籌備
　　　　　　　處　2004 年 7 月　頁 277—293

86. 黃錦樹　　詩，歷史病體與母性——論郭松棻[7]　中外文學　第 33 卷第 1 期

---

[6] 本文以郭松棻生活經歷與政治際遇、「母親意象」以及「離散處境」探討其作品，以呈現其文化身
　分追索的脈絡。全文共 5 小節：1.在「敘事」與「文化身分」之間；2.郭松棻一九八三之前的認
　同轉折；3.「母親意象」：台籍戰後第二代作家的身分思索與回歸；4.「離散書寫」：戰後臺灣人
　的旅美處境；5.結論。

[7] 本文以詩、歷史與母體，探討左翼知識分子郭松棻在革命破產後向詩轉化的精神狀態。全文共 5
　小節：1.轉向：哲學的反叛；2.病體：歷史與暴力的原址；3.病體：女陰，歷史孤兒與母性；4.重
　生：愛到痴時即是魔；5.病體—文體：現代主義者。

2004 年 6 月　頁 91—119

87. 黃錦樹　詩，歷史病體與母性——論郭松棻　文與魂與體：論現代中國性
　　　臺北　麥田出版公司　2006 年 5 月　頁 249—287

88. 林文義　陌路與望鄉——認識郭松棻（1—5）　中央日報　2004 年 10 月 20
　　　—24 日　17 版

89. 林文義　陌路與望鄉——認識郭松棻　印刻文學生活誌　第 23 期　2005 年
　　　7 月　頁 55—65

90. 林文義　陌路與望鄉——認識郭松棻　沿波討源，雖幽必顯——認識臺灣作
　　　家的十二堂課　桃園　中央大學　2005 年 8 月　頁 103—120

91. 陳建忠　流亡者的思想病歷——郭松棻的文學道路　中國時報　2005 年 7 月
　　　17 日　B3 版

92. 〔印刻文學生活誌〕　郭松棻——凝視原鄉的異鄉人　印刻文學生活誌　第
　　　23 期　2005 年 7 月　頁 37

93. 黃錦樹　未竟的書寫——閱讀郭松棻　自由時報　2005 年 8 月 8 日　E7 版

94. 王德威　知識分子的抉擇〔郭松棻部分〕　臺灣：從文學看歷史　臺北　麥
　　　田出版公司　2005 年 9 月　頁 331—334

95. 林姵吟　Two Lonely Idealists：History and Memory in the words of Chen
　　　Yingzhen and Guo Songfen　臺灣文化論述——1990 年以後之發展
　　　高雄　中山大學文學院主辦；外文系協辦　2006 年 5 月 20—21 日

96. 黃錦樹　遊魂：亡兄、孤兒、廢人〔郭松棻部分〕　文與魂與體：論現代中
　　　國性　臺北　麥田出版公司　2006 年 5 月　頁 325—343

97. 魏偉莉　創傷與重生——從早期作品論郭松棻創作基調的形成　臺灣文學研
　　　究　第 1 期　2007 年 4 月　頁 33—71

98. 張巍騰　論郭松棻小說中的遺棄與超越　第 32 屆中部地區中文研究所碩博
　　　士生論文研討會　臺中　靜宜大學中國文學系　2007 年 5 月 12 日

99. 白依璇　省籍、戰後第二代、與認同危機：論六〇年代李渝、郭松棻的現代
　　　主義書寫　成大清大臺灣文學研究生研討會　臺南　成功大學臺灣

文學所主辦　2007 年 12 月 22—23 日

100. 朱立立　在中國想像與美國想像之間：臺灣旅美文群認同問題研究——荒
蕪的認同與超越的美：郭松棻、李渝作品研究　身分認同與華文
文學研究　上海　上海三聯書店　2008 年 3 月　頁 97—110

101. 黃小民　郭松棻小說中的現代主義精神　2008 臺灣本土文學研討會　花蓮
東華大學臺灣語文學系主辦　2008 年 12 月 5 日

102. 劉雪真　歷史記憶與文學想像——論郭松棻小說的歷史敘事　南榮學報
復刊第 12 期　2009 年 5 月　頁 1—15

103. 徐秀慧　革命、犧牲與知識分子的實踐哲學——郭松棻、陳映真與魯迅文
本的互文性[8]　2009 年從近現代到後冷戰：亞洲的政治記憶與歷史
敘事國際學術研討會　彰化　彰化師範大學國文系主辦　2009 年
11 月 28—29 日

104. 徐秀慧　革命、犧牲與知識分子的社會實踐——郭松棻與魯迅文本的互文
性　從近現代到後冷戰：亞洲的政治記憶與歷史敘事國際學術研
討會論文集　臺北　里仁書局　2011 年 10 月　頁 217—246

105. 陳美蕙　遺事後的文學心事——林文義訪談記錄〔郭松棻部分〕　耽美的
堅執——林文義文學作品研究　逢甲大學中國文學系　碩士論文
張瑞芬教授指導　2011 年 1 月　頁 121—123

106. 洪珊慧　多元流動的語言腔調——多音交響——郭松棻小說語言的純粹‧
夾雜　新刻的石像——王文興與同世代現代主義作家及作品研究
中央大學中國文學系　博士論文　康來新教授指導　2011 年 6 月
頁 159—164

107. 陳芳明　眾神喧嘩：臺灣文學的多重奏——一九八○年代回歸臺灣的海外
文學〔郭松棻部分〕　臺灣新文學史　臺北　聯經出版社　2011
年 10 月　頁 694—696

---

[8]本文主要透過討論郭松棻小說中知識份子的形象，探討其與魯迅的關係。全文共 5 小節：1.前
言；2.「荷戟獨徬徨」的精神戰士；3.左派憂鬱卻不虛無：反思暴力循環的歷史現實；4.郭松棻知
識份子小說的實踐哲學；5.犧牲與奴役：知識份子的實踐哲學。

108. 黃錦樹　　窗、框與他方──論郭松棻的域外寫作[9]　臺灣文學研究學報　第
　　　　　　　　15 期　2012 年 10 月　頁 9─35

109. 林姵吟　　Redemption from Trauma and Desire: Literature by Overseas Students
　　　　　　　　as Self-portraiture Exemplified by Guo Songfen and Li Yongping（創
　　　　　　　　傷與欲望的救贖：留學生文學作爲自造像──以郭松棻及李永平
　　　　　　　　爲例）[10]　臺灣文學研究學報　第 15 期　2012 年 10 月　頁 77─
　　　　　　　　115

分論

◆單行本作品

小說

《郭松棻集》

110. 林文義　　看那片冷清的潮汐──讀《郭松棻集》　文訊雜誌　第 177 期
　　　　　　　　2000 年 7 月　頁 32─33

《雙月集》

111. 徐淑卿　　藉小說重回臺灣故土　中國時報　2001 年 3 月 4 日　13 版

112. 李順興　　《雙月記》　中國時報　2001 年 3 月 4 日　13 版

113. 陳建忠　　月之暗面　自由時報　2001 年 11 月 29 日　第 39 版

114. 丁明蘭導讀；葉袵樣校訂　　月光下的記憶──郭松棻《雙月記》的淡淡感
　　　　　　　　傷　明道文藝　第 398 期　2009 年 5 月　頁 39─43

115. 汪宜儒　　葉石濤、郭松棻小說有詩意──從文學發想‧雞屎藤舞出府城四
　　　　　　　　季　中國時報　2011 年 11 月 22 日　A16 版

《奔跑的母親》

---

[9] 本文回顧小說的語言運作，探勘現代文學在感時憂國之外（或同時）的一種漩視的出神狀態。全
　文共 6 小節：1.前言；2.臺灣現代主義與抒情小說；3.外邊，他方；4.窗口；5.窗外的月光；6.死
　亡的不可見性。

[10] 本文闡明郭松棻與李永平作品中，對個人情事的關注如何可被視爲作家們的自造像。全文共 7 小
　節：1.The Alienation of an Artist；2.A Socialist；3.Toward an Individual and Gendered History；
　4.Representing the Other；5.Spiritual Degeneration and Battling with Time；6.Tangled Memories and
　Linuistic Alchemy；7.Conclusion。

116. 范銘如　　亞細亞的新孤兒——郭松棻《奔跑的母親》　聯合報　2002 年 10 月 20 日　23 版

117. 范銘如　　亞細亞的新孤兒——評郭松棻《奔跑的母親》　像一盒巧克力：當代文學文化評論　臺北　印刻出版公司　2005 年 10 月　頁 47—50

118. 梅家玲　　月印萬川，星光燦爛　中國時報　2002 年 12 月 8 日　34 版

119. 應鳳凰，傅月庵　　郭松棻——《奔跑的母親》　冊頁流轉——臺灣文學書入門 108　臺北　印刻文學生活雜誌出版公司　2011 年 3 月　頁 186—187

《驚婚》

120. 吳達芸　　間雜錯落亂針繡——初讀郭松棻遺作《驚婚》前篇　印刻文學生活誌　第 95 期　2011 年 7 月　頁 32—38

121. 陳芳明　　記憶是一面鏡象——讀郭松棻遺稿《驚婚》　印刻文學生活誌　第 95 期　2011 年 7 月　頁 39—42

122. 陳芳明　　記憶是一面鏡象——讀郭松棻的遺稿《驚婚》　星遲夜讀　臺北　聯合文學出版社　2013 年 3 月　頁 77—82

123. 李　渝　　有關《驚婚》的二點說明　印刻文學生活雜誌　第 96 期　2011 年 8 月　頁 204—205

124. 林欣誼　　李渝細細整理·郭松棻遺作《驚婚》問世　中國時報　2012 年 8 月 2 日　A13 版

125. 朱宥勳　　父親，我們結束之後才開始的理解……讀郭松棻的《驚婚》　聯合文學　第 334 期　2012 年 8 月　頁 140—143

126. 楊美紅　　抒情的地窖：《驚婚》　幼獅文藝　第 704 期　2012 年 8 月　頁 125

單篇作品

127. 唐文標　　〈月印〉評介——無邪的對視　1984 臺灣小說選　臺北　前衛出版社　1985 年 2 月　頁 269—271

128. 李　黎　談近年來臺灣小說中的女性形象〔〈月印〉部分〕　臺灣與世界第 34 期　1986 年 9 月　頁 56

129. 朱雙一　多元格局下的小說創作——小說創作的新趨勢〔〈月印〉部分〕臺灣文學史（下）　福州　海峽文藝出版社　1993 年 1 月　頁586

130. 張恆豪　二二八的文學觀點——比較〈泰姆山記〉與〈月印〉的文學觀點臺灣文學與社會——第 2 屆臺灣本土文化國際學術研討會論文集臺北　臺灣師範大學文學院國文學系，人文教育研究中心　1996年 4 月　頁 351—363

131. 張恆豪　二二八的文學觀點——比較〈泰姆山記〉與〈月印〉的主題意識臺灣文藝　第 159 期　1997 年 10 月　頁 66—78

132. 周慶塘　涉及臺灣政治事件的政治小說〔〈月印〉部分〕　八〇年代臺灣政治小說研究　臺灣大學中國文學系　博士論文　吳宏一教授指導　2003 年 6 月　頁 130—131

133. 周慶塘　個別作家處理政治小說的差異〔〈月印〉部分〕　八〇年代臺灣政治小說研究　臺灣大學中國文學系　博士論文　吳宏一教授指導　2003 年 6 月　頁 221—222

134. 施莉荷　二二八小說的女性傷痛書寫〔〈月印〉部分〕　臺灣文學日日春臺中　晨星出版公司　2005 年 9 月　頁 190—192

135. 許正宗　郭松棻〈月印〉的陰性書寫　中國文化月刊　第 317 期　2007 年5 月　頁 71—92

136. 洪子惠　郭松棻〈月印〉的人物形象　第五屆中區研究生臺灣文學學術論文研討會　臺中　靜宜大學臺灣文學系主辦　2010 年 5 月 22 日

137. 趙嵐音　郭松棻小說〈月印〉中的女性描寫與國族寓言　僑光學報　第 35期　2012 年 10 月　頁 129—135

138. 南方朔　廢墟中的陳儀：評郭松棻〈今夜星光燦爛〉　中外文學　第 25 卷第 10 期　1997 年 3 月　頁 80—84

139. 許素蘭　　文學的世代對照〔〈今夜星光燦爛〉部分〕　一九九七‧臺灣文
　　　　　　　學選　臺北　前衛出版社　1998 年 6 月　頁 127—128

140. 劉雪真　　在歷史的想像中重生——以「新歷史主義」觀點解讀郭松棻〈今
　　　　　　　夜星光燦爛〉　南榮學報　復刊第 9 期　2006 年 5 月　頁 1—16

141. 〔周芬伶等〕[11]　　郭松棻〈奔跑的母親〉　臺灣後現代小說選　臺北　二魚
　　　　　　　文化公司　2004 年 6 月　頁 179—180

142. 〔彭瑞金選編〕　　〈奔跑的母親〉賞析　國民文選‧小說卷 3　臺北　玉山
　　　　　　　社出版公司　2004 年 7 月　頁 158—159

143. 林文義　　導讀〈奔跑的母親〉　二十世紀臺灣文學金典：小說卷 （戰後時
　　　　　　　期‧第一部）　臺北　聯合文學出版社　2006 年 1 月　頁 378—
　　　　　　　379

144. 江怡柔　　郭松棻〈奔跑的母親〉的母親形象　第六屆國北教大臺灣文化所
　　　　　　　研究生論文發表會　臺北　臺北教育大學臺灣文化研究所主辦
　　　　　　　2010 年 6 月 26 日

145. 顧正萍　　現實之外與內在融合——郭松棻〈奔跑的母親〉的巴什拉式閱讀[12]
　　　　　　　抒情與敘事的多音交響——中國文學國際學術研討會　臺北　輔
　　　　　　　仁大學中國文學系主辦　2011 年 11 月 12—13 日

146. 顧正萍　　現實之外與內在融合——郭松棻〈奔跑的母親〉巴什拉式閱讀
　　　　　　　從介入境遇到自我解放——郭松棻再探　臺北　秀威資訊科技公
　　　　　　　司　2012 年 11 月　頁 286—313

147. 楊佳嫻　　郭松棻〈雪盲〉　臺灣成長小說選　臺北　二魚文化公司　2004
　　　　　　　年 11 月　頁 91

148. 黃啓峰　　書寫歷史的空白頁——郭松棻〈落九花〉敘事技巧與意涵研究
　　　　　　　論劍指南：2006 政大中文系全國研究生論文發表會　臺北　政治
　　　　　　　大學中國文學系主辦　2006 年 12 月 2—3 日

---

[11]編著者：周芬伶、許建崑、彭錦堂、阮桃園。
[12]本文以巴什拉《夢想的詩學》之思想脈絡，在歷史與政治框架中的「女性」或「母性」議題上研
　究〈奔跑的母親〉。全文共 3 小節：1.前言；2.〈奔跑的母親〉巴什拉式閱讀；3.結語。

149. 李　娜　「美國」與郭松棻的文學／思想旅程——以〈論小說〉爲中心考
　　　　　　察[13]　2006 年青年文學會議論文集：臺灣作家的地理書寫與文學體
　　　　　　驗　臺北　國家臺灣文學館　2007 年 3 月　頁 415—438

150. 林家鵬　淺論當代海外小說中的國族想像：以郭松棻〈雪盲〉與白先勇
　　　　　　〈謫仙記〉爲例　真理大學人文學報　第 9 期　2010 年 4 月　頁
　　　　　　1—12

151. 李東霖　郭松棻〈草〉的孤寂書寫[14]　輔大中研所學報　第 24 期　2010 年
　　　　　　10 月　頁 143—156

152. 簡義明　冷戰時期臺港文藝思潮的形構與傳播：以郭松棻〈談談臺灣的文
　　　　　　學〉爲線索　「媒介現代・冷戰中的臺港文藝」國際學術研討會
　　　　　　臺南　成功大學人文社會科學中心、臺灣文學館主辦；成功大學
　　　　　　臺灣文學系協辦　2013 年 5 月 24—25 日

多篇作品

153. 董維良　小說初讀九則[15]　郭松棻集（臺灣作家全集）　臺北　前衛出版社
　　　　　　1993 年 12 月　頁 553—604

154. 劉建基　愛與「癱瘓／麻痺」：論郭松棻作品〈論寫作〉與〈雪盲〉中的
　　　　　　喬伊斯幽靈　如果，愛——全國比較文學會議　臺北　臺灣師範
　　　　　　大學英語學系，中華民國比較文學學會主辦　2010 年 5 月 22 日

155. 劉建基　愛與「癱瘓／麻痺」：論郭松棻作品〈論寫作〉與〈雪盲〉中的
　　　　　　喬伊斯幽靈　文化越界　第 1 卷第 4 期　2010 年 9 月　頁 121—
　　　　　　134

---

[13] 本文探討中篇小說〈論寫作〉以了解其小說中的異鄉軌跡，以及美國這一空間與文化角色與書寫之間的精神關聯。全文共 4 小節：1.引言；2.理想旺盛的歲月：世界的遠處理藏著意想不到的訊息；3.豐饒的尋找：誰懷有這樣的心思，誰就心甘情願走進瘋人院；4.愛的現實：媽，我的腦子病壞了……現在我幸福了。

[14] 本文探討郭松棻〈草〉中欄杆與窗子的形象與色彩的運用，以及詩化的的陳述語言與旁觀的敘事角度，以此了解郭松棻作品中的孤獨意識。全文共 4 小節：1.前言；2.孤冷敘事聲音；3.視覺感官營造；4.結語。

[15] 本文評論郭松棻〈奔跑的母親〉、〈機場即景〉、〈月嗥〉、〈雪盲〉、〈草〉、〈那嗤嗤的腳步〉、〈向陽〉、〈成名〉、〈論寫作〉9 篇小說。

作品評論目錄、索引

156. 許素蘭　　郭松棻小說評論引得　郭松棻集（臺灣作家全集）　臺北　前衛
　　　出版社　1993 年 12 月　頁 623
157. 〔封德屏主編〕　　郭松棻　臺灣現當代作家評論資料目錄（四）　臺南
　　　國立臺灣文學館　2010 年 11 月　頁 2849—2855

國家圖書館出版品預行編目資料

郭松棻／張恆豪編選. -- 初版. -- 臺南市：臺灣文學
館, 2013.12
　面；　　公分. -- (臺灣現當代作家研究資料彙編；46)
ISBN 978-986-03-9156-5 (平裝)

1.郭松棻 2.作家 3.文學評論

783.3886　　　　　　　　　　　　　102024140

【臺灣現當代作家研究資料彙編】46

郭松棻

發 行 人／　李瑞騰
指導單位／　文化部
出版單位／　國立台灣文學館
　　　　　　地址／70041 台南市中西區中正路 1 號
　　　　　　電話／06-2217201　　　　傳真／06-2218952
　　　　　　網址／www.nmtl.gov.tw　　電子信箱／pba@nmtl.gov.tw

總 策 畫／　封德屏
顧　　問／　林淇瀁　張恆豪　許俊雅　陳信元　陳義芝　須文蔚　應鳳凰
工作小組／　王雅嫻　杜秀卿　汪黛姒　張純昌　張傳欣　莊雅晴　陳欣怡
　　　　　　黃寁婷　練麗敏　蘇琬鈞
編　　選／　張恆豪
責任編輯／　黃寁婷
校　　對／　林英勳　黃敏琪　黃寁婷　趙慶華　潘佳君　練麗敏
計畫團隊／　財團法人台灣文學發展基金會
美術設計／　翁國鈞・不倒翁視覺創意
印　　刷／　松霖彩色印刷事業有限公司

經銷展售／　國家書店松江門市（02-25180207）
　　　　　　國立台灣文學館－雪芙瑞文學咖啡坊（06-2214632）
　　　　　　南天書局（02-23620190）　　　唐山出版社（02-23633072）
　　　　　　府城舊冊店（06-2763093）　　　台灣的店（02-23625799）
　　　　　　啓發文化（02-29586713）　　　三民書局（02-23617511）
　　　　　　草祭二手書店（06-2216872）　　五南文化廣場（04-22260330）
網路書店／　國家書店網路書店 www.govbooks.com.tw
　　　　　　五南文化廣場網路書店 www.wunanbooks.com.tw
　　　　　　三民書局網路書店 www.sanmin.com.tw

初版一刷／2013 年 12 月
定　　價／新臺幣 260 元整
　　　　　　第一階段 15 冊新臺幣 5500 元整　　第二階段 12 冊新臺幣 4500 元整
　　　　　　第三階段 23 冊新臺幣 8500 元整　　全套 50 冊新臺幣 18500 元整
　　　　　　全套 50 冊合購特惠新臺幣 16500 元整

GPN／1010202821（單本）　　ISBN／978-986-03-9156-5（單本）
　　　1010000407（套）　　　　978-986-02-7266-6（套）

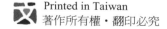